CHARLES LE TÉMÉRAIRE

2ᵉ SÉRIE GRAND IN-8°.

1.0 √2

WALTER SCOTT

CHARLES
LE TÉMÉRAIRE

ET

L'AFFRANCHISSEMENT DE LA SUISSE

TRADUCTION NOUVELLE
SOIGNEUSEMENT REVUE

LIMOGES
EUGÈNE ARDANT ET Cⁱᵉ, ÉDITEURS.

CHARLES
LE TÉMÉRAIRE

CHAPITRE PREMIER.

Près de quatre siècles se sont écoulés depuis que les événements qui vont être rapportés dans cet ouvrage se passèrent sur le continent. Les documents qui contenaient l'exquisse de cette histoire, et qu'on pourrait invoquer comme les preuves de son authenticité, furent longtemps conservés dans la superbe bibliothèque de Saint-Gall ; mais ils ont été détruits, ainsi que la plupart des trésors littéraires de ce couvent, quand il fut pillé par les armées révolutionnaires de la France. La date historique de ces événements nous reporte au milieu du quinzième siècle, époque importante où la chevalerie brillait encore d'un dernier rayon, qui devait être bientôt totalement éclipsé.

Au milieu de la lumière générale qui s'était récemment répandue sur l'Europe, plusieurs pays, tels que la France, la Bourgogne, l'Italie et plus particulièrement l'Autriche, avaient appris à connaître le caractère d'un peuple dont jusqu'alors ils avaient à peine soupçonné l'existence. Il est vrai que les habitants de ces contrées situées dans les environs des Alpes, cette immense barrière, n'ignoraient pas que, malgré leurs aspects déserts et sauvages, les vallées isolées qui serpentaient entre ces montagnes gigantesques, nourrissaient une race de chasseurs et de bergers; ces montagnards vivant dans une simplicité primitive, arrachant au sol par de pénibles travaux des moyens de subsistance, poursuivant le gibier sur les montagnes les plus inaccessibles et à travers les forêts de pins les plus épaisses, conduisaient leurs bestiaux partout où ils pouvaient trouver quelque pâture, même dans le voisinage des neiges éternelles. Mais l'existence d'un tel peuple, ou plutôt d'un certain nombre d'agrégations d'hommes réduits tous aux mêmes travaux et à la même pauvreté, avait peu occupé l'attention des princes riches et puissants des environs.

Ces montagnards commencèrent pourtant à exciter la surprise et l'attention vers le milieu du quatorzième siècle, lorsque la renommée parla de plusieurs combats sérieux, dans lesquels la chevalerie allemande, voulant réprimer des insurrections parmi ses vassaux des Alpes, avait essuyé plusieurs sanglantes défaites, quoi qu'elle eût pour elle le nombre, la discipline, et l'avantage de l'équipement militaire. Les victoires réitérées que les Suisses remportèrent à Laupen, à Sempach, et sur d'autres champs de bataille moins célèbres, indiquèrent clairement qu'un nouveau principe d'organisation civile et de mouvements militaires avait pris naissance dans les régions orageuses de l'Helvétie.

C'est dans les cantons des Forêts, de la Suisse, et pendant l'automne de 1474, que commence notre histoire.

————

Deux voyageurs, l'un étant déjà bien loin du printemps de la vie, l'autre paraissant avoir vingt-trois ans, avaient passé la nuit dans la petite ville de Lucerne, capitale du canton de ce nom, bâtie dans un site magnifique sur le lac des Quatre-Cantons. Leur apparence et leur costume semblaient annoncer des marchands de la première classe, et tandis qu'ils allaient à pied, manière de voyager que la nature du pays rendait la plus facile, un jeune paysan, venu du côté des Alpes qui regarde l'Italie, les suivait avec une mule de somme sur laquelle il montait quelquefois, mais que plus souvent il conduisait par la bride.

Ces voyageurs étaient des hommes de bonne mine, tels qu'on en voit peu communément, et ils semblaient unis par les liens d'une proche parenté. Probablement c'étaient le père et le fils; car dans la petite auberge où ils avaient passé la soirée précédente, la grande déférence et le respect du plus âgé avaient excité l'attention des naturels du pays, qui, de même que tous les êtres vivant loin du monde, étaient d'autant plus curieux qu'ils avaient moins de moyens d'apprendre. Ils remarquèrent aussi que les marchands, sous prétexte qu'ils étaient pressés, refusèrent d'ouvrir leurs balles et d'entrer en trafic avec les habitants de Lucerne, alléguant pour excuse qu'ils n'avaient aucune marchandise qui pût leur convenir. Les femmes de la ville furent d'autant plus piquées de la réserve des marchands voyageurs, qu'on leur avait donné à entendre que la cause véritable en était que les marchandises qu'ils avaient à vendre étaient trop chères pour trouver des acheteurs dans des montagnes helvétiques; car il avait transpiré, grâce au babil du jeune paysan qui accompagnait ces étrangers, qu'ils avaient été à Venise, et qu'ils y avaient acheté beaucoup de marchandises précieuses, importées de l'Inde et de l'Egypte dans cette cité célèbre, marché général de tout l'Occident, et même de l'Europe.

On remarqua aussi que, quoique ces étrangers fussent

polis, ils n'avaient pas ce désir empressé de plaire que
montraient les marchands colporteurs de la Lombardie ou de
la Savoie qui rendaient visite de temps en temps aux habitants des montagnes, et qui y faisaient des tournées plus
fréquentes depuis que la victoire avait procuré quelque richesse aux Suisses et leur avait fait connaître de nouveaux
besoins.

La curiosité était encore excitée par la circonstance qu'ils
se parlaient l'un à l'autre une langue qui n'était certainement ni l'allemand, ni l'italien, ni le français, mais qu'un
vieux domestique de l'auberge, qui avait été autrefois jusqu'à Paris, supposa être l'anglais. Tout ce qu'on savait des
Anglais se bornait à peu de chose. C'était, disait-on, une
race d'hommes fiers, habitant une île, en guerre avec les
Français depuis des siècles, et dont un corps nombreux
avait autrefois envahi les cantons des Forêts, et subit une
défaite signalée dans la vallée de Russwil, comme s'en sou-
venaient fort bien les vieillards de Lucerne, à qui cette
tradition avait été transmise par leurs pères.

Le jeune homme qui accompagnait ces étrangers était du
pays des Grisons, comme on le reconnut bientôt, et il leur
servait de Guide, aussi bien que le lui permettait la connaissance qu'il avait des montagnes. Il dit qu'ils avaient
dessein d'aller à Bâle, mais qu'ils semblaient désirer de s'y
rendre par des chemins détournés et peu fréquentés. Les
circonstances que nous venons de rapporter augmentèrent
encore le désir général de mieux connaître ces voyageurs
et de voir leurs marchandises. Cependant pas une balle ne
fut ouverte; et les marchands, quittant Lucerne le lendemain matin, continuèrent leur fatigant voyage.

La route, quoique escarpée et difficile, était rendue inté-
ressante par ces brillants phénomènes qu'aucun pays ne
déploie d'une manière plus étonnante que cette Helvétie,

ou le défilé des rochers, la vallée verdoyante, le grand lac et le torrent fougueux se distinguent des autres pays de montagnes par les magnifiques et effrayantes horreurs des glaciers.

Nos marchands étaient vivement frappés du paysage qui les entourait : ils s'arrêtèrent quelques instants près d'un ruisseau pour se désaltérer.

— Ce ruisseau, Arthur, dit le plus âgé des deux voyageurs, ressemble à la vie d'un homme vertueux et heureux.

— Et ce torrent qui se précipite de cette montagne éloignée, et dont le cours est marqué par une ligne d'écume blanche, demanda Arthur, à quoi ressemble-t-il?

— A la vie d'un homme brave et infortuné, répondit son père.

— A moi le torrent, dit Arthur; un cours impétueux que nulle force humaine ne peut arrêter, et peu importe qu'il soit aussi court que glorieux.

— C'est la pensée d'un jeune homme, répliqua son père; mais je sais qu'elle est tellement enracinée dans votre cœur, que la main cruelle de l'adversité pourra seule l'en arracher.

— Les racines tiennent encore, reprit le jeune homme, et cependant il me semble que l'adversité y a déjà assez porté la main.

— Vous parlez de ce que vous ne comprenez guère, mon fils, lui dit son père. Apprenez que jusqu'à ce qu'on ait passé le milieu de la vie, on sait à peine distinguer le vrai bonheur de l'adversité; ou plutôt on recherche comme des faveurs de la fortune ce que l'on devrait regarder comme des marques de son courroux. Voyez là-bas cette montagne dont le front sourcilleux porte un diadème de nuages, qui tantôt s'élèvent, tantôt s'abaissent, suivant que le soleil les frappe, mais que ses rayons ne peuvent dissiper. — Un enfant pourrait croire que c'est une couronne de gloire; — un homme y voit l'annonce d'une tempête.

Arthur suivait la direction des yeux de son père, qui se fixaient sur le sommet sombre et noir du Mont Pilate.

— Le brouillard qui couvre cette montagne sauvage est-il donc d'un si mauvais augure? demanda le jeune homme.

— Demandez-le à Antonio, lui répondit son père, il vous racontera la légende.

Arthur s'adressa au jeune Suisse qui les accompagnait, et lui demanda le nom de cette sombre montagne qui, de ce côté, semble le monarque de toutes celles qu'on voit dans les environs de Lucerne.

Le jeune homme raconta la légende populaire, qui prétend que le coupable proconsul de la Judée avait terminé en cet endroit sa vie impie; qu'après avoir passé plusieurs années dans les retraites solitaires de cette montagne, qui porte encore son nom, ses remords et son désespoir, plutôt que sa pénitence, l'avaient précipité dans le lac sinistre qui en occupe le sommet. L'eau se refusa-t-elle au supplice de ce misérable, ou, son corps ayant été noyé, son esprit continua-t-il à hanter le lieu où le suicide avait été commis? C'est ce qu'Antonio ne se chargea pas d'expliquer. Mais on voyait souvent, ajouta-t-il, une forme humaine sortir de cette eau sombre, et imiter les gestes d'un homme qui se lave les mains. Quand cela arrivait, des masses épaisses de brouillard se rassemblaient d'abord tout autour du Lac Infernal (car tel est le nom qu'il portait autrefois), et, couvrant ensuite de ténèbres toute la partie supérieure de la montagne, annonçaient la tempête ou un ouragan, qui ne tardait jamais à arriver. Il ajouta que cet esprit malfaisant était pareillement courroucé de l'audace des étrangers qui osaient gravir la montagne pour contempler le théâtre de son châtiment, et qu'en conséquence les magistrats avaient défendu que qui que ce soit approchât du Mont Pilate, sous peine d'une punition sévère.

— Comme le païen semble nous menacer! dit le jeune marchand, tandis que des nuages noirs s'accumulaient sur le sommet du Mont Pilate. — *Vade retro!* — Nous te défions, pécheur!

Un vent qui se faisait entendre plutôt que se sentir, commença à rugir ainsi qu'aurait pu le faire un lion expirant, comme si l'esprit du criminel puni eût voulu accepter le défi téméraire du jeune Anglais. On vit descendre, le long des flancs escarpés de la montagne, de lourdes vapeurs qui, roulant à travers ses larges crevasses, semblaient des torrents de lave se précipitant du haut d'un volcan. Les rochers arides qui formaient les bords de ces immenses ravins montraient leurs pointes rocailleuses au-dessus du brouillard, comme pour diviser ces torrents de vapeurs qui se précipitaient autour d'eux; et pour offrir un contraste à cette scène sombre et menaçante, la chaîne plus éloignée des montagnes de Righi brillait sous les rayons d'un beau soleil d'automne.

Tandis que les voyageurs contemplaient un tableau qui ressemblait aux préparatifs d'un combat entre les puissances de la lumière et celles des ténèbres, leur guide, en son jargon mêlé d'italien et d'allemand, les engagea à doubler le pas. Le village où il se proposait de les conduire, leur dit-il, était encore éloigné, la route était mauvaise et difficile à trouver; et si l'esprit malfaisant, ajouta-t-il en jetant un coup d'œil sur le Mont Pilate, couvrait la vallée de ses ténèbres, le chemin deviendrait de plus en plus incertain et dangereux. Ainsi avertis, les voyageurs fermèrent le collet de leurs manteaux, enfoncèrent avec un air de résolution leurs toques sur leurs sourcils, serrèrent la large ceinture

qui, à l'aide d'une boucle, retenait leur manteau sur leur
corps, et, chacun d'eux tenant en main le bâton garni d'un
fer pointu, dont on se sert sur ces montagnes, ils commencèrent à marcher avec vigueur.

Cependant les nuages s'épaississaient sur leurs têtes, et
le brouillard, qui n'avait d'abord été qu'une légère vapeur,
commença à tomber en forme de petite pluie, ou comme des
gouttes de rosée, sur les manteaux des voyageurs. On entendit dans les montagnes éloignées des sons semblables à
des gémissements comme ceux par lesquels l'esprit malfaisant du Mont Pilate avait semblé annoncer la tempête. Le
guide pressa de nouveau les deux voyageurs de doubler le
pas, mais il y mettait obstacle lui-même par la lenteur et
l'indécision qu'il montrait en les conduisant.

Après avoir fait ainsi trois à quatre milles, pendant lesquels l'incertitude doublait leur fatigue, ils se trouvèrent
enfin sur un sentier fort étroit au sommet d'une montagne
taillée à pic, au pied de laquelle était de l'eau qu'ils voyaient
briller chaque fois que les coups de vent, qui devenaient
assez fréquents, chassaient le brouillard; mais était-ce le
même lac sur le bord duquel ils avaient commencé leur
voyage le matin, ou une autre nappe d'eau de même espèce? était-ce une grande rivière ou un large torrent ? c'é-
tait ce qu'il leur devenait impossible de distinguer. La seule
chose dont ils fussent sûrs, c'était qu'ils n'étaient pas sur
les bords du lac de Lucerne dans un endroit où il a sa largeur ordinaire, car les mêmes coups de vent qui leur faisaient voir l'eau presque sous les pieds, leur permettaient d'apercevoir la rive, de l'autre côté; mais cette vue
n'étant que momentanée, ils ne pouvaient juger bien
exactement à quelle distance se trouvait cette rive, quoiqu'elle fût assez voisine pour leur permettre d'y entre-

voir de grands rochers sur lesquels s'élevaient des pins, tantôt réunis en groupes, tantôt croissant solitairement.

Jusqu'alors le chemin, quoique raboteux et escarpé, était indiqué assez clairement par des traces qui prouvaient que des voyageurs à pied et des chevaux y avaient passé. Mais tout-à-coup, à l'instant où Antonio, conduisant son mulet, venait d'atteindre le sommet d'une éminence faisant saillie, et sur laquelle le sentier les avait conduits en tournant, il s'arrêta tout court, en poussant une exclamation. Arthur crut voir que le mulet partageait la terreur de son guide, car l'animal recula d'un pas, plaça ses pieds de devant à quelque distance l'un de l'autre, et prit une attitude qui indiquait à la fois l'horreur, l'effroi, et la détermination de résister à toutes les invitations qu'on pourrait lui faire d'avancer.

Arthur doubla le pas, non-seulement par curiosité, mais pour s'exposer au péril, s'il en existait, avant que son père arrivât pour le partager. En moins de temps que nous n'en avons mis à écrire les lignes qui précèdent, il se trouva à côté d'Antonio et du mulet sur la plate-forme du rocher, où le sentier qui les avait conduits semblait se terminer tout-à-coup, et au bas de laquelle devant lui, était un précipice dont le brouillard empêchait de distinguer la profondeur, mais qui avait certainement plus de cent mètres.

Le regard des voyageurs annonçait l'alarme et le désappointement qu'ils éprouvaient de cet obstacle inattendu, et, à ce qu'il paraissait, insurmontable. Le père, qui arriva quelques instants après, ne donna à ses compagnons aucun motif d'espérance ou de consolation. A son tour, il contempla le gouffre, couvert de brouillard, qui s'ouvrait sous leurs pieds, et il porta ses regards tout autour de lui, mais inutilement, pour chercher la continuation d'un sentier qui, bien certainement, n'avait pu être pratiqué dans l'origine pour aboutir dans un tel lieu. Comme ils ne savaient quel parti prendre, le fils tâchant en vain de découvrir quelque moyen d'avancer, le père étant sur le point de proposer de retourner par le même chemin qu'ils étaient venus, le sifflement du vent se fit entendre dans la vallée avec plus de force encore. Chacun d'eux connaissant le danger qu'il courait dans sa situation précaire, s'accrocha à des buissons ou à quelque pointe de rocher, et le pauvre mulet lui-même sembla s'affermir sur ses jarrets pour pouvoir résister à l'ouragan. Il ne tarda pas à éclater, et ce fut avec une telle fureur, que les voyageurs crurent sentir trembler le rocher sous leurs pieds; ils en auraient été enlevés comme des feuilles desséchées, sans la précaution qu'ils avaient prise pour prévenir cette catastrophe. Cependant la violence de ce coup de vent ayant écarté complètement, pendant trois ou quatre minutes, le voile de brouillard que ceux qui l'avaient précédé n'avaient fait que rendre plus transparent ou qu'entr'ouvrir un seul instant, ils reconnurent la nature et la cause de l'interruption qu'avait éprouvée leur marche.

Par un coup d'œil rapide, mais assuré, Arthur fut alors en état de remarquer que le sentier par lequel ils étaient parvenus à cette plate-forme se continuait autrefois plus loin dans la même direction, sur une profonde couche de terre. Mais, dans une de ces affreuses convulsions de la nature qui ont lieu dans ces régions sauvages, toute la terre détachée des rochers, avec les buissons, les arbres, et tout ce qui la couvrait, s'était précipitée au fond de l'abîme et dans la rivière qui y coulait; car il était évident alors que cette eau, aperçue à plus de cent mètres en était une, et non un lac ou une branche de lac, comme ils l'avaient supposé jusqu'alors.

La cause immédiate de ce bouleversement pouvait avoir été un tremblement de terre, phénomène qui n'est pas rare dans ce pays. Cette couche de terre, qui n'était plus alors

qu'une masse confuse de ruines, offrait encore quelques
arbres qui y croissaient dans une position horizontale;
d'autres avaient été brisés dans leur chute, et quelques-uns
avaient leur cime plongée dans la rivière dont les eaux
avaient autrefois réfléchi leur ombre. Les rochers qui restaient par derrière, semblables au squelette de quelque
monstre énorme, formaient la muraille d'un abîme effrayant,
qu'on eût pu prendre pour une carrière nouvellement
exploitée, mais d'un aspect d'autant plus lugubre, que la
nature n'avait pas encore eu le temps d'y placer les germes
de la végétation, qui couvre promptement la surface des
rochers les plus arides.

Indépendamment de ces signes, qui tendaient à prouver
que la destruction du sentier était toute récente, Arthur
remarqua aussi de l'autre côté de la rivière, plus haut dans
la vallée, et s'élevant au sein d'une forêt de pins entre-
coupée par des rochers, un édifice carré d'une hauteur considérable, semblable aux ruines d'une tour gothique. Il
montra cet objet à Antonio, en lui demandant s'il le connaissait, car il pensait avec raison que la situation particulière de ce bâtiment en faisait un point qu'il était impossible
d'oublier quand on l'avait vu une seule fois. Le jeune guide
le reconnut promptement et avec plaisir, et lui dit que cet
endroit se nommait Geierstein, c'est-à-dire, comme il
l'expliqua, le Rocher des Vautours. Il le reconnaissait, dit-
il, non seulement par la tour, mais encore par le pinacle
d'un énorme rocher voisin, présenté en forme de clocher,
sur le haut duquel un *lammer-geïer*, ou vautour des agneaux,
un des plus grands oiseaux de proie connus, avait autrefois
emporté l'enfant d'un seigneur du château. Pendant qu'Antonio racontait le vœu qu'avait fait à Notre-Dame d'Ein-
siedlen le chevalier Geierstein, le château, le rocher, les
bois, les montagnes disparurent à leurs yeux, et furent de

nouveau cachés par le brouillard. Mais comme il terminait sa relation merveilleuse par le miracle qui remit l'enfant entre les bras de son père, il s'écria tout à coup : Prenez garde à vous! l'ouragan! l'ouragan! A l'instant même, le vent chassa encore devant lui le brouillard, et rendit aux voyageurs la vue des horreurs magnifiques dont ils étaient entourés.

— Cette tour semble inhabitée, dit le jeune voyageur. Je n'y aperçois aucune fumée, et les créneaux des murailles tombent en ruine.

— Il y a bien longtemps que personne n'y demeure, reprit le guide; mais, avec tout cela, je voudrais y être. L'honnête Arnold Biedermann, le landamman (1) du canton d'Underwald, demeure tout auprès; je vous réponds que partout où il est le maître, ce qui se trouve de mieux dans sa cave et dans son garde-manger est toujours au service de l'étranger.

— J'ai entendu parler de lui, dit le vieux voyageur, qu'Antonio avait appris à nommer signor Philipson, comme d'un homme vertueux et hospitalier, qui mérite le crédit dont il jouit auprès de ses concitoyens.

— Vous lui rendez justice, Signor, répondit le guide, et je voudrais que nous puissions gagner son logis, où vous seriez sûr d'être bien accueilli, et de recevoir de bons avis pour votre voyage de demain. Mais comment pourrions-nous arriver au château des Vautours, sans avoir des ailes comme un vautour? c'est une question difficile à résoudre.

Arthur y répondit par une proposition hardie.

— Avec votre permission, mon père, je crois qu'il me serait possible de me glisser le long de la rampe de ce rocher, jusqu'à ce que je sois en vue de l'habitation dont

---

(1) Premier magistrat du canton.

nous parle Antonio. Si elle existe, il doit y avoir un moyen d'y arriver, et si je ne puis en découvrir le chemin, je pourrai du moins faire un signal à ceux qui demeurent dans les environs de ce château des Vautours, et obtenir d'eux le secours d'un guide.

— Je ne puis consentir que vous couriez un tel risque, lui dit le père; que ce jeune homme y aille, s'il le peut et s'il le veut. Il est né dans les montagnes, et je le récompenserai généreusement.

Mais Antonio refusa obstinément cette proposition.

— Je suis né dans les montagnes, répondit-il, mais je ne suis pas un chasseur de chèvres. Je n'ai pas des ailes pour me porter de rocher en rocher, comme un corbeau : la vie vaut mieux que l'or du monde.

— Et à Dieu ne plaise, dit le signor Philipson, que je veuille vous engager à estimer l'une au poids de l'autre. Allez donc, mon fils, allez, je vous suis.

— Avec votre permission, mon père, vous n'en forcez rien, s'écria le jeune homme. C'est bien assez de risquer la vie d'un de nous, et, suivant toutes les règles de la sagesse, comme de la nature, c'est la mienne, comme la moins précieuse, qui doit être hasardée la première.

— Non, Arthur, répliqua son père d'un ton déterminé; non, mon fils. J'ai survécu à des pertes, je ne survivrais pas à la vôtre.

— Je ne crains pas le résultat de cette tentative, mon père, si vous me permettez de la faire seul. Mais je ne puis, je n'ose entreprendre une tâche si dangereuse, si vous persistez à vouloir la partager. Songez d'ailleurs à toutes les suites qu'aurait votre chute?

— Vous avez raison, mon fils; j'ai encore des liens qui m'enchaîneraient à la vie quand même je devrais perdre en vous tout ce que j'ai de plus cher. Que Notre-Dame vous bénisse et vous protége, votre pied est jeune, votre main est vigoureuse.

Cependant Arthur s'était armé de tout son courage. Il retenait son imagination, qui en général était assez active, et il refusait de se livrer même un seul instant à ces horribles idées qui ne font qu'augmenter un véritable danger ; il cherchait à réduire les périls qui l'entouraient d'après l'échelle de la raison, le meilleur soutien du vrai courage.

Calculant ainsi l'étendue et la réalité du danger, d'après le bon sens, se répétant ensuite que ce n'était pas la première fois qu'il avait gravi des rochers et qu'il en était descendu, le brave jeune homme, allant pas à pas, et avançant avec une précaution, un courage et une présence d'esprit qui le préservèrent d'une mort certaine, gagna un endroit où un roc, faisant saillie, formait l'angle du rocher, jusqu'au point où il avait pu le voir de la plate-forme. C'était donc là l'instant critique de son entreprise. Ce roc formait une saillie de plus de six pieds au-dessus du torrent qu'Arthur entendait rouler à environ cinquante toises au-dessous de lui, avec un bruit semblable à celui d'un tonnerre souterrain. Il examina cet endroit avec le plus grand soin, et y voyant de l'herbe, des arbrisseaux, et même quelques arbres rabougris, il en conclut que l'éboulement ne s'était pas étendu plus loin, et que s'il pouvait avancer au-delà il y trouverait la continuation du sentier dont une partie avait été détruite par quelque étrange convulsion de la nature. Mais la saillie de ce roc était telle qu'il était impossible de passer dessous, ou d'en faire le tour ; et comme il s'élevait de plusieurs pieds au-dessus de la position qu'Arthur occupait, ce n'était pas chose facile de le gravir. Ce fut pourtant le parti auquel il s'arrêta, comme étant le seul moyen de surmonter ce qu'il croyait pouvoir regarder comme le dernier obstacle à son voyage. Un arbre croissait tout à côté : il y monta, et à l'aide de ses branches, il sauta sur le sommet, du roc. Mais à peine y avait-il appuyé le pied, à peine avait-il eu un instant pour se féliciter en découvrant, au milieu d'un chaos de forêts et de rochers, les ruines sombres de Geierstein, et une fumée qui, s'élevant par derrière, indiquait l'existence d'une habitation, que, à son extrême terreur, il sentit le roc énorme sur lequel il était trembler sous ses pieds, et pencher lentement en avant par un mouvement graduel. Ne tenant à la montagne que par un seul point, ce roc en saillie avait résisté au tremblement de terre qui avait changé la face des environs; mais l'équilibre en avait été détruit, et il n'avait fallu que le poids additionnel du corps du jeune homme pour le rompre entièrement.

Dans cet instant critique, Arthur, par cet instinct qui porte à saisir tout moyen de salut, sauta sur l'arbre qui l'avait aidé à monter sur le roc, et tourna la tête en arrière, poussé comme par une force irrésistible, pour suivre des yeux la chute de l'énorme masse de pierre qu'il venait de quitter. Le roc chancela deux ou trois secondes, comme s'il n'eût su de quel côté tomber; et si sa chute eût pris une direction latérale, il aurait brisé l'arbre, écrasé le jeune aventurier, ou l'aurait entraîné avec lui dans le torrent. Après un moment d'horrible incertitude, la force de gravitation détermina la chute en avant. L'énorme fragment de rocher, qui devait peser au moins quatre mille quintaux, descendit en écrasant les buissons et les arbres qui se trouvaient sur son passage, et tomba enfin dans le torrent avec un bruit égal à la décharge de cent pièces d'artillerie. Ce bruit fut propagé par tous les échos, de montagne en montagne, de rocher en rocher, et le tumulte ne fit place au silence que lorsqu'il se fut élevé jusqu'à la région des neiges éternelles, qui, insensibles aux sons qui partent de la terre, entendirent cet horrible fracas, dans leur solitude majestueuse, et le laissèrent mourir sans trouver une voix pour y répondre.

Quelles furent alors les pensées du malheureux père, qui vit tomber cette lourde masse, mais qui ne put voir si elle avait entraîné son fils dans sa chute! Il s'écria du ton de l'angoisse la plus profonde, mais mêlée d'une pieuse résignation : — *Fiat voluntas tua !* C'était mon dernier espoir ; le plus aimable des enfants, le plus aimé, le plus digne de l'être ! et je vois planer sur la vallée les oiseaux de proie qui vont se repaître de ses restes ! Mais je le verrai encore une fois, ajouta le malheureux père, tandis que les vautours passaient sur sa tête ; je reverrai mon Arthur, avant que l'aigle et le loup le déchirent. Je verrai tout ce qui reste encore de lui sur la terre. Ne me retenez pas, dit-il au guide. Restez ici, et suivez-moi des yeux. Si je péris, comme cela est probable, je vous charge de rendre les papiers cachetés que vous trouverez dans ma valise, et de les porter, dans le plus court délai possible, à la personne à qui ils sont adressés. Il y a dans ma bourse assez d'argent pour me faire enterrer ainsi que mon pauvre Arthur, et pour faire dire des messes pour le repos de mon âme et de la sienne ; il vous restera encore une riche récompense pour votre voyage.

L'honnête Helvétien, d'une intelligence assez bornée, mais naturellement sensible et fidèle, versa des larmes pendant que le vieux voyageur lui parlait ainsi. Cependant, craignant de l'irriter en s'opposant à sa volonté, et même en lui faisant des remontrances, il le vit en silence s'apprêter à descendre dans le fatal précipice.

Tout à coup, de l'angle d'où s'était détachée cette masse de pierre sous les pieds téméraires d'Arthur, on entendit partir des sons rauques et prolongés d'une de ces cornes de l'*urus*, ou bœuf sauvage de Suisse, qui, dans les anciens temps, donnaient aux montagnards le signal de la charge, et leur tenaient lieu dans les batailles, de tous les instruments de musique guerrière.

— Écoutez, Signor, écoutez! s'écria le guide, c'est un signal de Geierste'n. Quelqu'un va venir à notre aide dans un instant, et nous montrera le chemin le plus sûr pour chercher votre fils. Et regardez cet arbre dont on voit briller la verdure à travers le brouillard; saint Antonio me protége! j'y vois déployé quelque chose de blanc. C'est précisément derrière l'endroit d'où le quartier de rocher est tombé.

Le père chercha à fixer ses regards sur le lieu indiqué; mais ses yeux se remplissaient de larmes, et il ne put distinguer l'objet que son guide lui montrait.

— Tout est inutile, dit-il en passant la main sur ses yeux; je ne verrai plus de lui que des restes inanimés.

— Vous le reverrez, vous le reverrez bien portant; saint Antoine le veut ainsi. Tenez! ne voyez-vous pas comme ce linge blanc est agité?

— Quelques restes de ses vêtements, quelque misérable souvenir de son cruel destin. Non, mes yeux ne le voient pas.

— Mais regardez encore! Ce linge n'est pas accroché à à un buisson. Je vois distinctement qu'il est placé au bout d'un bâton, et qu'on l'agite à droite et à gauche. C'est votre fils qui fait un signal pour vous apprendre qu'il est en sûreté.

— Et si cela est, dit le voyageur en joignant les mains, bénis soient les yeux qui le voient! béni soit la langue qui le dit! Si nous retrouvons mon fils, si nous le retrouvons vivant, ce jour sera heureux pour toi aussi, Antonio.

Il vit enfin flotter ce linge blanc, et il fut convaincu que le mouvement qui l'agitait ne pouvait lui être imprimé que par une main humaine. Aussi prompt à se livrer à l'espérance, qu'il l'avait été à s'abandonner au désespoir, il se prépara de nouveau à s'avancer vers son fils, afin de l'aider s'il était possible, à gagner un lieu de sûreté; mais les prières et les remontrances réitérées d'Antonio le déterminèrent à attendre.

— Êtes-vous ce qu'il faut être pour marcher sur un pareil rocher? lui dit-il; vous êtes en état de répéter votre *Credo* et votre *Ave*, sans déplacer un mot, sans en oublier un? car sans cela nos anciens vous diront que vous périrez vingt fois, eussiez-vous vingt vies à perdre. Avez-vous l'œil clair et le pied ferme? Je crois que l'un coule comme une fontaine et que l'autre frémit comme la feuille du tremble qui s'agite au-dessus de votre tête. Restez tranquille ici jusqu'à ce que vous voyez arriver des gens qui seront plus en état que vous et moi de donner du secours à votre fils. A en juger par le son de ce cornet, je pense que c'est celui du brave homme de Geierstein, Arnold Biedermann. Il a vu le danger de votre fils, et il prend en ce moment même des mesures pour sa sûreté et pour la nôtre. Il y a des occasions, où l'aide d'un étranger qui connaît bien le pays est plus utile à un homme que celle de trois de ses frères qui ne le connaissent pas.

— Mais si ce cornet a réellement fait entendre un signal, comment se fait-il qu'Arthur n'y ait pas répondu?

— Et s'il y a répondu, comme cela est probable, comment l'aurions-nous entendu? Au milieu du tumulte du vent et de ce torrent, le son même de ce cornet ne s'est fait entendre à nous que comme la musette d'un jeune berger; comment donc le cri d'un homme serait-il arrivé jusqu'à nos oreilles?

— Il me semble cependant qu'au milieu de tout le fracas des éléments, j'entends quelque chose qui ressemble à la voix humaine ; mais ce n'est pas celle d'Arthur.

— Je le crois bien, car c'est la voix d'une femme. Les jeunes filles conversent ensemble de cette manière d'un rocher à l'autre, pendant un ouragan et un orage, quand elles seraient à un mille de distance l'une de l'autre.

— Grâces soient rendues au ciel du secours que sa Providence nous envoie ! j'espère encore que nous verrons cette terrible journée se terminer sans malheur. Je vais crier pour répondre.

Il essaya de crier de toute la force de ses poumons ; mais ne connaissant pas l'art de se faire entendre dans ces contrées, sa voix, qui se mit à l'unisson avec les mugissements des vagues et du vent, n'aurait pu être distinguée à cinquante pas de distance, et elle se confondit avec les bruits tumultueux de la guerre que se livraient les éléments. Antonio sourit de la tentative infructueuse du signor Philipson ; et élevant la voix à son tour, il poussa un cri perçant, aigu et prolongé, qui, quoique produit, en apparence, avec beaucoup moins d'efforts que celui de l'Anglais, était un son distinct des bruits du vent et des eaux, et qu'on pouvait vraisemblablement entendre à une distance considérable. D'autres cris analogues y répondirent dans le lointain, se répétèrent en s'approchant, et firent naître un nouvel espoir dans le cœur inquiet du voyageur.

Cependant Arthur, quoique tremblant encore de l'agitation violente qu'il avait éprouvée, dirigea toutes ses pensées vers les moyens de se tirer de sa position dangereuse. Mais, en regardant autour de lui, il s'aperçut de plus en plus qu'il était complètement épuisé par les fatigues et les inquiétudes qu'il venait d'éprouver. Tous les efforts dont il était capable ne purent fixer ses yeux égarés sur les objets

qui l'entouraient. Les arbres, les rochers, tout ce qui se
trouvait entre lui et le château en ruines de Geierstein, lui
semblait danser en rond; et telle était la confusion de ses
idées, que s'il ne lui était resté assez de présence d'esprit
pour sentir que ce serait un trait de véritable folie, il se
serait jeté à bas de l'arbre, comme pour prendre part à la
danse étrange qu'avait créée son imagination en délire.

— Que le ciel me protége! s'écria le malheureux jeune
homme en fermant les yeux, dans l'espoir qu'en cessant de
voir ce qui augmentait la terreur de sa situation, ses idées
pourraient prendre un cours plus calme; mes sens m'aban-
donnent.

Il fut encore plus convaincu de la vérité de cette dernière
pensée, quand il crut entendre, à assez peu de distance,
une voix de femme, ou plutôt un cri perçant, quoique
l'accent en fût mélodieux, et qui semblait lui être adressé.
Il rouvrit les yeux, leva la tête, et porta ses regards du
côté d'où le son paraissait partir, quoiqu'il pût à peine
croire que ce ne fût pas encore un effet du délire de son
imagination. L'apparition qui se montra à ses yeux le
confirma presque dans l'idée qu'il avait le cerveau dérangé,
et qu'il ne pouvait plus compter sur l'exactitude du rapport
de ses sens.

Sur le sommet d'un rocher de forme pyramidale, qui
s'élevait du fond de la vallée, parut une femme, mais tellement enveloppée de brouillard, que l'œil ne pouvait l'apercevoir qu'imparfaitement. Sa taille, se dessinant en relief
sur le firmament, présentait l'idée définie d'un esprit
aérien, plutôt que d'une mortelle; car elle semblait aussi
légère et presque aussi transparente que les vapeurs qui
entouraient le piédestal élevé sur lequel elle était placée.
La même voix lui fit entendre de nouveau cette étrange
mélopée qui met les habitants des Alpes en état de se parler

d'une montagne à une autre, à travers des ravins d'une largeur et d'une profondeur considérables.

Tandis qu'il réfléchissait à la manière dont il s'adresserait à cette apparition inattendue, elle disparut du point qu'elle occupait d'abord, et se montra bientôt sur la pointe du rocher au pied duquel croissait horizontalement l'arbre sur lequel Arthur s'était réfugié. Son air et son costume prouvaient que c'était une habitante de ces montagnes, qui en connaissait les sentiers dangereux. En un mot, il voyait devant lui une jeune femme qui le regardait avec un mélange de compassion et de surprise.

— Étrangers, lui dit-elle, qui êtes-vous? d'où venez-vous?

— Je suis étranger comme vous, jeune fille, répondit Arthur en levant la tête vers elle aussi bien qu'il le pouvait; j'ai quitté Lucerne ce matin avec mon père et un guide, je les ai laissés à environ un demi-mille d'ici. Vous serait-il possible de leur donner avis que je suis en sûreté, car je sais que mon père est dans une cruelle inquiétude?

— Bien volontiers, répondit la jeune fille; mais je crois que mon oncle ou quelques-uns de mes parents les auront déjà trouvés, et leur serviront de guides. — Ne puis-je vous aider? — Êtes-vous blessé? Nous avons été alarmés par le bruit de la chute d'un rocher. — Oui, le voilà là-bas, et c'est une masse d'une taille peu ordinaire.

Tout en parlant ainsi, la jeune Helvétienne s'approcha si près du bord du précipice, et regarda au fond du gouffre avec un air si indifférent, que la force de la sympathie qui unit en pareilles occasions celui qui agit et celui qui regarde, occasionna de nouveaux vertiges à Arthur; il s'accrocha plus fortement que jamais à son arbre en poussant une sorte de gémissement.

— Êtes-vous blessé? lui demanda une seconde fois la jeune fille qui le vit pâlir; quel mal éprouvez-vous?

— Aucun, jeune fille, si ce n'est quelques légères mour-
trissures; mais la tête me tourne, le cœur me manque en
vous voyant si près de cet abîme.

— N'est-ce que cela? Sachez, étranger, que je ne me
trouve pas plus tranquille dans la maison de mon oncle |que
sur le bord de précipices en comparaison desquels celui-ci
n'offre qu'un obstacle qu'un enfant pourrait franchir. Mais
si j'en juge par les traces que je remarque, vous êtes venu
ici le long de la saillie du rocher dont la terre s'est éboulée
récemment; vous devriez donc être bien au-dessus d'une
pareille faiblesse, puisque, vous aussi, vous avez le droit
de vous dire montagnard.

— J'aurais pu me donner ce nom il y a une demi-heure,
mais je crois que désormais je n'oserai plus le prendre.

— Ne vous découragez pas pour un saisissement de cœur
passager qui peut ébranler le courage et obscurcir la vue
de l'homme qui a le plus de bravoure et d'expérience,
Levez-vous, marchez hardiment sur le tronc de cet arbre,
et quand vous serez au milieu, vous n'aurez plus qu'un saut
à faire pour vous trouver sur la petite plate-forme où vous
me voyez. Après cela, vous ne rencontrerez plus ni obstacle
ni danger qui méritent qu'on en parle à un jeune homme
dont les membres sont robustes, et aussi courageux que
leste.

Ayant obéi, non sans hésiter, il rejoignit la jeune fille à
laquelle il témoigna toute sa vive gratitude.

Il sut alors qu'il devait, au moins en partie, son salut à
Anne de Geierstein, nièce du seigneur du même nom.

— Maintenant, lui dit Arthur, il faut que je retourne près
de mon père. La vie que je dois à votre secours n'a de prix
pour moi qu'en ce qu'il m'est permis à présent de courir à
son aide.

Il fut interrompu par le son d'un autre cornet qui sem-

blait partir du côté de l'endroit où Philipson père et son
guide avaient été laissés par leur entreprenant compagnon.
Mais la plate-forme dont il n'apercevait qu'une partie, de
l'arbre sur lequel il avait été perché, était tout à fait invisi-
ble du lieu où il se trouvait alors.

— Il me serait bien aisé, dit la jeune fille, de passer sur
cet arbre, et de voir là-bas si je pourrais découvrir vos
amis ; mais je suis convaincue qu'ils ont maintenant de meilleurs guides que vous ou moi ne pourrions l'être ; car le
son de ce cornet annonce que mon oncle ou quelques-uns
de mes jeunes parents sont arrivés près d'eux. Ils sont maintenant en marche vers Geierstein, et, si vous le trouvez bon,
je vais vous y conduire ; car vous pouvez être assuré que
mon oncle Arnold ne souffrira pas que vous alliez plus
loin aujourd'hui, et nous ne ferions que perdre du temps en
cherchant à rejoindre vos amis, qui, de l'endroit où vous
dites que vous les avez laissés, doivent être rendus à
Geierstein bien avant nous. Suivez-moi donc.

— Le sentier sur lequel ils marchaient alors était plus
loin du torrent, quoiqu'on en entendît encore le tonnerre
souterrain, dont les éclats avaient augmenté tant qu'ils
avaient monté parallèlement à son cours. Mais tout-à-coup
le sentier, tournant à angle droit, se dirigea en ligne directe
vers le vieux château que précédait une grande ferme ;
c'était la demeure du seigneur de Geierstein.

Sur une pelouse en pente douce en face de cette ferme,
Arthur aperçut de loin cinq ou six hommes, dans le premier desquels, à sa marche, à son costume et à la forme de
sa toque, il lui fut aisé de reconnaître son père, ce père
qu'il espérait à peine revoir.

Il suivit donc avec empressement sa conductrice, pendant qu'elle descendait la colline escarpée au haut de laquelle était la vieille tour. Ils s'approchèrent du groupe

qu'ils avaient aperçu; le vieux Philipson doubla le pas pour joindre son fils, accompagné d'un homme d'un âge avancé, d'une taille presque gigantesque, et qui, par son air simple et majestueux en même temps, semb'ait le digne concitoyen de Guillaume Tell, de Stauffacher, de Winkelried, et d'autres Suisses célèbres dont le cœur ferme et le bras vigoureux avaient, dans le cours du siècle précédent, défendu avec succès, contre des armées innombrables, leur liberté personnelle et l'indépendance de leur pays.

Avec une courtoisie naturelle, et comme pour épargner au père et au fils le désagrément d'avoir, en présence de témoins, une entrevue qui devait leur causer de l'émotion à tous deux, le Landamman, en s'avançant avec le vieux Philipson, fit signe à ceux qui le suivaient, et qui tous semblaient être des jeunes gens, de rester en arrière. Ils s'arrêtèrent donc à quelques pas, et parurent interroger Antonio sur les aventures des étrangers. Anne, conductrice d'Arthur, avait à peine eu le temps de lui dire : — Ce vieillard est mon oncle, Arnold Biederman, et ces jeunes gens sont mes parents, quand le Landamman et le vieux Philipson arrivèrent. Avec la même délicatesse qu'il avait déjà montrée, Arnold prit sa nièce à part; et tout en lui demandant compte de l'expédition qu'elle venait de faire, il examina le père et le fils pendant leur entrevue, avec autant de curiosité que la civilité lui permettait d'en montrer. Elle se passa tout différemment qu'il ne s'y était attendu.

Le vieux Philipson serra avec émotion son fils contre son cœur et lui dit :

— Arthur, que tous les saints vous pardonnent le chagrin que vous m'avez causé aujourd'hui.

— Qu'ils me pardonnent, répondit le jeune homme ; je dois avoir besoin de pardon, puisque je vous ai causé du chagrin. Croyez pourtant que j'ai agi pour le mieux.

— Il est heureux, Arthur, qu'en agissant pour le mieux, il ne vous soit rien arrivé de pis.

— C'est à cette jeune personne que j'en suis redevable, lui répondit son fils avec un ton de patience et de soumission, en lui montrant Anne, qui se tenait à quelques pas de distance, — que Dieu, Notre-Dame et les saints la bénissent et la récompensent.

Et après avoir jeté sur son fils un regard qui semblait briller de la plus vive affection, il reprit, tandis qu'on retournait vers la maison, la conversation qu'il avait commencée avec sa nouvelle connaissance avant qu'Arthur et sa conductrice fussent arrivés.

Arthur, pendant ce temps, eut le loisir d'examiner l'air et les traits de leur hôte, qui, dans leur caractère mâle et sans affectation, offraient un mélange de simplicité antique et de dignité agreste.

Arnold Biedermann avait la taille, les formes, les larges épaules et les muscles fortement prononcés d'un Hercule; son front large et découvert annonçaient l'intelligence; ses grands yeux bleus étaient pleins de bonté. Il était entouré de plusieurs de ses fils et de ses jeunes parents, au milieu desquels il marchait, et dont il recevait, comme un tribut légitime, les marques du respect et de l'obéissance.

Tandis qu'Arnold Biedermann marchait à côté du vieux Philipson et s'entretenait avec lui, les jeunes gens semblaient examiner Arthur de très-près, et de temps en temps ils adressaient à Anne une question à demi-voix. Elle leur répondait brièvement et avec un ton d'impatience; mais ses réponses ne faisaient qu'exciter leur gaîté; ils s'y livraient sans contrainte, et le jeune Anglais ne pouvait s'empêcher de croire qu'ils riaient à ses dépens.

En arrivant chez Arnold Biedermann, les voyageurs entrèrent dans un appartement qui servait en même temps

de salle à manger et de salon de réception, et où l'on avait
fait tous les préparatifs pour un repas où régnaient en
même temps l'abondance et la simplicité. Autour de cette
salle étaient appendues aux murailles des armes pour la
chasse et divers instruments d'agriculture. Mais les yeux
du vieux Philipson se fixèrent sur un corcelet de cuir, une
longue et lourde hallebarde, et une épée à deux mains, qui
semblaient placées comme une sorte de trophée. Tout à côté
était un casque à visière, comme en portaient les chevaliers et les hommes d'armes; mais il avait été négligé, et au
lieu d'être bien fourbi il était couvert de poussière. La
guirlande d'or, en forme de couronne, qui y était entrelacée,
quoique ternie par le temps, indiquait un rang distingué;
et le cimier (c'était un vautour de l'espèce qui avait donné
son nom au vieux château et à la montagne) fit naître diverses conjectures dans l'esprit du vieil Anglais : connaissant assez bien l'histoire de la révolution de la Suisse, il
ne douta guère que cette portion d'armure ne fût un trophée de la guerre qui avait eu lieu jadis entre les habitants
de ces montagnes et le seigneur féodal à qui elles avaient
appartenu.

L'avertissement de se mettre à table dérangea le cours
des réflexions du marchand anglais; et une compagnie
nombreuse, composée indistinctement de tous ceux qui de-
meuraient sous le toit de Biedermann, s'assit autour d'une
table, au bout de laquelle était un plat de venaison de
chamois; des plats abondants de chair de chèvre, de pois-
son, de fromage, et de laitage apprêté de différentes manières, composaient le reste du festin. Le Landammann fit les
honneurs de sa table avec une hospitalité simple et franche,
et engagea les étrangers à prouver par leur appétit qu'ils se
trouvaient aussi bien reçus qu'ils le désiraient. Pendant le
repas, il s'entretint avec le plus âgé de ses hôtes, pendant

que les jeunes gens et les domestiques mangeaient modestement en silence.

Avant qu'on eût fini de dîner, on vit passer quelqu'un devant une grande fenêtre qui éclairait cet appartement, ce qui parut exciter une vive sensation parmi ceux qui s'en aperçurent.

— Qui vient de passer? demanda Biedermann à ceux qui étaient assis en face de la croisée.

— C'est notre cousin Rodolphe de Donnerhugel, répondit avec empressement un des fils d'Arnold.

Cette nouvelle parut faire grand plaisir à tous les jeunes gens qui se trouvaient dans la salle, et surtout aux fils du Landamman. Le chef de la famille se contenta de dire d'une voix grave et calme : — Votre cousin est le bienvenu; allez le lui dire, et faites-le entrer.

Deux ou trois de ses fils se levèrent aussitôt, comme jaloux de faire les honneurs de la maison à ce nouvel hôte, qui arriva quelques moments après. C'était un jeune homme de très-grande taille, bien fait, et ayant un air d'activité. Ses cheveux, tombant en boucles, étaient d'un brun foncé, et ses moustaches presque noires. Sa chevelure était si épaisse, que sa toque paraissait trop petite pour la couvrir, et il la portait de côté. Ses vêtements étaient de la même forme et de la même coupe que ceux d'Arnold, mais d'un drap beaucoup plus fin, des fabriques d'Allemagne, et richement orné. Une de ses manches étaient d'un vert foncé, galonnée et brodée en argent; le reste de son habit était écarlate. La ceinture qui serrait autour de sa taille son vêtement de dessus, servait aussi à soutenir un poignard dont le manche était en argent. Pour que rien ne manquât a l'élégance de son costume, il portait des bottes qui se terminaient par une longue pointe recourbée, suivant une mode du moyen âge.

Une chaîne d'or suspendue à son cou soutenait un grand médaillon de même métal.

Ce jeune homme fut entouré à l'instant par tous les fils de Biedermann, comme le modèle sur lequel la jeunesse suisse devait se former, et dont la démarche, la mise, les manières et les opinions devaient être adoptées par quiconque voulait suivre la mode du jour, sur laquelle il était reconnu qu'il régnait, et dont personne ne songeait à lui disputer l'empire.

Arthur Philipson crut pourtant remarquer qu'Arnold Biedermann fut assez froid, pour le jeune Bernais, car tel était le pays de Rodolphe. Celui-ci tira de son sein un paquet cacheté qu'il remit au Landamman avec de grandes démonstrations de respect et il semblait attendre qu'Arnold, après avoir rompu le cachet et lu le contenu, lui dît quelques mots à ce sujet; mais le patriarche se borna à l'inviter à s'asseoir et à partager son repas, et Rodolphe prit à côté d'Anne de Geierstein une place qu'un des fils d'Arnold s'empressa de lui céder avec politesse.

— Quelles nouvelles apportez-vous de Berne? lui demanda le chef de la famille.

— La nouvelle d'une réunion prochaine de notre diète qui déclarera la guerre à la Bourgogne, mais avant d'en venir là, on vous prie de faire partie d'une députation chargée de demander à Charles-le-Téméraire réparation des maux qu'il nous a fait souffrir.

— J'accepterai sans doute cette mission, et me rendrai prochainement à la diète avec l'escorte qui m'a été désignée.

— Me permettez-vous de profiter de cette escorte? demanda Philipson, car, moi aussi, je dois aller à Berne.

— Très-volontiers.

CHAPITRE II.

Le repas achevé, les jeunes gens eurent toute liberté de se livrer aux exercices violents fort en usage à cette époque ; ils étaient partis depuis une heure à peine quand Anna s'approcha de son oncle et lui dit quelques mots à l'oreille.

— Et ces cerveaux éventés ne pourraient-ils faire leur commission eux-mêmes ? Que veulent-ils donc, puisqu'ils n'osent le demander et qu'ils vous envoient à leur place ? Si c'eût été quelque chose de raisonnable, j'aurais entendu quatre voix me corner aux oreilles, tant nos jeunes Suisses sont modestes aujourd'hui.

Anne se baissa de nouveau et lui dit encore quelques mots à demi-voix, tandis qu'il passait la main avec un air d'affection sur ses cheveux bouclés.

— L'arc de Buttisholz, ma chère ! s'écria-t-il ; à coup sûr ils ne sont pas devenus plus robustes que l'année dernière ; aucun d'eux n'a été en état de le tendre. Au surplus, le voilà suspendu à la muraille avec ses trois flèches. Et quel est le sage champion qui veut esssayer ce qu'il ne pourra exécuter ?

— C'est le jeune étranger, mon oncle ; ne pouvant le disputer à mes cousins à la course, au saut, au palet et au jet

de la barre, il les a défiés à la course à cheval et au long
arc anglais.

— La course à cheval serait difficile dans un endroit
où il n'y a pas de chevaux, et où, quand il y en aurait, il ne se trouve pas de terrain convenable pour une
course. Mais il y aura un arc anglais, puisque nous en avons
un. Portez-le à ces jeunes gens avec ces trois flèches, ma
nièce, et dites-leur de ma part que celui qui le tendra, fera
plus que Guillaume Tell et le renommé Stauffacher n'auraient pu faire.

Tandis qu'il parlait, Anne avait pris parmi les armes un
arc d'une force extraordinaire, de plus de six pieds de longueur, et trois flèches de plus de trois pieds. Philipson demanda à voir ces armes, et les examina avec soin. — C'est
un excellent bois d'if, dit-il, et je dis m'y connaître, car
j'en ai manié plus d'un semblable de mon temps. A l'âge
d'Arthur, j'aurais bandé cet arc aussi aisément qu'un enfant
courbe une branche de saule.

— Nous sommes trop vieux pour nous vanter comme des
jeunes gens, dit Arnold Biedermann à son compagnon en le
regardant d'un air qui semblait lui reprocher trop de jac-
tance. — Portez cet arc à vos cousins, Anne, et dites-leur
que celui qui pourra le comber aura battu Arnold Biedermann.

En parlant ainsi, il jeta les yeux sur le corps maigre mais
nerveux du vieil Anglais, et les porta ensuite sur ses membres robustes.

— Il faut vous souvenir, mon cher hôte, dit Philipson,
que le maniement des armes dépend moins de la force que
de l'adresse et de la légèreté de la main. Ce qui m'étonne
le plus, c'est de voir ici un arc fait par Mathieu de Doncaster, qui vivait il y a au moins cent ans, ouvrier célèbre
pour la dureté du bois qu'il employait, et pour la force des

armes qu'il fabriquait ; un archer anglais aujourd'hui est même à peine en état de manier un arc de Mathieu de Doncaster.

— Comment êtes-vous assuré du nom du fabricant ?

— Par la marque qu'il mettait à toutes ses armes, et par les lettres initiales de ses noms que j'ai vues gravées sur cet arc. Je ne suis pas peu surpris de trouver ici une telle arme et si bien conservée.

— L'arc a été régulièrement ciré, huilé, et tenu en bon état, parce qu'on le conserve comme trophée d'une victoire mémorable. Vous ne seriez pas charmé d'entendre l'histoire de cette journée, car elle a été fatale à votre pays.

— Mon pays, dit l'Anglais avec un air calme, a remporté tant de victoires, que ses enfants peuvent sans rougir entendre parler d'une défaite. Mais j'ignorais que les Anglais eussent jamais fait la guerre en Suisse.

— Non pas précisément comme nation ; mais du temps de mon grand-père, il arriva qu'un corps nombreux de soldats, composé d'hommes de presque tous les pays, et principalement d'Anglais, de Normands et de Gascons, se répandit dans l'Argovie et dans les districts voisins. Ils avaient pour chef un guerrier célèbre nommé Enguerrand de Coucy, qui prétendait avoir quelques réclamations à faire contre le duc d'Autriche, et qui, pour les faire valoir, ravagea indifféremment le territoire autrichien et celui de notre Confédération. Ses soldats étaient des bandes mercenaires. Ils prenaient le nom de Compagnies Franches, semblaient n'appartenir à aucun pays, et montraient autant de bravoure dans le combats que de cruauté dans leurs déprédations. Un intervalle survenu dans les guerres constantes entre la France et l'Angleterre avait laissé sans occupation une grande partie de ces bandes, et la guerre étant leur exercice habituel, ils l'apportèrent dans nos vallées. L'air semblait en feu par l'éclat de leurs armures, et le soleil était obscurci par le nombre des flèches qu'ils décochaient. Ils nous firent beaucoup de mal, et nous perdîmes plus d'une bataille; mais enfin nous les rencontrâmes à Buttisholz, et le sang de bien des cavaliers nobles, comme on le disait, se mêla à celui de leurs chevaux. Le monticule qui couvre les ossements des guerriers et des coursiers se nomme encore la *Sépulture des Anglais.*

Philipson garda le silence une minute ou deux, et répondit ensuite : — Qu'ils reposent en paix! S'ils ont eu un tort ils l'ont payé de leur vie, et c'est toute la ranson qu'on puisse exiger d'un mortel pour ses fautes. Que le ciel leur pardonne !

— *Amen!* dit le Landamman, ainsi qu'à tous les hommes braves. Mon aïeul était à cette bataille, il passa pour s'y être comporté en bon soldat; et cet arc a été conservé avec soin depuis ce temps dans notre famille. Il y a une prophétie à ce sujet, mais je ne crois pas qu'elle mérite qu'on en parle.

Philipson allait en demander davantage, lorsqu'il fut interrompu par un grand cri de surprise qui partit du dehors.

— Il faut que j'aille voir ce que font ces jeunes étourdis, dit Arnold. Autrefois les jeunes gens de ce pays n'osaient prononcer sur rien avant que la voix du vieillard se fût fait entendre ; mais ce n'est plus la même chose aujourd'hui.

Il sortit de la maison, suivi de son hôte. Tous ceux qui avaient été témoins des jeux des jeunes gens parlaient, criaient et se disputaient en même temps, tandis qu'Arthur Philipson était à quelques pas des autres, appuyé sur l'arc détendu avec un air d'indifférence. A la vue du Landamman, le silence se rétablit.

— Que veulent dire ces clameurs inusitées? dit-il, faisant entendre une voix que chacun était habitué à écouter avec respect. Rudiger, ajouta-t-il en s'adressant à l'aîné de ses fils, le jeune étranger a-t-il bandé l'arc ?

— Oui, mon père, oui, répondit Rudiger, et il a atteint le but. Jamais Guillaume Tell n'a tiré trois coups d'arc semblables.

— Hasard, pur hasard ! s'écria le jeune Suisse venu de Berne. Nul pouvoir humain n'aurait pu en venir à bout; comment donc aurait pu le faire un faible jeune homme qui n'a réussi dans rien de ce qu'il a essayé avec nous ?

— Mais qu'a-t-il fait ? demanda le Landammau. — Ne parlez pas tous à la fois ! Anne de Geierstein, vous avez plus de bons sens et de raison que ces jeunes gens, dites-moi ce qui est arrivé.

La jeune fille répondit avec calme :

— Le but était, suivant l'usage, un pigeon attaché à une perche. Tous les jeunes gens, à l'exception de l'étranger, avaient tiré sur l'oiseau à l'arc et à l'arbalète, sans le toucher. Lorsque j'apportai l'arc de Buttisholz, je l'offris d'abord à mes cousins, mais aucun d'eux ne voulut le prendre, et ils dirent tous que ce que vous n'aviez pu faire était certainement une tâche au-dessus de leurs forces.

— C'est bien parler; mais l'étranger a-t-il bandé l'arc ?

— Oui, mon oncle; mais d'abord il a écrit quelque chose sur un morceau de papier, qu'il m'a mis dans la main.

— Il a bandé l'arc et touché le but ?

— D'abord il a placé la perche à cinquante toises plus loin.

— Chose singulière ! c'est le double de la distance.

— Alors il a bandé l'arc, et décoché l'une après l'autre, avec une rapidité incroyable, les trois flèches qu'il avait passées dans sa ceinture. La première à fendu la perche, la seconde a rompu le lien, la troisième a tué le pauvre pigeon qui prenait son vol dans les airs.

— En vérité, dit le Landamman avec l'air de la plus grande surprise, si vos yeux ont vu tout cela, ils ont vu ce qu'on ne vit jamais dans les Cantons des Forêts.

— Je réponds à cela, s'écria Rodolphe Donnerhugel, dont le dépit était évident, que ce n'est que l'effet du hasard, si ce n'est une illusion et de la sorcellerie.

— Et vous, Arthur, dit Philipson en souriant, qu'en dites-vous? votre succès est-il dû au hasard ou à l'adresse?

— Je n'ai pas besoin de vous dire, mon père, que je n'ai fait qu'une chose fort ordinaire pour un archer anglais, et je ne parle pas pour satisfaire ce jeune homme; mais je réponds à notre digne hôte et à sa famille. Ce jeune homme m'accuse d'avoir fait illusion aux yeux, ou d'avoir atteint le but par hasard. Quant à l'illusion, voilà la perche fendue, le lien brisé, l'oiseau percé; on peut les voir et les toucher. Ensuite si Anne de Geierstein veut lire le papier que je lui ai remis, elle pourra vous assurer qu'avant même de bander l'arc, j'avais désigné les trois buts que je me proposais de toucher.

— Montrez-moi ce papier, ma nièce, dit Biedermann, cela mettra fin à la controverse.

Il prit le papier. L'écriture en était si belle que le Landamman surpris s'écria :

— Nul clerc de Saint-Gall n'aurait pu mieux écrire! Il est étrange qu'une main capable de tirer de l'arc avec tant d'adresse puisse aussi tracer de pareils caractères. Ah! oui, vraiment, des vers : Quoi! avons-nous ici des ménestrels déguisés en marchands? — Et il lut ce qui suit :

> Si j'atteins tour à tour, perche, lien, oiseau,
> L'archer n'aura-t-il pas accompli sa promesse?

— Maintenant, ajouta-t-il, Rodolphe Donnerhugel, vous

devez convenir que l'étranger se proposait réellement d'atteindre les trois buts qu'il a touchés.

— Il est évident qu'il les a touchés, répondit le jeune Bernois; mais quel moyen a-t-il employé pour cela, c'est ce qui me paraît douteux, s'il est vrai qu'il existe dans le monde de la sorcellerie et de la magie.

— Fi! Rodolphe, fi! s'écria le Landamman; est-il possible que le dépit et l'envie puissent exercer quelque influence sur un homme aussi brave que vous, qui devriez donner à mes fils des leçons de modération, de prudence et de justice, comme de courage et de dextérité?

Cette réprimande fit rougir le Bernois, et il n'essaya pas d'y répondre.

— Continuez vos jeux jusqu'au coucher du soleil, mes enfants, ajouta Biederman; pendant ce temps, mon digne ami et moi, nous ferons une promenade, car la soirée y est favorable maintenant.

— Il me semble, dit le marchand anglais, que je serais charmé d'aller voir les ruines de ce vieux château situé près de la chute d'eau. Une pareille scène a une dignité mélancolique qui nous fait supporter les malheurs du temps où nous vivons, en nous prouvant que nos ancêtres, qui étaient peut-être plus intelligents ou plus puissants, ont aussi éprouvé des soucis et des chagrins semblables à ceux qui nous font gémir.

— Volontiers, mon digne ami, lui répondit son hôte, et, chemin faisant, nous aurons le temps de nous entretenir de choses dont il est bon que je vous parle.

Les pas lents des deux vieillards les éloignèrent peu à peu de la pelouse, où une gaieté bruyante ne tarda pas à renaître. Le jeune Philipson, content du succès qu'il devait à son arc, oublia qu'il n'en avait pas obtenu autant dans les exercices du pays; il fit de nouveaux efforts pour y mieux réuss'r, et il obtint les applaudissements. Les jeunes gens, qui avaient été disposés à le tourner en ridicule, commencèrent à le regarder comme un homme méritant d'être respecté, et pouvant servir de modèle, tandis que Rodolphe Donnerhugel voyait avec ressentiment qu'il n'était plus sans rival dans l'opinion de ses cousins. Le jeune suisse orgueilleux réfléchit avec amertume qu'il avait encouru le mécontentement du Landamman, qu'il ne jouissait plus de la même réputation auprès de ses compagnons, qui l'avaient toujours pris pour exemple, et ce qui ajoutait à sa mortification, ce qui gonflait son cœur de courroux, c'était la pensée qu'il le devait à un jeune étranger, sans nom, sans renommée.

Laissant les jeunes gens occupés de leurs amusements, le Landamman d'Underwald et Philipson s'avançaient vers le but de leur promenade en causant principalement des relations politiques de la France, de l'Angleterre et de la Bourgogne.

Le seigneur suisse interrogea le marchand sur l'alliance formée récemment entre le roi d'Angleterre et le duc de Bourgogne.

— Nous entendons beaucoup parler, ajouta-t-il, de l'immense armée avec laquelle le roi Édouard se propose de reconquérir les provinces que l'Angleterre possédait en France.

— Je sais parfaitement, répondit Philipson, que rien ne pourrait être si populaire en mon pays qu'une invasion en France, et une tentative pour recouvrer la Normandie, le Maine et la Gascogne, anciens apanages de la couronne d'Angleterre. Mais je doute beaucoup que l'usurpateur qui prend le titre de roi puisse compter sur le secours du ciel pour réussir dans une pareille entreprise.

— Tant mieux pour nous, si cela est ainsi, répliqua le

Landamman; car, si l'Angleterre et la Bourgogne démem-
braient la France, comme cela est presque arrivé du temps
de nos pères, le duc Charles aurait alors tout le loisir de
faire tomber sur notre Confédération la vengeance qu'il
nourrit depuis si longtemps. Du reste, je verrai bientôt le
duc Charles, puisque mon frère le comte de Geierstein,
depuis longtemps hors de notre pays me dit de lui recon-
duire Anne, sa fille, à la cour de ce prince.

— Est-il réconcilié ou cherche-t-il à se réconcilier avec
lui?

— Je ne sais. Mon frère prétend avoir eu beaucoup à se
plaindre du duc de Bourgogne; il l'accuse d'être l'auteur de
la disgrâce qu'il a essuyée en Autriche d'où il vient d'être
banni.

— J'ai entendu parler plusieurs fois de votre frère; tout
me porte à croire qu'il travaille en secret contre le duc de
Bourgogne, malgré quelques semblants de réconciliation.

La conversation fut alors interrompue.

Le son du cor annonça l'heure du souper auquel tout le
monde fit l'honneur; après quoi, l'on conduisit les deux
étrangers dans l'appartement qui leur avait été désigné.

La confiance qui régnait entre le Landamman et le marchand anglais parut s'accroître pendant le peu de jours qui
s'écoulèrent jusqu'à leur départ pour se rendre à la cour de
Charles, duc de Bourgogne.

Les possessions du duc de Bourgogne en Alsace lui
offraient de grands moyens pour faire sentir son déplaisir à
la Confédération suisse. La petite ville, et le château de la
Férette, à dix ou onze milles de Bâle, servaient, de passage
à tout le commerce de Berne et de Soleure, les deux principales villes de la ligue. Le duc y établit un gouverneur ou
sénéchal, qui était en même temps administrateur des revenus publics, et qui semblait né pour être la peste et le
fléau des républicains ses voisins.

Arch'bald Von Hagenbach était un noble Allemand dont les domaines étaient en Souabe, et on le regardait généralement comme un homme d'un caractère féroce.

Une suite d'injustices faites et souffertes par Arch'bald Von Hagenbach, qui avait été un de ceux qui avaient usé avec le plus d'étendue de ce privilége de *Faustrecht* (1), ou, comme on pourrait le dire, du droit du plus fort, avait fini par l'obliger, quoique à un âge déjà un peu avancé, de quitter un pays où sa vie était à peine assurée, et il était entré au service du duc de Bourgogne. Ce prince l'employa d'autant plus volontiers, que c'était un homme de haute naissance et d'une valeur éprouvée, et peut-être encore plus parce qu'il était sûr de trouver dans un homme du caractère hautain, féroce et rapace d'Hagenbach, un ministre qui exécuterait sans scrupule tous les actes de sévérité que le bon plaisir de son maître pourrait lui enjoindre.

Les négociants de Berne et de Soleure firent à haute voix les plaintes des exactions de Hagenbach. Les droits levés sur les marchandises qui traversaient le district de la Férette, n'importe où on les transportât, furent arbitrairement augmentés, et les marchands et commerçants qui hésitaient à payer sur-le-champ ce qu'on exigeait d'eux, étaient exposés à l'emprisonnement, et même à un châtiment corporel. Les villes commerçantes d'Allemagne se plaignirent au duc de la conduite inique du gouverneur de la Férette, et le prièrent de destituer Von Hagenbach ; mais le duc traita leurs plaintes avec mépris. La Confédération helvétique prit un ton haut, et demanda qu'on fît justice du gouverneur de la Férette, comme ayant violé la loi des nations ; mais sa demande ne fut pas mieux écoutée.

Enfin la diète de la Confédération résolut d'envoyer au

(1) Littéralement, « droit du poing. »

due la députation dont il a déjà été parlé. Un ou deux de ces
envoyés adoptèrent les vues calmes et prudentes d'Arnold
Biedermann, dans l'espoir qu'une démarche si solennelle
pourrait ouvrir les yeux de Charles sur l'injustice criminelle de
son représentant ; les autres, qui n'avaient pas des intentions
si pacifiques, avaient résolu d'ouvrir la porte à la guerre
par une remontrance vigoureuse.

Arnold Biedermann était l'avocat déclaré de la paix, tant
qu'elle était compatible avec l'indépendance de son pays et
l'honneur de la Confédération : mais le jeune Philipson découvrit bientôt que le Landamman était le seul individu de
toute sa famille qui nourrit ces sentiments de modération.
L'opinion de ses enfants avait été séduite et dirigée par
l'éloquence impétueuse et irrésistible de Rodolphe Donner-
rhugel, qui, par quelques traits particuliers de bravoure
personnelle, et par suite de la considération due aux services de ses ancêtres, avait acquis dans les conseils de son
canton, et auprès de toute la jeunesse de la Confédération,
un crédit que ces sages républicains n'étaient pas dans l'habitude d'accorder à un homme de son âge. Arthur, que
tous ces jeunes gens accueillaient alors avec plaisir comme
compagnon de leurs parties de chasse et de leurs autres
amusements, ne les entendait parler que de l'espoir de la
guerre, qu'embellissait l'espoir du butin, et auquel se joignait la perspective de la nouvelle renommée que les
Suisses allaient acquérir. Les exploits de leurs ancêtres
contre les Allemands avaient réalisé les victoires fabuleuses
des romans, et puisque la nouvelle génération n'était ni
moins robuste ni moins valeureuse, ils s'attendaient aux
mêmes succès. Quand ils parlaient du gouvernement de la
Férette, ils le désignaient sous le nom de *chien d'attache du
duc de Bourgogne*, et ils disaient ouvertement que si son
maître ne réprimait pas ses actions sur-le-champ, et s'il ne

s'éloignait pas lui-même des frontières de la Suisse, Archibald Von Hagenbach verrait que sa forteresse ne pourrait le protéger contre l'indignation des habitants de Soleure, et surtout des habitants de Berne.

Arthur fit part à son père du désir de la guerre, manifesté par les jeunes Suisses, et celui-ci fut un moment incertain s'il ne ferait pas mieux de braver les inconvénients et les dangers qu'il pouvait éprouver en voyageant seul avec son fils, que de courir risque d'être impliqué dans quelque querelle par la conduite désordonnée de ces jeunes et fiers montagnards quand ils auraient passé leurs frontières. Un événement aurait été contraire à tous les motifs de son voyage : mais Arnold Biedermann étant respecté par sa famille et par tous ses compatriotes, le marchand anglais en conclut, au total, que son influence suffirait pour réprimer l'ardeur de ses compagnons, jusqu'à ce que la grande question de la paix ou de la guerre fût décidée, mais surtout jusqu'à ce qu'ils eussent obtenu une audience du duc de Bourgogne, et qu'ils se fussent acquittés de leur mission. Après cela, il se serait séparé de leur compagnie, et il ne pourrait être regardé comme responsable de leurs mesures ultérieures.

Après environ dix jours de délai, la députation chargée de faire des remontrances au duc sur les actes d'agression et d'exaction d'Archibald Von Hagenbach se rassembla enfin à Geierstein, d'où les membres qui la composaient devaient partir ensemble. Ils étaient au nombre de trois, sans compter le jeune Bernois et le Landamman d'Underwald. L'un d'eux était, comme Arnold, un propriétaire des Cantons des Forêts, portant un costume qui n'était que celui d'un simple berger, mais remarquable par la longueur et la beauté de sa longue barbe argentée ; il se nommait Nicolas Bonstetten. Melchior Sturmthal, porte-bannière de Berne, homme de moyen âge, et guerrier distingué par sa bravoure, avec Adam Zimmermann, bourgeois de Soleure, qui était beaucoup plus âgé, complétaient le nombre des envoyés.

Chacun d'eux s'était costumé de son mieux; mais quoique le regard austère d'Arnold Biedermann trouvât à redire à deux boucles de ceinturon en argent, et à une chaîne du même métal qui décorait le bourgeois de Soleure, il semblait qu'un peuple puissant et victorieux, car les Suisses devaient alors être envisagés sous ce point de vue, n'avait jamais été représenté par une ambassade d'un caractère si patriarcal. Les députés voyageaient à pied, le bâton ferré à la main, comme des pèlerins allant visiter quelque lieu de dévotion. Deux mulets chargés de leur petit bagage étaient conduits par des jeunes gens, fils ou cousins des membres de l'ambassade, qui avaient obtenu, de cette manière, la permission de voir ce qu'ils pourraient de la partie du monde qui se trouvait au-delà de leurs montagnes.

Mais quelque peu nombreux que fût leur cortége, soit pour donner de l'apparat à leur mission, soit pour pourvoir à leurs besoins personnels, ni les circonstances dangereuses du temps, ni les troubles qui régnaient au-delà de leur territoire, ne permettaient à des hommes chargés d'affaires si importantes de voyager sans escorte. Le danger même des loups, qui, aux approches de l'hiver, descendent souvent des montagnes et entrent en troupes dans les villages qui ne sont pas défendues par des murailles, comme ceux dans lesquels les envoyés pourraient avoir à faire halte, rendait cette précaution nécessaire; et le nombre des déserteurs des troupes de différentes puissances, organisés en bandes de brigands sur les frontières de l'Alsace et de l'Allemagne, achevait de la rendre indispensable.

En conséquence, une vingtaine de jeunes gens choisis

dans les divers cantons de la Suisse, et parmi lesquels se
trouvaient Rudiger, Ernest et Sigismond, les trois fils aînés
d'Arnold, servirent d'escorte à la députation. Cependant ils
ne marchèrent pas en ordre militaire, ni à la suite ou en
avant du corps patriarcal. Au contraire, ils se divisaient en
troupes de cinq ou six chasseurs, qui reconnaissaient les
bois, les montagnes et les défilés par où la députation devait
passer. La marche lente des envoyés donnait aux jeunes
gens agiles, qui étaient accompagnés de gros chiens, tout
le temps de tuer les loups et les ours, et quelquefois de
chasser un chamois sur les rochers; tandis que les chasseurs, même en poursuivant leur gibier, avaient soin d'examiner tous les endroits qui auraient pu cacher une ambus-
cade, et ils veillaient ainsi à la sûreté de ceux qu'ils
escortaient, plus efficacement que s'ils les avaient suivis
pas à pas. Un son particulier de la corne du bœuf des montagnes, était le signal convenu de se réunir si quelque
danger se présentait. Rodolphe Donnerhugel, bien plus
jeune que ses collègues dans cette mission importante, prit
le commandement de cette garde, qu'il accompagnait ordinairement dans ses parties de chasse. Ils étaient bien armés,
car ils avaient des épées à deux mains, de longues pertuisanes, des javelines, des arcs, des arbalètes, des coutelas
et des couteaux de chasse. Mais les plus lourdes de ces armes, qui aurait gêné leur marche, étaient portées avec les
bagages, pour être reprises à la première alarme.

Arthur Philipson, préférait naturellement la compagnie
et les amusements des jeunes gens, à la conversation grave
et au pas lent des pères conscrits de la république helvétienne. — Anne de Geierstein, accompagnée d'une jeune
Suissesse à son service, voyageait à la suite de la députation.

Elles étaient montées sur des ânes, dont la marche lente

pouvait à peine suivre les mulets chargés des bagages.

Le vieux marchand prenait un intérêt profond à étudier les mœurs et les opinions de ses compagnons de voyage.

Tous avaient la simplicité droite et franche qui caractérisait Arnold Biedermann; mais aucun d'eux n'offrait une égale dignité dans ses pensées ni une sagacité aussi profonde. En parlant de la situation politique de leur pays, ils n'affectaient aucun mystère; et, quoique, à l'exception de Rodolphe, les jeunes gens ne fussent point admis dans leurs conseils, cette exclusion ne semblait avoir lieu que pour maintenir la jeunesse dans un esprit de subordination, et non parce qu'on jugeait nécessaire d'avoir des secrets pour elle. Ils s'entretenaient librement, en présence du vieux marchand, des prétentions du duc de Bourgogne, des moyens qu'avait leur pays de soutenir son indépendance, et de la ferme résolution où était la ligue helvétique de braver toutes les forces que le monde entier pourrait lui opposer, plutôt que de souffrir la plus légère insulte. Sous d'autres rapports, leurs vues paraissaient sages et modérées, quoique le porteur de la bannière de Berne et l'important bourgeois de Soleure parussent regarder les conséquences d'une guerre sous un jour moins sérieux que le prudent Landamman d'Underwald et son vénérable compagnon Nicolas Bonstetten, qui adoptait toutes les opinions d'Arnold.

La marche lente des voyageurs et diverses causes de délai qu'il est inutile de détailler, firent qu'ils passèrent deux nuits en route avant d'arriver à Bâle. Ils furent reçus partout avec beaucoup d'hospitalité et de joie.

Dans le cours de la troisième journée qui suivit leur départ, ils arrivèrent près de Bâle, alors une des plus grandes villes du sud-ouest de l'Allemagne, où ils se proposaient de passer la nuit, ne doutant pas qu'ils n'y fussent reçus en

amis. A la vérité, cette ville ne faisait pas encore partie de
la Confédération suisse, dans laquelle elle n'entra qu'environ
trente ans après, en 1501 ; mais c'était une ville libre,
impériale, liée avec Berne, Soleure, Lucerne et d'autres
villes de la Suisse, par des intérêts mutuels et des relations
constantes. Le but de la députation était de négocier, s'il
était possible, une paix qui devait être aussi utile à la ville
de Bâle qu'à la Suisse même.

Les envoyés s'attendaient donc à recevoir des autorités
de la ville de Bâle un accueil aussi amical que celui qui
leur avait été fait partout dans le territoire de la Confédération, puisqu'elle était intéressée à voir réussir leur
mission

CHAPITRE III.

Les yeux du voyageur anglais, fatigués de l'aspect continuel de montagnes sauvages, se reposèrent avec plaisir sur une contrée dont la surface, à la vérité, était encore irrégulière et montagneuse, mais qui était susceptible de culture et ornée de champs de blé et de vignobles. Le Rhin, grand et large fleuve, roulait ses eaux à travers les campagnes, et divisait en deux parties la ville de Bâle, qui est située sur ses rives. La partie méridionale de cette cité offrait à leurs regards sa célèbre cathédrale, avec la terrasse magnifique qui y faisait face, et semblait rappeler à nos voyageurs qu'ils approchaient alors d'un pays dans lequel les ouvrages de l'homme pouvaient se faire distinguer parmi les œuvres de la nature, au lieu d'être perdus, comme ce fut toujours le sort des plus glorieux travaux, au milieu de ces montagnes énormes entre lesquelles leur route les avait conduits jusqu'alors.

Les envoyés étaient encore à un mille de l'entrée de la ville, quand ils rencontrèrent des magistrats bâlois qui leur annoncèrent que des messages envoyés par le comte Archibald Von Hagenbach, et la présence des troupes bourguignonnes dans les environs forçaient les timides bourgeois de Bâle à tenir leurs portes fermées aux députés suisses auxquels ils ne pouvaient offrir pour abri, qu'un ancien pavillon de chasse, le Graffs-Lust étant à peu de distance de la cité.

Le Landamman et ses compagnons, indignés d'une pareille conduite, se retirèrent pourtant dans le Graffs-Lust où ils arrivèrent à la tombée de la nuit. En y entrant, ils trouvèrent un guichet qui s'ouvrait sous le passage voûté, et guidés par la lumière, ils arrivèrent dans une salle qu'on avait évidemment préparée pour les recevoir aussi bien que les circonstances le permettaient.

Un grand feu de bois sec brûlait dans la cheminée : il y avait été entretenu si long temps, qu'on respirait un air doux et tempéré dans cet appartement, malgré son étendue et son délabrement. Dans un coin était un amas de bois qui aurait suffi pour nourrir le feu pendant une semaine. Deux ou trois longues tables avaient été préparées, et l'on trouva aussi plusieurs grands paniers contenant des rafraîchissements de toute espèce. Les yeux du bon bourgeois de Soleure brillèrent de plaisir quand il vit les jeunes gens s'occuper à placer sur les tables les provisions qui étaient dans les paniers.

— Après tout, dit-il, ces pauvres gens de Bâle ont sauvé leur réputation ; car s'ils ne nous ont pas fait l'accueil le plus obligeant, du moins ils ne nous laissent pas manquer de vivres.

On mangea de bon appétit. Pour éviter toute surprise nocturne, plusieurs jeunes gens se chargèrent de faire des patrouilles ; Arthur fut placé en sentinelle à la seule porte qui pût donner entrée dans le Graffs-Lust.

Il était à son poste depuis une heure à peine quand il lui parut entendre un cliquetis d'armes, dans le bois voisin. Il mit toute son attention à s'assurer si quelque danger menaçait le château. Le bruit des pas et des armes approchait :

il vit briller au clair de lune, sur la lisière du bois, des casques et les javelines ; mais la grande taille de Rodolphe Donnerhugel, qui marchait en tête de ses compagnons, fit reconnaître à notre sentinelle que c'était la patrouille qui rentrait. Lorsqu'elle approcha du pont, le qui-vive ? le mot d'ordre, en un mot toutes les formes d'usage, furent observées. Rodolphe fit défiler sa troupe sur le pont, et donna ordre qu'on éveillât sur-le-champ ceux qui devaient composer la seconde patrouille, et qu'on fit relever de garde Arthur Philipson, le temps de sa faction étant alors expiré, comme l'eût attesté au besoin l'horloge de la cathédrale de la ville de Bâle, dont le son, se prolongeant à travers les champs et par dessus la forêt, fit entendre les douze heures de minuit.

— Et maintenant, camarade, dit Rodolphe à Arthur, l'air froid et une longue faction vous ont peut-être donné l'envie de prendre quelque nourriture et de vous reposer. Etes-vous encore dans l'intention de faire une ronde avec nous?

Arthur répondit à Rodolphe qu'il était toujours disposé à faire avec lui une reconnaissance. Les jeunes gens qui devaient former la patrouille ne tardèrent pas à arriver. Parmi eux se trouvait Rudiger, fils aîné du Landammau d'Underwald. Le champion bernois se mit à leur tête, et lorsqu'ils furent arrivés près de la lisière de la forêt, il ordonna à trois de ses gens de suivre Rudiger.

— Vous ferez votre ronde du côté gauche, dit Rodolphe à Rudiger ; je ferai la mienne par la droite, et nous nous rejoindrons gaiement à l'endroit convenu. Prenez un des chiens avec vous; je garderai Wolf-Fanger; il courra sur un Bourguignon aussi bien que sur un ours.

Rudiger, avec ses trois hommes, partit du côté gauche, suivant l'ordre qu'il venait de recevoir, et Rodolphe ayant envoyé en avant un des deux jeunes gens qui lui restaient, et placé l'autre en arrière, forma avec Arthur le corps du centre.

Il parla ainsi au jeune anglais :

— Mon principal but, en vous engageant à m'accompagner dans cette patrouille, a été de vous présenter à quelques amis que vous serez charmé de connaître, et qui désirent faire votre connaissance, et c'est ici que je dois les trouver.

A ces mots, il tourna autour d'une pointe de rocher, et une scène inattendue se présenta aux yeux du jeune anglais.

Dans un coin ou réduit, abrité par la saillie du rocher, brillait un grand feu autour duquel étaient assis ou couchés une quinzaine de jeunes gens portant le costume suisse, mais décoré d'ornement et de broderies qui réfléchissaient la lumière du feu, de même que les gobelets d'argent circulant de main en main et les flacons qui déjà commençaient à être vides. Arthur remarqua aussi les restes d'un banquet auquel il paraissait qu'on avait fait honneur tout récemment.

Les convives se levèrent avec empressement en voyant arriver Donnerhugel, que sa taille faisait aisément reconnaître, et ses compagnons. Ils le saluèrent, en lui donnant le titre d'Hauptmann, avec toutes les démonstrations d'une vive affection, mais en s'abstenant avec soin de toute acclamation bruyante. Leur chaleureuse amitié annonçait que Rodolphe était le bienvenu parmi eux, tandis que leur précaution prouvait qu'il y venait en secret, et qu'il devait être reçu avec mystère.

Au bon accueil général qu'il reçut, il répondit :

— Je vous remercie, mes braves camarades. — Avez-vous vu Rudiger ?

— Vous voyez qu'il n'est pas encore venu, brave capi-

taine, répondit un des jeunes gens; autrement nous l'aurions retenu jusqu'à votre arrivée.

— Il est en retard, dit le Bernois. Nous aussi nous avons
éprouvé un délai, et cependant nous voici arrivés avant lui.
Je vous amène, camarades, l'Anglais plein de bravoure
dont je vous ai parlé comme d'un compagnon que nous devons désirer de nous associer dans notre projet audacieux.

— Il est le bienvenu, trois fois le bienvenu, dit un jeune
homme à qui son costume d'un bleu d'azur, richement
brodé, donnait un air d'autorité; encore mieux venu s'il
nous apporte un cœur et un bras disposés à prendre part à
notre noble projet.

— Je vous réponds de lui sous les deux rapports, dit
Donnerhugel; versez-nous du vin; et buvons au succès de
notre glorieuse entreprise et à la santé de notre nouvel
associé.

Tandis qu'on remplissait les coupes d'un vin d'une qualité fort supérieure à tous ceux qu'Arthur avait bus jusqu'alors dans ce pays, il jugea à propos, avant de s'engager
plus avant, de savoir quel était l'objet secret de l'association qui paraissait désirer de le compter parmi ses membres.

— Avant de vous offrir mes faibles services, Messieurs,
dit-il, puisque vous voulez bien y attacher quelque prix,
vous me permettrez de vous demander le but et le caractère de l'entreprise à laquelle je dois prendre part.

— Devais-tu l'amener ici, dit le cavalier en bleu à Rodolphe, sans lui avoir donné tous les renseignements nécessaires à ce sujet?

— Que ce'a ne t'inquiète pas, Lawrenz, répondit Donnerhugel; je connais mon homme. Sachez donc, mon cher
ami, continua-t-il en s'adressant à Arthur, que mes camarades et moi nous sommes déterminés à proclamer sur-
le-champ la liberté du commerce, et à résister jusqu'à la

mort, s'il le faut, à toutes exactions illégales de la part de nos voisins.

— Je comprends cela, dit Arthur, et je sais que la députation actuelle se rend auprès du duc de Bourgogne pour lui faire des remontrances à ce sujet.

— Écoutez-moi, reprit Rodolphe : il est probable que la question sera décidée par les armes, longtemps avant que nous voyions les traits de l'auguste et gracieux duc de Bourgogne. Qu'on ait employé son influence pour nous fermer les portes de Bâle, ville neutre et faisant partie de l'empire germanique, c'est ce qui nous donne le droit de nous attendre au plus mauvais accueil quand nous arriverons sur ses domaines. Nous avons même tout lieu de croire que nous aurions déjà ressenti les effets de sa haine, si nous n'avions eu la précaution de faire bonne garde. Des cavaliers venant du côté de la Férette sont venus reconnaître nos postes cette nuit, et il n'y a nul doute que nous eussions été attaqués, s'ils ne nous avaient trouvés si bien sur nos gardes. Mais il ne suffit pas de leur avoir échappé aujourd'hui, il faut prendre garde à demain ; et c'est pour cette raison qu'un certain nombre des plus braves jeunes gens de la ville de Bâle, indignés de la pusillanimité de leurs magistrats, ont résolu de se joindre à nous pour effacer la honte dont la lâcheté et le manque d'hospitalité de ceux qui ont l'autorité en main ont couvert le lieu de leur naissance.

— C'est ce que nous ferons avant que le soleil qui va se lever dans deux heures disparaisse du côté de l'occident, dit le jeune homme vêtu de bleu ; et un murmure général annonça l'assentiment de tous ceux qui l'entouraient.

— Mes chers Messieurs, dit Arthur, profitant de l'instant où le silence se rétablit, permettez-moi de vous rappeler que l'ambassade est partie dans des vues pacifiques, et que

ceux qui composent son escorte doivent éviter tout acte qui
pourrait tendre à de mauvais procédés dans les domaines
du duc, puisque le caractère d'envoyé est respecté dans
tous les pays civilisés; et je suis sûr que vous ne voudrez
vous-mêmes vous en permettre que de louables.

— Quoi qu'il en soit, s'écria Rodolphe, nous pouvons être
exposés à des insultes; et cela à cause de vous et de votre
père, Arthur Philipson.

— Je ne vous comprends pas.

— Votre père est marchand, et il porte avec lui des marchandises qui occupent peu de place, mais qui sont d'un
grand prix.

— Sans doute, mais qu'en résulte-t-il?

— Je veux dire que si l'on n'y prend garde, le chien
d'attache du duc de Bourgogne héritera d'une bonne partie
de vos soieries, de vos satins et de vos joyaux.

— Soieries, satins, joyaux ! s'écria un des jeunes gens de
Bâle; de telles marchandises ne passeront pas sans payer
des droits, dans une ville où commande Archibald Von
Hagenbach.

— Mes chers Messieurs, dit Arthur après un moment de
réflexion, ces marchandises sont la propriété de mon père
et non la mienne; c'est à lui, et non à moi, qu'il appartient
de décider quelle partie il peut en sacrifier sous forme de
péage plutôt que d'occasionner une querelle qui pourrait
être aussi fâcheuse pour les compagnons qui l'ont reçu dans
leur société que pour lui-même; tout ce que je puis dire,
c'est qu'il a à la cour de Bourgogne des affaires importantes, et
qui doivent lui faire désirer d'y arriver en paix avec tout le
monde. Je suis même convaincu que, plutôt que d'encourir
le danger d'une querelle avec la garnison de la Férette, il
sacrifierait volontiers toutes les marchandises qu'il a en ce
moment avec lui. Je vous demande donc, Messieurs, le

temps de consulter son bon plaisir à ce sujet, vous assurant que si sa volonté est de se refuser au paiement des droits exigés au nom du duc de Bourgogne, vous trouverez en moi un homme bien déterminé à combattre jusqu'à la dernière goutte de son sang.

— Fort bien, roi Arthur, dit Rodolphe, vous êtes fidèle observateur du quatrième commandement, et vous obtiendrez de longs jours sur la terre. Ne croyez pas que nous négligions d'obéir au même précepte, quoique en ce moment nous nous regardions comme obligés, avant tout, à consulter les intérêts de notre patrie, qui est la mère commune de nos pères comme de nous-mêmes. Mais comme vous connaissez notre respect pour le Landamman, vous ne devez pas craindre que nous l'offensions volontairement, en commettant des hostilités inconsidérées et sans quelque puissant motif; et une tentative de piller son hôte trouverait en lui une résistance capable d'aller jusqu'à la mort. J'avais espéré que vous et votre père, vous seriez disposés à vous offenser d'une pareille injure. Cependant si votre père trouve à propos de présenter sa toison pour être tondue par Archibald Von Hagenbach, dont il verra que les ciseaux savent couper d'assez près, il serait inutile et impoli à nous d'offrir notre intervention. En attendant, vous avez l'avantage de savoir que si le gouverneur de la Férette ne se contente pas de la toison et qu'il veuille aussi votre peau, vous avez à votre portée des gens, en plus grand nombre que vous ne le pensiez, que vous trouverez disposés à vous donner de prompts secours, et en état de le faire.

— A ces conditions, dit Arthur, je fais mes remerciements à ces messieurs de la ville de Bâle, ou de quelque autre endroit qu'ils soient venus; et je bois fraternellement à notre plus ample et plus intime connaissance.

— Santé et prospérité aux Cantons-Unis et à leurs amis!

s'écria le jeune homme vêtu de bleu; et confusion à tous autres!

On remplit toutes les coupes, et au lieu d'acclamations et d'applaudissements, les jeunes gens témoignèrent leur dévouement à la cause qu'ils avaient embrassée, en se serrant la main et en brandissant leurs armes, mais sans faire le moindre bruit.

— Ce fut ainsi, dit Rodolphe Donnerhugel, que nos illustres ancêtres, les fondateurs de l'indépendance de la Suisse, se réunirent dans le champ immortel de Rutli, entre Uri et Underwald. Ce fut ainsi qu'ils se jurèrent l'un à l'autre, sous la voûte azurée du ciel, qu'ils rendaient la liberté à leur pays opprimé; et l'histoire nous apprend comment ils tinrent parole.

Nos deux jeunes gens retournèrent à Grafts-Lust; ceux qui venaient de faire la patrouille étaient déjà étendus à côté de leurs camarades endormis à une extrémité de l'appartement. Le Landamman et le porte-bannière de Berne entendirent le rapport que leur fit Donnerhugel que la patrouille avait fait sa ronde en sûreté, et sans avoir rien rencontré qui pût donner lieu de craindre ou de soupçonner aucun danger. Le Bernois, s'enveloppant ensuite de son manteau, se coucha sur la paille, avec cette heureuse indifférence pour un bon lit et cette promptitude à saisir un moment de repos, qu'on doit à une vie dure et laborieuse. Au bout de quelques minutes il dormait profondément.

Arthur se coucha à côté de son père, pour qui, avec cette hospitalité dont il avait eu tant de preuves depuis qu'il avait fait connaissance avec le digne et bon Landamman, on avait arrangé un lit de paille dans le coin qui avait paru le plus commode de l'appartement, et à quelque distance des autres. Il dormait profondément, mais il s'éveilla en sentant son fils se placer près de lui, et Arthur lui dit à voix basse, et en anglais, pour plus de précaution, qu'il avait des nouvelles importantes à lui communiquer en particulier.

— Attaque-t-on le poste? demanda Philipson; faut-il prendre nos armes?

— Pas à présent; ne vous levez pas, abstenez-vous de donner l'alarme; — l'affaire dont je veux vous parler ne concerne que nous.

— De quoi est-il question? dites-le-moi sur-le-champ, mon fils; vous parlez à un homme trop accoutumé aux dangers pour en être effrayé.

— C'est une affaire sur laquelle vous aurez à réfléchir avec prudence. Pendant que je faisais une patrouille, j'ai appris que le gouverneur de la Férette saisira indubitablement votre bagage et vos marchandises, sous prétexte de se faire payer les droits dus au duc de Bourgogne. J'ai aussi été informé que les jeunes Suisses composant l'escorte de la députation ont résolu de résister à cette exaction, et qu'ils croient avoir la force et les moyens nécessaires pour y réussir.

— Par saint Georges, cela ne doit pas être! s'écria Philipson; ce serait reconnaître bien mal l'hospitalité du bon Landamman, que de fournir à ce prince impétueux un prétexte pour commencer une guerre que cet excellent vieillard désire si vivement éviter, s'il se peut. Je me soumettrai volontiers à toutes les exactions possibles; mais la saisie des papiers que je porte sur moi serait une ruine complète. J'avais quelques craintes à cet égard, et c'était ce qui me faisait hésiter à me joindre à Landamman. Il faut maintenant nous en séparer. Ce gouverneur rapace n'arrêtera sûrement pas une députation protégée par la loi des nations, et qui se rend auprès de son maître; mais je vois aisément qu'il pourrait trouver dans notre présence avec eux le prétexte d'une querelle, qui conviendrait éga-

lement à sa cupidité et à l'humeur de ces jeunes gens, qui
ne cherchent qu'une occasion de se croire offensés : ce
n'est pas nous qui la leur fournirons. Nous nous séparerons des
députés, et nous resterons en arrière jusqu'à ce qu'ils soient
passés plus avant. Si ce Von Hagenbach n'est pas le
plus déraisonnable des hommes, je trouverai le moyen de
le contenter, en ce qui nous concerne personellement. Cependant je vais éveiller le Landamman, car je veux lui
apprendre sur-le-champ notre intention.

Philipson n'était pas lent à accomplir ses résolutions. En
moins d'un minute, il se trouva debout à côté d'Arnold
Biedermann, qui, appuyé sur le coude, écouta ce qu'il avait
à lui communiquer, tandis que par-dessus l'épaule du Landamman s'élevaient le bonnet fourré, et la longue barbe du
député de Schwitz, fixant ses grands yeux bleus sur l'Anglais, mais jetant de temps en temps un coup d'œil sur son
collègue, pour voir quelle impression faisaient sur lui les
discours de l'étranger.

— Mon cher ami, mon digne hôte, dit Philipson, nous
avons appris de manière à n'en pouvoir douter, que nos
pauvres marchandises seront assujetties à des droits, peut-
être même confisquées, lorsque nous passerons par la Férette ; et je voudrais éviter toute cause de querelle, tant
pour vous que pour nous-mêmes.

— Vous ne doutez pas que nous n'ayons le pouvoir et la
volonté de vous protéger, répondit le Landamman. Je vous
dis, Anglais, que l'hôte d'un Suisse est aussi en sûreté à
côté de lui, qu'un aiglon sous l'aile de sa mère. Nous quitter parce que le danger approche, ce serait faire un pauvre
compliment à notre courage et à notre fermeté. Je désire la
paix ; mais le duc de Bourgogne lui-même ne ferait pas une
injustice à un de mes hôtes, s'il était en mon pouvoir de l'en
empêcher.

En entendant ces mots, le député de Schwitz serra le poing et l'allongea par-dessus les épaules de son ami.

— C'est précisément pour éviter cela, mon digne hôte, que je veux quitter votre compagnie amicale ; vous êtes ambassadeur et je suis marchand ; une guerre, une simple querelle serait la ruine de vos projets et des miens. Je resterai à Bâle jusqu'à ce que j'aie obtenu des conditions raisonnables de Archibald Von Hagenbach. J'ai les moyens de le rendre favorable, pourvu que je puisse avoir avec lui un entretien particulier. Mais j'avoue que tout ce que j'ai à attendre de ses soldats et de ses lansquenets, c'est d'être massacré, quand ce ne serait que pour la valeur de l'habit que je porte.

— En ce cas, et s'il faut que vous vous sépariez de nous, mesure en faveur de laquelle je ne nierai pas que vous n'ayez allégué de sages et fortes raisons, pourquoi ne partiriez-vous pas d'ici deux heures avant nous ? Les routes sont sûres, puisqu'on attend notre escorte ; et en partant de bonne heure, vous aurez probablement de l'avantage de voir Hagenbach avant qu'il soit ivre, et aussi capable qu'il peut jamais l'être d'écouter la raison, c'est-à-dire d'apercevoir son véritable intérêt. Mais quand il a fait passer son déjeuner à force du vin du Rhin, ce qu'il fait tous les matins, sa fureur rend sa cupidité même aveugle.

— La seule chose qui me manque pour exécuter ce projet, c'est un mulet pour porter mon bagage, qui a été placé avec les vôtres.

— Prenez la mule ; elle appartient à mon frère de Schwitz que voici, et il vous la donnera bien volontiers.

— De tout mon cœur, et quand elle vaudrait vingt couronnes, du moment que mon camarade Arnold le désire, dit le vieillard barbe blanche.

— J'en accepterais le prêt avec reconnaissance, répondit

l'Anglais; mais comment pourrez-vous vous en passer? Il
ne vous restera qu'un seul mulet.

— Il nous sera facile de nous en procurer un autre à Bâle,
dit le Landamman. Le petit délai qui en résultera sera
même utile à vos projets. J'ai annoncé que nous partirions
une heure après le point du jour; nous retarderons notre
départ d'une heure, ce qui nous donnera assez de temps
pour trouver un mulet ou un cheval, et vous facilitera le
moyen d'arriver avant nous à la Férette, où j'espère que,
ayant arrangé vos affaires avec Hagenbach, à votre satisfaction, vous pourrez encore nous accorder votre compagnie
pour le reste de notre voyage.

— Si nos projets réciproques permettent que nous voya-
gions ensemble, digne Landamman, je m'estimerai très-heu-
reux d'être encore votre compagnon de voyage. Et maintenant goûtez le repos que j'ai interrompu.

— Que Dieu vous protége, sage et digne homme, dit le
Landamman en se levant pour embrasser l'Anglais. S'il
arrivait que nous ne nous revissions plus, je me souvien-
drai toujours du marchand qui a repoussé toute idée de
gain pour marcher dans le sentier de la sagesse et de la
droiture. Je n'en connais pas un second qui n'eût risqué de
faire répandre un lac de sang, pour épargner cinq onces d'or.
Adieu aussi, brave jeune homme. Vous avez appris parmi
nous à marcher d'un pied ferme sur les rochers escarpés de
l'Helvétie, mais personne ne peut vous apprendre aussi
bien que votre père à suivre le bon chemin au milieu des
marécages et des précipices de la vie humaine.

Il embrassa ses deux amis, et leur fit ses adieux avec
toutes les marques d'une amitié sincère. Son collègue de
Schwitz imita son exemple, effleura de sa longue barbe les
deux joues des deux Anglais, et leur répéta que sa mule
était à leur service. Chacun d'eux ne songea plus alors qu'à
prendre un peu de repos avant le jour.

CHAPITRE IV.

Le premier rayon de l'aurore commençait à peine à poindre à l'horizon lointain, quand Arthur Philipson se leva pour faire avec son père les préparatifs de son départ, qui, comme on en était convenu la nuit précédente, devait avoir lieu deux heures avant celle où la députation suisse se proposait de quitter le château en ruines de Graffs-Lust. Il ne lui fut pas difficile de trouver les paquets bien arrangés du bagage de son père au milieu de ceux dans lesquels étaient placés sans soin les effets appartenant aux Suisses. Les premiers avaient été faits avec l'adresse et le soin de gens habitués à des voyages longs et dangereux, les autres avec la gauche insouciance d'hommes qui quittaient rarement leur logis, et qui n'avaient aucune expérience comme voyageurs.

Un domestique du Landamman aida Arthur à porter les malles de son père, et à les placer sur la mule appartenant au député barbu de Schwitz. Il en reçut aussi quelques renseignements sur la route de Graffs-Lust à la Férette, et elle était trop directe et trop facile pour qu'il fût probable qu'ils courussent le risque de s'égarer, comme cela leur était arrivé au milieu des montagnes de la Suisse. Dès que les

préparatifs furent terminés, le jeune Anglais éveilla son
père, et l'avertit que tout était prêt pour leur départ.

Les deux anglais furent bientôt hors du vieux château.
Le domestique suisse fut libéralement récompensé, et
chargé de faire de nouveaux adieux au Landamman de la
part de ses hôtes, en lui disant qu'ils emportaient l'espoir et
le désir de le rejoindre bientôt sur le territoire de la Bourgogne. Arthur prit alors en main la bride de la mule, et
tandis qu'il la conduisait à un pas modéré, son père marchait à son côté.

Après quelques minutes de silence, Philipson dit à son
fils : — Je crains que nous ne revoyions plus le digne
Landamman. Les jeunes gens qui l'accompagnent sont dé-
cidés à s'offenser à la première occasion, et je crois bien que le
duc de Bourgogne ne manquera pas de la leur fournir. La
paix que cet excellent homme désire assurer au pays de ses
ancêtres sera troublée avant qu'il arrive en présence du
duc.

— Je suis tellement convaincu de la vérité de ce que vous
me dites, mon père, répondit Arthur, que je crois même
que cette journée ne se passera pas sans que la paix soit
violée. J'ai déjà mis une cotte de mailles, pour le cas où
nous rencontrerions mauvaise compagnie d'ici à la Férette,
et je voudrais que vous prissiez la même précaution. Cela
ne retardera pas notre voyage, et je vous avoue que, moi
du moins, j'en voyagerai avec plus de confiance et de
sécurité, si vous y consentez.

— Je vous comprends, mon fils, reprit Philipson. Mais je
suis un voyageur paisible dans les domaines du duc de
Bourgogne, et je ne veux pas supposer que, tandis que je
suis sous l'ombre de sa bannière, je dois me mettre en garde
contre les bandits, comme si j'étais dans les déserts de la
Palestine. Quant à l'autorité de ses officiers et à l'étendue de

leurs exactions, je n'ai pas besoin de vous dire que, dans les circonstances où nous sommes, ce sont des choses auxquelles nous devons nous soumettre sans chagrin et sans murmures.

Laissant nos deux voyageurs s'avancer à loisir vers la Férette, il faut que je transporte mes lecteurs à la porte orientale de cette petite ville, qui, étant située sur une éminence, commandait tous les environs, et principalement du côté de Bâle. A proprement parler, elle ne faisait point partie des domaines du duc de Bourgogne, mais elle avait été placée entre ses mains, comme gage du remboursement d'une somme considérable, due au duc Charles par l'empereur Sigismond d'Autriche, à qui appartenait la suzeraineté de cette place. Cependant la ville était située si favorablement pour gêner le commerce de la Suisse et pour donner des marques de malveillance à un peuple qu'il haïssait et qu'il méprisait, que l'opinion générale était que le duc de Bourgogne n'écouterait jamais aucune proposition de rachat, quelque équitable, quelque avantageuse qu'elle pût être, et qu'il ne consentirait jamais à rendre à l'empereur un poste avancé aussi important que l'était la Férette pour satisfaire sa haine.

La situation de cette petite ville était forte en elle-même; mais les travaux de fortifications qui l'entouraient suffisaient à peine pour repousser une attaque soudaine, et étaient hors d'état de résister longtemps à un siège en règle.

Les rayons du soleil brillaient depuis plus d'une heure sur le clocher de l'église, quand un vieillard grand et maigre, enveloppé d'une robe de chambre autour de laquelle était bouclé un large ceinturon, soutenant d'un côté une épée, et un poignard de l'autre, s'avança vers la redoute, de la porte située au levant. Sa toque était ornée d'une plume, ce qui de même qu'une queue de renard, était un emblème de noblesse dans toute l'Allemagne, emblème dont faisaient grand cas tous ceux qui avaient droit de le porter.

Le petit détachement qui y avait été de garde la nuit précédente, et qui avait fourni des sentinelles pour la porte et des soldats pour les patrouilles à l'extérieur, prit les armes en voyant arriver cet individu, et se rangea en bon ordre, comme une troupe qui se disposait à recevoir avec les honneurs militaires, un officier d'importance. C'était Archibald Von Hagenbach. Il jeta sur les hommes d'armes un regard perçant et mécontent, et demanda où était Kilian.

Kilian arriva presque au même instant. C'était un soldat robuste, mais ayant une physionomie sinistre, Bavarois de naissance, et remplissant les fonctions d'écuyer près de la personne du gouverneur.

—Quelles nouvelles de ces paysans suisses, Kilian? demanda Archibald. D'après leurs habitudes mesquines, il y a deux heures qu'ils devraient être en route. Les bourgeois de Bâle ont-ils osé donner l'hospitalité à ces bouviers, après les ordres contraires que je leur avais envoyés?

—Non; ils ne les ont pas reçus dans la ville, mais j'ai appris, par des espions sûrs, qu'ils leur ont procuré les moyens de se loger à Graffs-Lust, et fourni force jambons et pâtés, pour ne rien dire des barils de bière, des flacons de vins du Rhin, et des bouteilles de liqueurs fortes.

— Les Bâlois me rendront compte de leur conduite, Kilian.

—Votre Excellence fera donc un sujet de querelle entre le duc de Bourgogne et la ville de Bâle, des secours indirects qu'elle a donnés à la députation suisse?

—Oui, je le ferai; à moins qu'il ne s'y trouve des gens assez sages pour me donner de bonnes raisons pour les protéger. Mais pourquoi ne me dis-tu rien de ces Suisses? j'au-

rais cru qu'un vieux routier comme toi leur aurait arraché
quelques plumes des ailes, pendant qu'ils étaient à Graffs-
Lust.

— Il m'aurait été aussi facile de prendre un porc-épic en
colère avec la main nue. J'ai été moi-même reconnaître
Graffs-Lust. Il y avait deux sentinelles sur les murailles,
une autre sur le pont, et une patrouille faisant des rondes
dans les environs. Il n'y avait rien à faire ; sans quoi, connaissant l'ancienne querelle de Votre Excellence, j'en aurais
tiré pied ou aile, sans qu'ils eussent jamais su qui avait fait
le coup.

— Il y a avec eux des marchands anglais qui voyagent
sous leur protection.

— Des marchands anglais! des marchands anglais! Dis-
moi, Kilian, y a-t-il une longue suite de mulets! un train
nombreux! je crois déjà entendre leurs clochettes, et c'est
une musique plus agréable à mon oreille que le son des
harpes de tous les *mennesingers* d'Hilborn.

— Votre Excellence se trompe. Il n'y a que deux marchands, à ce que j'ai appris, et tout leur bagage ne forme
pas la charge d'un mulet ; mais on dit que le bagage se com-
pose de marchandises d'une valeur infinie, de soieries, de
tissus d'or et d'argent, de dentelles, de fourrures, de perles,
de joyaux, de parfums de l'Orient, et de bijoux d'or de
Venise. A mon grand regret je dois ajouter qu'ils ont avec
eux une vingtaine d'hommes très-robustes et très-décidés à
les défendre.

— Tant mieux, tant mieux! des colporteurs anglais à
piller, des rodomonts suisses à battre pour leur donner une
leçon de soumission! Allons, préparons nos épieux à sanglier. Holà! lieutenant Schonfeldt!

Un officier s'avança.

— Combien d'hommes avons-nous ici?

— Une soixantaine, répondit l'officier. Une vingtaine sont en faction de côté et d'autre, et il y en a de quarante à cinquante dans la caserne.

— Qu'ils se mettent tous sous les armes à l'instant même : mais écoutez-moi; qu'on ne les appelle pas au son du cor ou de la trompette; qu'on les avertisse de vive voix de prendre les armes aussi tranquillement que possible et de se rendre ici, à la porte de l'Est. Dites qu'il y a du butin à faire, et qu'ils en auront leur part.

— Avec un tel leurre, dit Schonfeldt, vous les feriez marcher sur une toile d'araignée, sans effrayer l'insecte qui l'aurait filée. Je vais les rassembler sans perdre un instant.

— Je te dis, Kilian, continua le commandant transporté de joie en s'adressant à son confident, que le hasard ne pouvait nous amener rien de plus à propos qu'une pareille escarmouche. Le duc Charles désire faire un affront aux Suisses. Je ne veux pas dire qu'il veuille donner des ordres directs pour qu'on agisse envers eux d'une manière qu'on pourrait appeler une violation de la foi publique à l'égard d'une embassade pacifique; mais le brave serviteur qui épargnera à son prince le scandale d'une telle affaire, et dont la conduite pourra être appelée une erreur ou une méprise, sera regardée, je t'en réponds, comme lui ayant rendu un service signalé. Peut-être recevra-t-il en public une légère réprimande, mais en secret le duc saura quel cas il doit en faire. Eh bien ! pourquoi restes-tu silencieux ? Que signifie cet aspect lugubre ? Tu n'as pas peur de vingt enfants suisses quand nous avons à nos ordres une si belle troupe de javelines ?

— Les Suisses donneront et recevront de bons coups, dit Kilian, mais je ne les crains pas. Cependant je ne voudrais pas me fier si aveuglément au duc Charles. Qu'il soit charmé d'abord d'apprendre que ces Suisses ont été bien étrillés, c'est ce qui est assez vraisemblable ; mais si, comme Voir   lence vient de me le donner à entendre, il juge à prop s   uite de désavouer cette conduite, il est homme à faire pendre les acteurs de cette scène pour donner une couleur plus vive à son désaveu.

— Bon ! bon ! je sais sur quel terrain je marche. Louis de France pourrait jouer un pareil tour, rien n'est plus probable ; mais cela n'est pas dans le caractère de notre Téméraire de Bourgogne. Ferme les portes, tire les verrous, tends les chaînes, et apporte-moi les clefs ici. Personne ne sortira de la ville avant que cette affaire soit terminée. Fais prendre les armes au nombre de bourgeois nécessaires pour garder les murailles, et qu'ils aient soin de bien s'en acquitter, ou je prononcerai contre eux une amende que je saurai bien leur faire payer.

— Ils murmureront. Ils disent que, n'étant pas sujets du duc, quoique la ville lui ait été donnée en gage, ils ne lui doivent aucun service militaire.

— Ils en ont menti, les lâches ! s'écria Archibald. Si je ne les ai guère employés jusqu'ici, c'est parce que je méprise leur aide ; et je n'y aurais pas recours en ce moment, s'il s'agissait d'un service plus sérieux que de monter une garde et de regarder droit devant soi. Qu'ils songent à m'obéir, s'ils ont quelque égard pour leurs biens, pour leurs personnes et pour leurs familles. Mais quelqu'un entre...

— J'ai vu le méchant dans sa puissance fleurir comme le laurier, mais quand je suis revenu, il n'existait plus ; je l'ai cherché, et je ne l'ai pas trouvé, dit une voix forte derrière lui, en prononçant ces paroles de la sainte Écriture.

Archibald Von Hagenbach se tourna brusquement, et ren.

contra le regard du prêtre de Saint-Paul, portant le costume de son ordre ; c'était un homme aussi connu par la
fermeté de son caractère, que par sa foi ardente.

— Nous sommes en affaires, mon père, et nous vous
écouterons sermonner une autre fois, à moins que vous ne
soyez disposé à nous accorder vos prières, et votre intercession auprès de Notre-Dame et de Saint-Paul pour obtenir
leur protection dans une affaire qu'il est vraisemblable que
nous allons voir ce matin, et dans laquelle je prévois,
comme dit le Lombard, *roba di guadagno* (1). Si telles sont
vos bienveillantes intentions à notre égard, je me félicite de
votre visite, dans le cas contraire.

— Sire gouverneur, répondit le prêtre d'un ton calme,
j'espère que vous n'oubliez pas la nature des saints admis
dans le séjour de la gloire, au point d'appeler leur bénédiction sur des exploits tels que ceux dont vous vous êtes occupé trop souvent depuis votre arrivée ici, événement qui,
par lui-même, était un signe de la colère divine. Vous me
permettrez même d'ajouter, tout humble que je suis, que la
décence aurait dû vous empêcher de proposer à un serviteur des autels de faire des prières pour le succès du vol et
du pillage.

— Je vous comprends, mon père, et je vais vous le prouver. Tant que vous êtes sujet du duc, vous devez par suite
des fonctions que vous remplissez, prier pour qu'il réussisse
dans toutes ses entreprises conduites avec justice. Vous
reconnaissez cette vérité, je le vois à la manière dont vous
inclinez votre tête vénérable. Eh bien, je serai aussi raisonnable que vous l'êtes. Nous désirons l'intercession des saints
et la vôtre, vous leur pieux orateur, dans une affaire à laquelle il faut arriver par un chemin un peu équivoque, et

(1) Du butin à gagner.

vous le voulez ; mais croyez-vous que nous nous imaginions
que nous avons le droit de vous donner, ainsi qu'à eux,
tant de peine et d'embarras sans aucune marque de reconnaissance ? non sûrement. Je fais donc le vœu solennel
que : si la fortune m'est favorable ce matin, Saint-Paul
aura un devant d'autel, et un bassin d'argent plus ou moins
grand, suivant que mon butin le permettra ; Notre-Dame,
une pièce de satin pour une robe, et un collier de perles
pour les jours de fête ; et vous, révérend père, une vingtaine
de pièces d'or d'Angleterre pour vous récompenser d'avoir
agi comme entremetteur entre les saints et nous, nous re-
connaissant indignes de négocier directement avec eux en
notre personne profane. Et maintenant, sire, prêtre, nous
entendons-nous ?

— Si nous nous entendons l'un l'autre ? répéta le prêtre
de Saint-Paul, hélas ! non ; et je crains bien que nous ne
nous entendions jamais. N'as-tu jamais ouï les paroles
adressées par le saint ermite Berchtold d'Offringen à l'im-
placable reine Agnès, qui avait vengé avec une sévérité si
terrible l'assassinat de son père, l'empereur Albert ?

— Non, sur ma foi ; je n'ai étudié ni les chroniques des
empereurs, ni les légendes des ermites. C'est pourquoi, sire
prêtre, si ma proposition ne vous convient pas, n'en parlons
plus.

— Ecoutez pourtant les paroles de ce saint homme, sire
gouverneur. Le temps peut venir, et cela avant peu, où
vous entendriez bien volontiers ce que vous rejetez maintenant avec mépris.

— Parle donc, mais sois bref ; et sache que, quoique tu
puisses exciter ou calmer à ton gré le peuple de cette ville,
tu parles en ce moment à un homme ferme dans ses résolutions, et que toute ton éloquence ne saurait l'ébranler. Ton
zèle pour le seigneur pourrait bien te coûter cher.

— Apprends donc qu'Agnès, fille d'Albert, assassinée après avoir versé des flots de sang pour venger le meurtre de son père, fonda enfin la riche abbaye de Kœnigsfeldt; et pour donner à ce monastère plus de droit à un renom de sainteté, elle fit elle-même un pèlerinage à la cellule du saint ermite, et la pria d'honorer son abbaye en y fixant sa résidence. Mais quelle fut la réponse de l'anachorète? — Retire-toi, femme impie; Dieu ne veut pas être servi par des mains sanglantes, et il rejette les dons qui sont le fruit de la violence et du pillage. Le Tout-Puissant aime la merci, la justice et l'humanité, et il ne veut avoir pour adorateurs que ceux qui pratiquent ces vertus! Et maintenant Archibald Von Hagenbach, tu as été averti une fois, deux fois, trois fois. Vis donc comme un homme contre qui une sentence de condamnation a été prononcée, et qui doit s'attendre à la voir mettre à exécution.

Après avoir prononcé ces mots d'un ton grave, le prêtre de Saint-Paul tourna le dos au gouverneur, et se retira. Le premier mouvement d'Archibald fut d'ordonner qu'on l'arrêtât; mais se rappelant les suites sérieuses que pouvait avoir un acte de violence exercé contre un membre du clergé, il le laissa partir en paix, sachant qu'une tentative de vengeance serait une témérité imprudente, attendu la haine qu'il avait inspirée aux habitants. Il demanda donc une large coupe de vin de Bourgogne qu'il vida jusqu'à la dernière goutte, comme pour ensevelir en même temps son ressentiment dans son sein. Il venait de rendre la coupe à Kilian, quand le soldat qui était de garde au haut de la tour sonna du cor, signal qui annonçait l'arrivée de quelques étrangers à la porte de la ville.

—Ce cor a sonné bien faiblement, dit Archibald Von Hagenbach en montant sur les remparts, d'où il pouvait voir ce qui se passait de l'autre côté de la porte.

— Eh bien, Kilian, qui nous arrive?

Le fidèle écuyer accourait à lui pour apporter la nouvelle.

— Deux hommes avec un mulet, Votre Excellence. Des marchands, à ce que je présume.

— Marchands! tu veux dire des portes-balles. A-t-on jamais entendu parler de marchands anglais voyageant à pied sans plus de bagage qu'il n'en faut pour charger un mulet? ce sont des mendiants bohémiens, ou de ces gens que les Français nomment Écossais. Les misérables! leur estomac sera aussi vide en cette ville que le sont leurs bourses.

— Que Votre Excellence ne juge pas trop à la hâte; de petites valises peuvent contenir des objets de grand prix. Mais qu'ils soient riches ou pauvres, ce sont nos gens; du moins ils répondent au signalement qu'on m'en a fait. Le plus âgé, d'assez bonne taille, visage basané, paraissant avoir environ cinquante-cinq ans, et barbe grisonnante; le plus jeune environ vingt-deux ans, taille plus grande que son compagnon, moustaches brun-clair, point de barbe au menton.

— Qu'on les fasse entrer, dit le gouverneur en se préparant à descendre du rempart, et qu'on les amène dans la *folter-kammer* (1) de la douane.

Il se rendit lui-même sur-le-champ dans le lieu désigné. C'était un appartement situé dans la grande tour qui défendait la porte de l'est, et dans lequel étaient déposés divers instruments de torture, dont le gouverneur, aussi cruel que rapace, faisait usage contre les prisonniers dont il voulait tirer du butin ou des informations. Il entra dans cette chambre dans laquelle un demi-jour seulement pouvait pé-

(1) Chambre de torture.

nétrer, et qui était couverte d'un toit gothique très-élevé qu'on ne voyait qu'imparfaitement, mais où étaient suspendues des cordes dont le bout se terminait par un nœud coulant, et qui avaient un rapport effrayant avec divers instruments de fer rouillé, attachés le long des murs ou jetés çà et là sur le plancher.

Un faible rayon de lumière, pénétrant à travers une des barbacanes qui formaient les seules croisées de cette chambre, tombait sur un homme de haute taille à visage brisané, assis dans ce qui, sans cette lueur, n'eût été autre chose qu'un coin obscur. Il portait un costume de drap écarlate, avait la tête nue, et couverte d'une forêt de cheveux noirs que le temps commençait à blanchir. Il était occupé à fourbir un sabre à deux mains, d'une forme particulière, et dont la lame était plus large et beaucoup plus courte que celle des armes de même espèce dont se servaient les Suisses. Sa tâche absorbait tellement toutes ses idées, qu'il tressaillit quand la porte pesante s'ouvrit en criant sur ses gonds. Son sabre lui échappa des mains et tomba sur le carreau avec un grand bruit.

— Ah! *Schafgartchter* (1) dit le gouverneur en entrant, tu te prépares à remplir tes fonctions?

— Il conviendrait mal au serviteur de Votre Excellence d'être trouvé sans y être prêt. Mais le prisonnier qui n'est pas loin, à en juger par la chute de mon sabre, ce qui annonce toujours la présence de celui qui doit en sentir le tranchant.

— Il est vrai que les prisonniers ne sont pas loin, Francis; mais ton présage t'a trompé. Ce sont des misérables pour qui une bonne corde suffira.

— Tant pis pour Francis Steinernherz!

(1) Exécuteur des hautes œuvres.

— Tu as toujours été à mon service, n'est-il pas vrai?

— Sous quel autre maître aurais-je trouvé l'avantage de pouvoir m'entretenir la main par une pratique si constante? J'ai exécuté vos sentences de condamnation depuis que je suis en état de manier les verges, de lever une barre de fer, et de brandir cette arme fidèle. Qui peut dire que j'aie jamais manqué ma besogne du premier coup; que j'aie été une seule fois obligé d'en frapper un second? Tristan de l'Hospital et ses fameux aides, Petit-André et trois Eschelles (1) ne sont que des novices comparés à moi dans le maniement du noble sabre; car, quant au poignard et à la corde, qu'on emploie dans les camps et en campagne, je serais honteux de descendre à leur niveau.

Il faut que ton ambition dorme encore quelque temps, Scharfgerichter, ce qui nous arrive aujourd'hui n'est bon que pour le cachot ou la corde, peut-être un tantinet de torture; il n'y a pas d'honneur à acquérir.

— Tant pis pour moi !

Francis prit son sabre, en essuya la lame avec un soin révérencieux, se retira dans un coin de la chambre, et y resta debout, les deux mains appuyées sur la poignée de l'arme fatale.

— Presque au même instant, Kilian arriva, à la tête de dix soldats conduisant les deux Philipson auxquels on avait lié les mains avec des cordes.

— Approchez-moi une chaise, dit le gouverneur ; et il s'assit gravement devant une table sur laquelle était placé tout ce qu'il fallait pour écrire. Qui sont ces deux hommes, Kilian, et pourquoi sont-ils garrottés?

— S'il plaît à Votre Excellence, dit Kilian avec un air de profond respect tout différent du ton presque familier avec

(1) Fameux personnages qui jouent un rôle dans le *Quentin Durward* de sir Walter Scott.

lequel il parlait à son maître quand ils étaient tête à tête, nous avions cru convenable que ces deux étrangers ne parussent pas armés en votre présence ; et quand nous les avons requis de nous remettre leurs armes à la porte, comme c'est l'usage en cette place, ce jeune homme a fait résistance. Je conviens pourtant que sur l'ordre de son père il a rendu son arme.

— Notre seigneur, dit le père, nous sommes étrangers, et nous ne pouvons connaître les règlements de cette citadelle; nous sommes Anglais, et par conséquent peu accoutumés à souffrir une insulte personnelle ; nous espérons donc que vous nous trouverez excusables, quand vous saurez que nous nous sommes vus rudement saisis à l'improviste, nous ne savions par qui. Mon fils, qui est jeune et irréfléchi, porta la main à son épée, mais au premier signe que je lui fis, il ne songea plus à se défendre, et bien loin d'en frapper un seul coup, il ne la fit même pas entièrement sortir du fourreau. Quant à moi, je suis marchand, accoutumé à me soumettre aux lois et coutumes des pays dans lesquels je fais mon commerce. Je suis sur le territoire du duc de Bourgogne, et je sais que ses lois et règlements ne peuvent être que justes et raisonnables. Il est l'allié puissant et fidèle de l'Angleterre, et quand je me trouve à l'ombre de sa bannière, je ne crains rien.

— Hem ! hem! dit Hagenbach, un peu déconcerté par le sang-froid de l'Anglais, et se rappelant peut-être que Charles de Bourgogne, à moins que ses passions ne fussent excitées, comme c'était le cas à l'égard des Suisses, qu'il détestait, désirait avoir la réputation d'un prince juste, quoique sévère ; ce sont de bonnes paroles, mais elles ne peuvent justifier de mauvaises actions. Vous avez tiré l'épée en rébellion contre les soldats du duc, tandis qu'ils exécutaient leur consigne.

— Sûrement, noble seigneur, répondit Philipson, c'est interpréter bien sévèrement une action toute naturelle. Mais, en un mot, si vous êtes disposé à la rigueur, le fait d'avoir tiré l'épée, ou pour mieux dire, d'avoir fait un geste pour la tirer, dans une ville de garnison, n'est punissable, que par une amende pécuniaire, et nous sommes disposés à la payer, si telle est votre volonté.

Hagenbach fit alors aux prisonniers une foule de questions insidieuses sur leurs affaires en Suisse, sur leur liaison avec le Landamman, et sur les motifs qui les conduisaient en Bourgogne. Philipson avait répondu à toutes les parties de cet interrogatoire d'une manière claire et précise, à l'exception de la dernière. Il allait en Bourgogne, dit-il, pour les affaires de son commerce. Ses marchandises étaient à la disposition du gouverneur; il pouvait en prendre une partie, même la totalité, suivant qu'il voudrait en être responsable devant son maître. Mais son affaire avec le duc était d'une nature privée, ayant rapport à des intérêts de commerce particuliers, et qui concernaient d'autres personnes indépendamment de lui-même. Il déclara qu'il ne communiquerait cette affaire qu'au duc seul, et ajouta d'un ton ferme que, s'il souffrait quelque mauvais traitement en sa personne ou en celle de son fils, le mécontentement très-sérieux du duc en serait la suite inévitable.

La fermeté du prisonnier mettait évidemment Hagenbach dans un grand embarras. Philipson lui avait remis, à sa première réquisition, la liste ou facture de toutes ses marchandises et elles avaient quelque chose de si séduisant que le gouverneur semblait déjà s'en emparer des yeux.

Après avoir été plongé quelques instants dans de profondes réflexions, il leva la tête, et parla ainsi :

— Vous devez savoir, sire marchand, que le bon plaisir

du duc est qu'aucune marchandise suisse ne passe sur son territoire. Cependant vous avez, de votre propre aveu, séjourné quelque temps dans ce pays, et vous êtes venu ici en compagnie de certaines gens qui se disent députés suisses. Je suis donc autorisé à croire que ces marchandises précieuses leur appartiennent, plutôt qu'à un homme qui a l'air aussi pauvre que vous; et si je voulais demander une satisfaction pécuniaire, trois cents pièces d'or ne seraient pas une amende trop forte pour une conduite aussi audacieuse que la vôtre, après quoi vous pourriez aller rôder où vous voudriez, avec le reste de vos marchandises pourvu que ce ne fût pas en Bourgogne.

— Mais c'est précisément la Bourgogne qui est le but de mon voyage, dit Philipson; c'est en présence du duc que je dois me rendre. Si je ne puis y aller, mon voyage est inutile, et le mécontentement du duc tombera certainement sur ceux qui pourront y mettre obstacle ; car je dois informer Votre Excellence que le duc est déjà instruit de mon voyage, et il fera une stricte enquête pour savoir dans quel lieu et par quelles personnes j'aurai été mis dans l'impossibilité de continuer.

— Les marchandises que tu dois remettre au duc en mains propres, en quoi consistent-elles ?

— Elles sont sous un sceau, répondit l'Anglais.

— Elles sont d'une grande valeur, sans doute ?

— Je ne puis le dire; je sais que le duc y met beaucoup de prix; mais Votre Excellence n'ignore pas que les grands hommes attachent quelquefois une immense valeur à des bagatelles.

— Les portes-tu sur toi? Prends bien garde à la manière dont tu vas me répondre. Regarde ces instruments qui sont autour de toi, ils ont le pouvoir de rendre la parole à un muet, et songe que j'ai celui d'en essayer l'influence sur toi.

— Et sachez que j'aurai le courage de souffrir toutes les tortures auxquelles vous pourrez me soumettre, répondit Philipson avec le même sang-froid imperturbable qu'il avait montré pendant tout cet interrogatoire.

— Souviens-toi aussi que je puis faire fouiller ta personne aussi exactement que tes malles et tes valises.

— Je me souviens que je suis entièrement en votre pouvoir; et pour ne vous laisser aucun prétexte d'en venir à des voies de fait contre un voyageur paisible, je vous dirai que le paquet destiné au duc est sur ma poitrine, dans une poche de mon pourpoint.

— Remets-le-moi.

— J'ai les mains liées, et par l'honneur et par vos cordes.

— Arrache-le de son sein, Kilian; voyons ce dont il parle.

— Si la résistance m'était possible, s'écria Philipson, vous m'arracheriez plutôt le cœur. Mais je prie tous ceux qui sont ici de remarquer que le sceau en est entier et intact, au moment où on me l'enlève par violence.

En parlant ainsi il jeta un coup d'œil sur les soldats qui l'avaient amené, et dont Hagenbach avait oublié la présence.

— Comment? s'écria Archibald s'abandonnant à sa colère : veux-tu exciter mes hommes d'armes à la mutinerie? Kilian, fais sortir les soldats.

En parlant ainsi, il plaça à la hâte sous sa robe de chambre le petit paquet, scellé avec grand soin, que son écuyer venait de prendre au marchand. Les soldats se retirèrent, mais à pas lents, et en jetant un regard en arrière, comme des enfants qui regardent des marionnettes, et qu'on emmène avant que le spectacle soit fini.

— Eh bien! reprit Hagenbach, nous voici plus en particulier à présent : veux-tu me parler plus franchement, et me dire ce que contient ce paquet, et qui te l'a remis?

— Quand toute votre garnison serait assemblée dans cette chambre, je ne pourrais que vous répéter ce que je vous ai déjà dit. Je ne sais pas précisément ce que contient ce paquet. Quant à la personne qui m'en a chargé, je ne la nommerai pas; j'y suis déterminé.

— Ton fils sera peut-être plus complaisant.

— Il ne peut vous dire ce qu'il ne sait pas.

— La torture vous fera peut-être retrouver vos langues à tous deux. Nous commencerons par ce jeune drôle, Kilian; tu sais que nous avons vu des hommes fermes faiblir en voyant disloquer les membres de leurs enfants, tandis qu'ils auraient laissé arracher leur vieille chair de leurs os sans sourciller.

Vous pouvez en faire l'épreuve, dit Arthur; le ciel me donnera de la force pour l'endurer.

— Et moi du courage pour en être témoin, ajouta Philipson.

Pendant ce temps le gouverneur tournait et retournait dans sa main le petit paquet, en examinant chaque pli avec curiosité, et regrettant sans doute en secret que quelques gouttes de cire empreintes d'un sceau, jetées sur une enveloppe de satin cramoisi retenu par un fil de soie, empêchassent ses yeux avides de voir le trésor qu'il contenait, comme il n'en doutait pas. Enfin il fit rappeler les soldats, leur ordonna d'emmener les prisonniers, de les enfermer dans des cachots séparés, et de veiller sur eux avec le plus grand soin, et surtout sur le père.

A peine Hagenbach se trouva-t-il seul avec Kilian qu'il coupa les fils de soie qui entouraient le paquet, déploya le satin qui en formait l'enveloppe, et vit une très-petite boîte en bois de sandal.

— Il faut que le contenu soit d'une grande valeur, dit-il, car il occupe bien peu de place.

A ces mots, il pressa un ressort, et, la boîte s'ouvrant, laissa voir un collier de brillants remarquables par leur éclat et leur grosseur, et paraissant d'une valeur extraordinaire. Les yeux du gouverneur rapace et ceux de son confident non moins intéressé furent tellement éblouis par l'éclat inusité de ces bijoux, que pendant quelque temps il ne purent exprimer que la joie et la surprise.

— En vérité, s'écria Kilian, l'obstiné marchand avait de bonnes raisons pour être si opiniâtre. J'aurais moi-même subi une minute ou deux de torture avant de livrer de pareils bijoux. Et maintenant Votre Excellence permet-elle à son fidèle serviteur de lui demander comment ce butin sera partagé entre le duc et son gouverneur, suivant les règles usitées dans les villes de garnison?

— Nous supposerons la ville prise d'assaut, comme tu le sais, celui qui trouve quelque chose prend la totalité, sans oublier pourtant ses fidèles serviteurs.

— Comme moi, par exemple, dit Kilian.

— Et comme moi, par exemple, répéta une autre voix qui semblait l'écho de celle de l'écuyer, et qui partait du coin le plus obscur de la salle.

— Quelqu'un nous écoutait! s'écria le gouverneur en tressaillant et en portant la main à son poignard.

— Seulement un fidèle serviteur, comme le disait Votre Excellence, reprit l'exécuteur des hautes-œuvres en s'avançant à pas lents.

— Misérable! comment oses-tu m'épier ainsi? s'écria le gouverneur.

— Que Votre Excellence ne s'en inquiète pas, dit Kilian. L'honnête Steinernherz n'a de langue pour parler et d'oreilles pour entendre que suivant le bon plaisir de Votre Excellence. D'ailleurs nous avions besoin de l'admettre dans nos conseils, car il faut dépêcher ces marchands, et sans délai.

— Vraiment! dit Hagenbach; j'avais cru qu'on pouvait les épargner.

— Pour qu'ils aillent dire au duc de Bourgogne de quelle manière le gouverneur de la Férette tient compte à son trésorier du produit des droits perçus et des confiscations prononcées à la douane?

— Tu as raison, Kilian. Les morts n'ont ni dents ni langue; ils ne peuvent ni mordre ni rien rapporter *Scharfaerichter*, tu auras soin d'eux.

— Bien volontiers, répondit l'exécuteur.

— Votre Excellence ne ferait-elle pas mieux d'ajourner le destin de ces marchands, demanda Kilian, jusqu'à ce que nous ayons appris quelque chose sur leur compte, des prisonniers suisses que nous allons avoir tout à l'heure en notre pouvoir!

— Comme tu le voudras, dit Hagenbach en secouant le bras, comme pour écarter de lui quelque tâche désagréable; mais que cela finisse, et que je n'en entende plus parler.

Les farouches satellites saluèrent en signe d'obéissance, et le conclave sanguinaire se sépara; le chef emporta soigneusement les bijoux précieux qu'il voulait s'approprier au prix d'une trahison envers le souverain au service duquel il était entré et du sang de deux hommes innocents. Cependant, avec cette faiblesse d'esprit qui n'est pas très-rare chez les grands criminels, il cherchait à effacer de son souvenir l'idée de sa bassesse et de sa cruauté, ainsi que le sentiment du déshonneur dont le couvrait sa conduite, en chargeant de l'exécution immédiate de ses ordres atroces des agents subalternes. D'ailleurs, il ne comptait guère sur leur discrétion : en effet, le soir même toute la ville savait à peu près ce qui s'était passé, et le prêtre de Saint-Paul prenait déjà ses mesures pour arracher les deux victimes à la férocité du gouverneur.

Le cachot d'Arthur était d'une longueur assez considérable, mais étroit, obscur et creusé dans le roc sur lequel s'élevait la tour. Une petite lampe lui fut laissée, comme une grâce sans conséquence, mais il resta garrotté, et quand il demanda un peu d'eau, un des farouches satellites qui l'avait conduit en ce lieu lui répondit brusquement que, pour le temps qu'il avait à vivre, il pouvait bien souffrir la soif. Cette sinistre réponse fut pour lui un augure que sa soif durerait autant que sa vie, mais pour finir promptement l'une et l'autre. A la faible lueur de sa lampe, Arthur s'était avancé vers un banc grossièrement taillé dans le roc, et, ses yeux s'étant accoutumés peu à peu à l'obscurité du cachot, il aperçut dans la pierre qui en formait le plancher une espèce de large fente ressemblant assez à l'ouverture d'un puits, mais de forme irrégulière, et qui paraissait celle d'un gouffre creusé d'abord par la nature, agrandi ensuite par le travail des hommes.

— Voici donc mon lit de mort, se dit-il à lui-même, et ce gouffre est peut-être la tombe destinée à mes restes ! j'ai même entendu dire que des prisonniers avaient été précipités tout vivants dans de semblables abîmes, pour y mourir lentement, froissés de leur chute, sans que personne entendît leurs gémissements ou plaignît leur destin !

S'approchant de cette sinistre cavité, il entendit, à une grande profondeur, un son qui lui parut celui d'une eau souterraine dont le murmure semblait demander sa victime. Puis la porte du cachot cria sur ses gonds.

— Notre-Dame de merci ! Dieu compatissant ! pardonnez-moi mes fautes ! dit Arthur en s'agenouillant.

Il tourna les yeux vers la porte, et fut un instant ébloui par la clarté d'une torche portée par un homme vêtu de noir, qui s'avançait vers lui et qui tenait en main un poignard. S'il fût venu seul, le malheureux prisonnier aurait pu le regarder comme l'assassin qui venait mettre fin à ses jours; mais une autre personne l'accompagnait. La lumière de la torche fit distinguer la robe blanche d'une femme, il reconnut Anne de Geierstein. Son étonnement fut tel, qu'il en oublia même sa situation dangereuse.

L'homme vêtu de noir, se pencha sur le prisonnier, et coupa avec tant de dextérité la corde qui lui liait les bras, qu'elle sembla tomber dès qu'il l'eût touchée. La première tentative que fit Arthur pour se relever ne lui réussit pas. A la seconde, ce fut la main d'Anne de Geierstein, qui l'aida à se soutenir. Il allait adresser au vénérable prêtre et à Anne les accents de la plus profonde reconnaissance, mais la parole expira sur ses lèvres quand il vit la jeune fille mettre un doigt sur sa bouche, pour lui faire signe de garder le silence, et en même temps de la suivre. Il obéit, plongé dans une surprise silencieuse. Sortis du fatal cachot, ils traversèrent divers corridors formant une sorte de labyrinthe, les uns taillés dans le roc, les autres bordés de murailles construites de grosses pierres tirées des flancs du même rocher, et conduisant probablement à d'autres cachots semblables à celui où Arthur était détenu quelques instants auparavant.

L'idée que son père pouvait être enfermé dans quelque horrible prison comme celle qu'il venait de quitter, fit qu'Arthur s'arrêta quand ils arrivèrent au bas d'un petit escalier en limaçon, qui semblait conduire au faîte de cette partie du bâtiment.

— O ma libératrice, dit-il à demi-voix, guidez-moi pour le délivrer : je ne puis abandonner mon père.

Elle secoua la tête et lui fit signe d'avancer.

— Si votre pouvoir ne va pas jusqu'à sauver mon père, je resterai pour le sauver ou pour mourir avec lui.

Elle ne répondit rien; mais son compagnon lui dit :

—Jeune homme, parle à ceux à qui il est permis de te répondre, ou plutôt garde le silence et suis mes conseils. C'est le seul moyen d'assurer la liberté et la vie de ton père.

Ils montèrent l'escalier, Anne de Geierstein marchant la première. Elle monta l'escalier tournant d'un pas si rapide qu'il fut impossible à Arthur de la suivre de près, et il ne la vit plus quand il arriva sur le palier.

— Voici votre chemin, lui dit son guide noir. Puis, éteignant sa torche, il prit Arthur par le bras et le fit entrer dans un long corridor obscur.

Le jeune homme se laissa donc conduire par son compagnon, qui avançait à grands pas, mais sans le moindre bruit, et qui lui dit à l'oreille de prendre la même précaution.

— Ici se termine notre voyage, ajouta son guide. J'ai été averti assez à temps pour te venir en aide; je connaissais des geôliers dévoués qui m'ont permis de pénétrer jusqu'à ton cachot, l'or de cette courageuse jeune fille a suffi pour m'assurer le silence des autres gardiens.

Comme il parlait ainsi, une porte s'ouvrit et ils entrèrent dans une chambre gothique, autour de laquelle étaient des tablettes en bois de chêne, chargées de livres et de manuscrits. Les yeux d'Arthur furent éblouis par la clarté subite du grand jour, dont il avait été privé depuis quelque temps et, s'étant retourné, il ne vit plus la porte par laquelle ils étaient entrés dans cet appartement. Il n'en fut pourtant pas très-surpris, parce qu'il jugea qu'elle était couverte de tablettes semblables à celles qui tapissaient toute la salle, et qui empêchaient qu'on ne la distinguât, ce qui arrivait quelquefois à cette époque, et ce qu'on voit encore fréquemment aujourd'hui. A la lumière du jour, son libérateur ne lui parut qu'un ecclésiastique, dont les traits et le costume n'avaient rien de cette expression terrible que lui avaient prêtée la lueur d'une torche et la terreur d'un cachot.

Le jeune Philipson respira plus librement, comme un homme qui s'éveille après avoir fait un rêve affreux ; il dit à son libérateur :

— Veuillez me dire à qui je dois adresser les témoignages de ma juste reconnaissance, mon révérend père...

— Parle de ce qui concerne ta maison et ta famille, répondit le prêtre aussi brièvement qu'auparavant. As-tu déjà oublié le danger de ton père ?

— Non, de par le ciel, non ! s'écria Arthur ; dites-moi ce que j'ai à faire pour le délivrer, et vous verrez comment un fils peut combattre pour un père.

— C'est bien, car cela est nécessaire, dit le prêtre. Couvre-toi de ces vêtements, et suis-moi.

Les vêtements qu'il lui présenta étaient une grande robe noire à capuchon, assez semblable au froc des moines.

— Abaisse le capuchon sur ton visage, dit le prêtre, et qui que ce soit que tu rencontres ne lui réponds pas.

Le déguisement fut bientôt terminé. Le prêtre de Saint-Paul, marcha le premier, et Arthur le suivit pas à pas. En sortant de la bibliothèque, ou du cabinet d'étude du prêtre, ils descendirent un petit escalier, et se trouvèrent ensuite dans une rue de la Férette.

Une tentation irrésistible porta le jeune homme à jeter un coup d'œil en arrière ; mais à peine eut-il le temps de voir que la maison d'où il venait de sortir était un petit bâtiment gothique, situé entre l'église de Saint-Paul et la grande tour qui défendait la porte de la ville.

— Suivez-moi, Melchior, dit la voix grave du prêtre, tandis que ses yeux se fixaient sur Arthur avec une expression qui rappela sur-le-champ à l'anglais le danger de sa situation.

Ils continuèrent à marcher, personne ne faisait attention à eux, si ce n'est pour saluer le prêtre, soit en silence soit

en lui adressant quelques mots en passant. Enfin, étant
arrivés au milieu de la ville, le prêtre prit une petite rue
qui se dirigeait vers le nord, et à l'extrémité de laquelle ils
montèrent un escalier. Suivant l'usage des villes fortifiées,
cet escalier conduisait sur le rempart, qui, à la manière
gothique, était flanqué à tous les angles, et de distance en
distance, de tours de diverses formes et de différente grandeur.

Il y avait des sentinelles sur les murailles, mais la garde
y était montée par des bourgeois armés d'épées et de javelines, et non par des soldats de la garnison. Le premier près
duquel ils passèrent dit au prêtre à demi-voix : — Votre
projet tient-il ?

— Oui, répondit le prêtre de Saint-Paul; *Benedicite
Domino.*

— *Deo grattas !* répliqua le citoyen armé, et il continua
sa faction sur le rempart.

Les autres factionnaires semblaient les éviter ; car lorsque
Arthur et son compagnon en approchaient, ou ils disparais-
saient, ou ils passaient à côté d'eux sans les regarder, et
sans avoir l'air de les voir. Enfin ils arrivèrent devant une
vieille tourelle qui s'élevait au-dessus de la muraille, et
dans le mur de laquelle était percée une porte donnant sur
le rempart. Elle était placée dans un coin séparé de tous les
angles des fortifications, et rien ne la commandait. Dans une
forteresse bien gardée, un point si important aurait dû être
surveillé tout au moins par une sentinelle, cependant il ne
s'en trouvait aucune.

— Maintenant, écoutez-moi bien, dit le prêtre, car la vie
de votre père, et peut-être celle de bien d'autres, dépen-
dent de votre attention et de votre promptitude. Vous savez
courir ? Vous êtes en état de sauter ?

— Je ne sens plus de fatigue depuis que vous m'avez

rendu la liberté, mon père ; et les daims que j'ai si souvent chassés ne me gagneraient pas de vitesse en pareille occasion.

— Faites donc bien attention. Cette tourelle, dans laquelle je vais · ·us faire entrer, renferme un escalier qui conduit à une poterne de sortie. Cette poterne est barricadée à l'intérieur, mais elle n'est pas fermée à clef. En l'ouvrant, vous arriverez au fossé, qui est presque à sec. Quand vous l'aurez traversé, vous vous trouverez près du rempart extérieur. Vous pourrez y voir des sentinelles, mais elles ne vous verront pas. Ne leur parlez pas, et passez du mieux que vous pourrez par-dessus la palissade. Je suppose que vous pourrez gravir un rempart qui n'est pas défendu !

— J'en ai gravi un qui l'était... Et que dois-je faire ensuite ? Tout cela est fort aisé.

— Vous verrez à quelque distance un petit bois, ou pour mieux dire un taillis. Gagnez-le avec toute la vitesse dont vous êtes capable. Quand vous y serez, tournez vers l'orient, mais alors prenez bien garde de ne pas vous laisser voir par les soldats bourguignons qui sont de garde sur cette partie de murailles, car s'ils vous aperçoivent, une décharge de flèches et la sortie d'un détachement de cavalerie pour vous poursuivre en seront la conséquence infaillible ; et ils ont les yeux de l'aigle qui voit sa proie de loin.

— J'y mettrai tous mes soins, mon père.

— De l'autre côté de ce petit bois, vous trouverez un chemin, ou plutôt un sentier tracé par les moutons, qui, s'éloignant insensiblement des murs de la ville, va rejoindre la route de la Férette à Bâle. Courez à la rencontre des Suisses qui s'avancent ; dites-leur que les heures de la vie de votre père sont comptées, et qu'il faut qu'ils se pressent, s'ils veulent le sauver. Surtout ne manquez pas de dire à Rodolphe Donnerhugel que le prêtre de Saint-Paul l'attend à la poterne du côté du nord pour lui donner sa bénédiction.

— M'avez-vous bien compris?

— Parfaitement, répondit Arthur.

Le prêtre ouvrit la petite porte de la tourelle, et y entra avec Arthur qui allait descendre rapidement l'escalier qu'il y trouva.

— Attendez un instant! lui dit le prêtre; ôtez ces vêtements : maintenant ils ne feraient que vous gêner.

Arthur obéit.

En quelques minutes il eût atteint et franchi la palissade indiquée.

Il lui fallut toute son adresse pour se tenir à couvert sous le peu de buissons qui protégeaient encore sa fuite, afin d'éviter d'être vu par ceux qu'il voyait lui-même si distinctement. Il s'attendait à chaque instant à entendre le son d'un cor, et à voir parmi les soldats, sur le rempart, un mouvement tumultueux qui annoncerait une sortie. Rien de tout cela n'arriva pourtant, et, suivant le sentier dont le prêtre lui avait parlé, il perdit enfin de vue les tours de la Férette, et rejoignit bientôt la grande route par laquelle il était arrivé dans cette ville, quelques heures auparavant, avec son père. Bientôt un petit nuage de poussière, à travers lequel il vit briller quelques armes, lui fit reconnaître qu'il approchait d'un détachement d'hommes armés, il en conclut que c'était l'avant-garde de la députation suisse.

En effet, il rencontra ce petit corps, qui était composé de dix hommes ayant à leur tête Rodolphe Donnerhugel. La vue du jeune Philipson, couvert de boue et même de sang, car il s'était fait une légère blessure dans son cachot, excita l'étonnement de tous les Suisses, qui s'attroupèrent autour de lui pour savoir ce qu'il allait leur apprendre Rodolphe seul ne montra ni empressement ni curiosité; il avait la tête large et forte, une physionomie semblable à celle des an-

ciennes statues d'Hercule, et dont l'expression calme, indif-
férente et presque sombre, ne changeait de caractère que
dans des moments de violente agitation.

Arthur, qui pouvait à peine respirer, lui apprit que son
père avait été jeté dans un cachot, et condamné à mort.
Cette nouvelle fut entendue sans émotion.

— Ne deviez-vous pas vous y attendre? dit le Bernois
avec froideur. N'aviez-vous pas été avertis? Il aurait été
bien facile de prévoir et de prévenir ce malheur.

— J'en conviens! j'en conviens! s'écria Arthur en se tor-
dant les mains; vous étiez prudent, et nous avons agi fol-
lement. Mais, je vous en conjure, ne songez plus à notre
folie dans ce moment d'extrême danger! Montrez le courage et la générosité que tous vos Cantons vous accordent!
Venez à notre secours dans ce terrible malheur.

— Mais comment? de quelle manière? dit Rodolphe, paraissant encore hésiter. Nous avons congédié les Bâlois, qui
étaient disposés à nous prêter main-forte, tant l'exemple de
vos sentiments de soumission a eu d'influence sur nous.
Nous ne sommes guère qu'une vingtaine d'hommes; comment voulez-vous que nous attaquions une ville de garnison
protégée par des fortifications et défendue par six fois notre
nombre d'hommes, bien armés?

— Vous avez des amis dans l'intérieur, répondit Arthur,
j'en suis sûr. Écoutez, un mot à l'oreille : le prêtre de Saint-
Paul m'a chargé de vous dire, à vous, Rodolphe Donnerhü-
gel, qu'il vous attend à la poterne du côté du nord, pour vous
donner sa bénédiction.

— En avant, sans hésiter, s'écrièrent ensemble Sigismond
Biedermann et quelques-uns de ses amis.

— Silence, bavards! répondit Rodolphe en regardant autour de lui avec un air de supériorité. Et vous, Arthur, allez
trouver le Landamman, qui est à peu de distance en ar-

rière. Vous savez qu'il est notre commandant en chef, qu'il
est aussi l'ami sincère de votre père; tout ce qu'il pourra
ordonner en sa faveur, vous nous trouverez tout prêts à
l'exécuter.

Ses compagnons parurent approuver cet avis, et le jeune
Philipson vit lui-même qu'il ne pouvait se dispenser de le
suivre. Au fond du cœur, quoiqu'il soupçonnât Rodolphe
d'avoir plus de moyens de le servir en cette conjecture,
par suite de ses intrigues avec la jeunesse de Suisse et de
Bâle, et des intelligences qu'il avait dans la ville même de
la Férette, comme on pouvait le présumer d'après le message que lui avait envoyé le prêtre de Saint-Paul, Arthur
comptait beaucoup plus sur la simplicité franche et la bonne
foi imperturbable d'Arnold Biedermann, et il ne perdit
pas un instant pour courir à sa rencontre, afin de lui
raconter son histoire déplorable, et d'implorer son secours.

Du haut d'une éminence qu'il atteignit quelques minutes
après avoir quitté Rodolphe et son avant-garde, il vit le vénérable Landamman et ses collègues, accompagnés du reste
des jeunes gens qui les escortaient; car ils ne se disper-
saient plus alors de côté et d'autre sur les flancs, mais ils suivaient les députés à quelques pas, en bon ordre, sous les
armes, et en hommes préparés à résister à toute attaque
imprévue.

Arthur arriva près du Landamman et de son escorte, à
qui sa vue et son extérieur causèrent la même surprise qu'à
Rodolphe et à l'avant-garde. Le Landamman le questionna
sur-le-champ, et il lui répondit en racontant avec brièveté
son emprisonnement et sa délivrance.

— Marchons en avant, sans perdre un instant, dit le Landamman à ses collègues. Rendons-nous médiateurs entre le
tyran Hagenbach et notre ami, dont la vie est en danger. Il
faudra qu'il nous écoute, car je sais que son maître attend

Philipson à sa cour : le vieillard me l'a donné à entendre. Comme nous sommes en possession de ce secret, Archibald n'osera braver notre vengeance, car il nous serait bien facile de faire savoir au duc Charles jusqu'à quel point le gouverneur de la Férette abuse de son pouvoir, non-seulement en ce qui concerne les Suisses, mais même dans des affaires qui regardent le duc personnellement. J'espère que nous entrerons dans la ville de la Férette et que nous en sortirons sans déroger au caractère pacifique dont nous investit la mission que nous avons reçue de la diète.

Le gouverneur de la Férette était sur le faîte de la tour qui commandait l'entrée de la ville du côté de l'orient, et ses regards se dirigeaient sur la route qui conduisait à Bâle, quand on vit au loin d'abord l'avant-garde de la députation suisse, puis le corps du centre, et enfin l'arrière-garde. Bientôt l'avant-garde s'arrêta, le centre la rejoignit, et les mulets qui portaient les deux femmes et les bagages s'y étant aussi réunis, les trois corps n'en formèrent plus qu'un seul.

Un messager s'en détacha, et fit entendre le son d'un de ces cornets énormes, dépouillés de l'urus ou bœuf sauvage, animaux qui sont si nombreux dans le canton d'Uri, qu'on suppose qu'ils lui firent donner ce nom.

— Ils demandent à entrer, dit l'écuyer.

— Et ils entreront, répondit Archibald Von Hagenbach; mais, comment en sortiront-ils? c'est une autre question et plus importante.

— La herse se leva, le pont-levis se baissa. Kilian, en costume d'homme d'armes prêt à combattre, et monté sur un palefroi marchant à l'amble, s'élança vers les Suisses.

— Il faut que vous soyez bien hardis, Messieurs, s'écria-t-il, pour vous présenter à main armée devant la forteresse de la Férette, dont la seigneurie appartient de droit au trois fois noble duc de Bourgogne et de Lorraine, et qui est commandée pour lui et en son nom par Archibald Von Hagenbach, chevalier du Saint-Empire romain !

— Sire écuyer, répondit le Landamman, car, d'après la plume que vous portez à votre toque, je suppose que tel est votre grade, nous ne sommes point ici avec des intentions hostiles. Si nous sommes armés comme vous le voyez, c'est pour nous défendre pendant un voyage périlleux qui, le jour, nous offre quelques dangers, et la nuit, ne nous permet pas toujours de nous reposer en sûreté. Mais nous n'avons aucun projet offensif; et si nous en avions eu, nous ne serions pas arrivés ici en si petit nombre.

— Quel est donc votre caractère, quels sont vos desseins? demanda Kilian, habitué à prendre, en l'absence de son maître, un ton aussi impérieux et aussi insolent que celui du gouverneur lui-même.

— Nous sommes, répondit le Landamman d'une voix calme et tranquille, sans paraître s'offenser de la conduite arrogante de l'écuyer et sans avoir même l'air d'y faire attention, des députés des Cantons libres et confédérés de la Suisse et de la bonne ville de Soleure, chargés par notre diète législative, de nous rendre en présence de Sa Grâce le duc de Bourgogne pour une affaire de grande importance pour son pays et pour le nôtre, et dans l'espoir d'établir avec le seigneur de votre maître, je veux dire avec le noble duc de Bourgogne, une paix sûre et durable, à des conditions honorables et avantageuses pour les deux pays, et d'éviter ainsi des querelles qui pourraient conduire à l'effusion du sang chrétien faute de s'être bien entendus.

— Montrez-moi vos lettres de créance.

— Avec votre permission, sire écuyer, il sera assez temps de les montrer quand nous serons en présence de votre maître, le gouverneur.

— Ce qui veut dire qu'un homme volontaire n'en agit qu'à sa tête. Fort bien, mes maîtres; et cependant vous pourriez recevoir en bonne part cet avis de Kilian de Kesberg : il est quelquefois plus sage de battre en retraite que de marcher en avant. Mon maître, et le maître de mon maître, sont des personnes plus difficiles à manier que les marchands de Bâle, à qui vous vendez vos fromages. Retournez chez vous, bonnes gens, retournez chez vous; le chemin vous est ouvert, et vous êtes bien avertis.

— Nous vous remercions de votre conseil, répondit le Landamman, coupant la parole au porte-bannière de Berne, qui commençait à s'abandonner à son courroux, si ce conseil est amical. Notre route est par la Férelte; nous nous proposons donc d'y passer, et nous y recevrons l'accueil qu'on peut nous préparer.

— Entrez donc, s'écria Kilian, qui avait eu quelque espoir de leur inspirer assez de crainte pour les décider à retourner chez eux, mais qui se trouva trompé dans son attente.

Les Suisses entrèrent dans la ville et furent arrêtés, à une quarantaine de pas de la porte, par la barricade de chariots que le gouverneur avait fait établir dans la rue. Ils rangèrent leur petit corps en ordre militaire et se formèrent sur trois lignes, les deux femmes et les députés placés au centre. Cette petite phalange présentait un double pont, un de chaque côté de la rue, tandis que la ligne de front se disposait à marcher en avant dès qu'on aurait écarté l'obstacle qui gênait le passage.

En ce moment d'attente, un chevalier, armé de toutes pièces, sortit par une petite porte de la grande tour sous le passage ceintré de laquelle les Suisses avaient passé pour entrer dans la ville. La visière de son casque était levée, et il s'avança le long de la petite ligne formée par les Suisses, d'un air hautain et menaçant.

— Qui êtes-vous, s'écria-t-il, vous qui osez avancer ainsi, les armes à la main, dans une ville appartenant à la Bourgogne?

— Avec la permission de Votre Excellence, dit le Landamman, je lui répondrai que nous sommes des hommes chargés d'une mission pacifique, quoique nous soyons armés pour notre défense personnelle. Nous sommes envoyés par les villes de Berne et de Soleure, par les cantons d'Uri, de Schwitz et d'Underwald, pour régler des affaires importantes avec Sa Grâce le duc de Bourgogne et de Lorraine.

— Quelles villes? quels cantons? demanda le gouverneur de la Férette; je n'ai jamais entendu prononcer de pareils noms parmi ceux des villes libres d'Allemagne. Berne vraiment! et depuis quand Berne est-elle devenue une ville libre?

— Depuis le 21 juin de l'an de grâce 1339, répondit le Landamman; depuis le jour de la bataille de Laupen.

— Tais-toi, vieux fanfaron, reprit Hagenbach; crois-tu que de pareilles rodomontades puissent passer ici pour argent comptant? Nous avons bien entendu parler de quelques villages et hameaux qui se sont insurgés au milieu des Alpes; nous savons que, révoltés contre l'Empereur, ils ont à l'aide de leurs montagnes et de leurs défilés, dressé des embuscades et assassiné quelques chevaliers et quelques gentils hommes envoyés contre eux par le duc d'Autriche; mais nous étions loin de penser que de si misérables associations, de si méprisables bandes de mutins, eussent l'insolence de prendre le titre d'états libres, et la présomption de vouloir entrer en négociation avec un prince aussi puissant que le duc de Bourgogne.

— Oubliez un instant, sire chevalier, ce langage hautain qui ne peut qu'amener la guerre, et écoutez des paroles de paix. Rendez la liberté à notre compagnon, le marchand anglais Philipson, que vous avez fait arrêter illégalement ce matin, qu'il paie une somme raisonnable pour sa rançon, et nous rendrons au duc, pour lequel nous avons une mission, un compte favorable de son gouverneur de la Férette.

— Vous serez si généreux! en vérité! s'écria Archibald avec un ton de dérision. Et quelle garantie me donnerez-vous que vous aurez pour moi autant de bonté que vous l'annoncez?

— La parole d'un homme qui n'a jamais manqué à sa promesse, répondit le stoïque Landamman.

— Insolent! s'écria le gouverneur; oses-tu me faire des conditions? Oses-tu m'offrir ta misérable parole comme une garantie entre le duc de Bourgogne et Archibald Von Hagenbach? Apprends que vous n'irez point en Bourgogne, ou que, si vous y allez ce sera les fers aux mains et la corde au cou. Hola! oh! Bourgogne à la rescousse!

A l'instant même, les soldats se montrèrent en avant, en arrière et sur les côtés de l'étroit espace que les Suisses occupaient. Les remparts voisins de la tour étaient garnis d'une ligne d'hommes d'armes, des soldats parurent aux portes des maisons et à toutes les fenêtres, armés de fusils, d'arcs et d'arbalètes, et prêts à tirer ou à tomber sur les Suisses. Ceux qui étaient derrière la barricade se présentèrent aussi, disposés à disputer le passage. La petite troupe, entourée d'ennemis bien supérieurs en nombre, ne parut ni effrayée ni découragée, et prit une attitude défensive. Le Landamman, se portant au centre de bataille, se prépara à forcer la barricade. Les deux autres lignes se mirent dos à dos, pour défendre l'entrée de la rue contre les soldats qui voudraient sortir des maisons. Il était évident que ce n'était que par la force et par l'effusion du sang qu'on pouvait subjuguer cette poignée d'hommes déterminés, même avec une troupe cinq fois plus nombreuse. Archibald le sentit peut-être, et ce fut sans doute la cause du délai qu'il mit à donner le signal de l'attaque.

Un soldat couvert de boue arriva en ce moment tout essoufflé devant le gouverneur et lui dit que tandis qu'il s'efforçait, quelque temps auparavant, d'arrêter un prisonnier qui s'enfuyait, les bourgeois de la ville l'avaient retenu et presque noyé dans le fossé, et qu'en ce moment les citoyens introduisaient l'ennemi dans la place.

— Kilian, s'écria le gouverneur, prends quarante hommes avec toi, courez à la poterne du nord, et poignardez, égorgez, précipitez du haut des murailles quiconque vous trouverez portant les armes, bourgeois ou étrangers. Laissez-moi le soin de tailler des croupières à ces paysans, de manière ou d'autre.

Mais avant que Kilian eût eu le temps d'obéir aux ordres de son maître, on entendit pousser au loin de grands cris.

— Bâle! Bâle! liberté! liberté! victoire!

On vit arriver les jeunes gens de Bâle, qui n'étaient pas assez loin pour que Rodolphe n'eût eu le temps de les faire avertir par des Suisses qui avaient suivi la députation à peu de distance pour être à portée de la secourir si le cas l'exigeait, et enfin les habitants de la Férette, qui, forcés par le gouverneur de prendre les armes et de garder les remparts, avaient profité de cette occasion pour se délivrer de sa tyrannie en ouvrant aux Bâlois la poterne par laquelle Arthur s'était échappé.

La garnison déjà un peu découragée rendit les armes à l'exception de Kilian et de quelques-uns de ses amis qui se firent tuer à leur poste.

Le Landamman tint sa petite troupe immobile, lui ayant ordonné seulement de se défendre si on l'attaquait.

— Gardez vos rangs, s'écria-t-il d'une voix forte, où est Rodolphe? Arthur ne sortez pas des rangs.

— Il faut que j'en sorte, répondit Arthur qui avait déjà quitté sa place : il faut que je cherche mon père dans les cachots. Pendant cette confusion on peut l'assassiner, tandis que je les suis ici bras croisés.

— Vous avez raison, dit Arnold Biedermann; comment ai-je pu oublier ainsi mon digne hôte? je vais vous aider à le chercher, Arthur; d'autant plus que le tumulte paraît tirer à sa fin. Sire porte-bannière, digne Adam Zimmermann, mon ami Nicolas Bonstetten, maintenez nos gens à leurs rangs; qu'ils ne prennent aucune part à cette affaire; que les Bâlois soient responsables de leurs actions. Je reviens dans quelques minutes.

A ces mots il suivit Arthur, à qui sa mémoire retraça assez bien les localités pour qu'il pût trouver sans beaucoup de peine l'escalier qui conduisait au cachot. Ils rencontrèrent sur le palier un homme de mauvaise mine, en justaucorps de buffle, et portant à sa ceinture un trousseau de clefs rouillées qui indiquait la nature de ses fonctions.

— Conduis-nous à la prison du marchand anglais, lui dit Arthur, ou tu meurs de ma main.

— Lequel des deux voulez-vous voir? demanda le geôlier; le vieux ou le jeune?

— Le vieux, répondit Arthur : son fils t'a échappé.

— Entrez donc ici, Messieurs, dit le geôlier en levant une lourde barre de fer qui fermait une porte épaisse.

A l'extrémité de ce cachot était assis à terre celui qu'ils cherchaient. Ils le relevèrent à l'instant, et le serrèrent dans leurs bras.

— Mon cher père! Mon digne hôte! s'écrièrent en même temps son fils et son ami : — comment vous trouvez-vous?

— Bien, mon fils, bien, mon digne ami, répondit Philipson, si, comme je suis porté à le croire d'après vos armes et

7

votre air, vous arrivez ici libres et vainqueurs; mal, si vous y venez partager ma captivité.

— Ne craignez rien à cet égard, dit le Landamman ; nous avons été en danger, mais nous en avons été délivrés d'une manière remarquable. Appuyez-vous sur mon bras, mon digne hôte ; ce cachot froid et humide vous a engourdi les membres ; souffrez que je vous aide à gagner un endroit où vous serez mieux.

Étant sortis de la tour, ils rentrèrent dans la rue, où un spectacle étrange les attendait. Les députés suisses et leur escorte gardaient encore leurs rangs, à l'endroit même où Hagenbach avait eu dessein de les attaquer. Quelques soldats de l'ex-gouverneur, désarmés, et craignant la fureur d'une foule de citoyens qui remplissaient les rues, s'étaient postés, la tête baissée, derrière la phalange de montagnards comme dans le lieu de refuge le plus sûr qu'ils pussent trouver ; mais ce n'était pas tout.

Les chariots qu'on avait placés pour obstruer le passage dans la rue étaient alors joints ensemble, et servaient à soutenir une plate-forme, ou, pour mieux dire, un échafaud qu'on avait construit à la hâte avec des planches. Sur cet échafaud on voyait une chaise sur laquelle était assis un homme de grande taille ayant la tête, le cou et les épaules nus, et le reste couvert d'une armure complète. Il avait le visage pâle comme la mort, mais Arthur reconnut au premier coup d'œil le barbare gouverneur Archibald Von Hagenbach qui semblait être lié sur la chaise. A sa droite, tout à côté de lui, était le prêtre de Saint-Paul, son bréviaire à la main et murmurant quelques prières. A sa gauche, mais un peu en arrière, on voyait un homme robuste, portant un habit rouge, ayant les deux mains appuyées sur la poignée du sabre dont la description a été faite dans un des chapitres précédents. A l'instant même où Arnold Bieder-

mann arrivait, et avant qu'il eût le temps de demander ce
que signifiait ce qu'il voyait, le prêtre fit quelques pas en
arrière, l'exécuteur brandit son sabre, et d'un seul coup fit
tomber sur l'échafaud la tête de la victime.

Arnold Biedermann retrouva enfin la parole, dont la surprise l'avait d'abord privé. Dans le fait, cette exécution avait
eu lieu si rapidement, qu'il lui aurait été impossible d'y
opposer son intervention.

— Qui a osé ordonner cette scène tragique? s'écria-t-il
avec indignation; de quel droit a-t-elle eu lieu?

Un jeune homme en habit bleu, richement décoré, se
chargea de lui répondre.

— Gardez-moi momentanément le secret, dit-il, je suis
Réné de Vaudemont (1).

— Les citoyens libres de Bâle ont suivi l'exemple que
leur ont donné les pères de la liberté suisse; et la mort du
tyran Agenbach a été prononcée du même droit que celle du
tyran Gessler. Nous avons souffert jusqu'à ce que la coupe
fût pleine, mais alors nous ne pouvions plus souffrir.

— Je ne dis pas qu'il n'avait pas mérité la mort, répondit
le Landamman; mais par égard pour nous et pour vous-
mêmes, vous auriez pu l'épargner jusqu'à ce que le bon
plaisir du duc fût connu.

— Que nous parlez-vous du duc? s'écria le même jeune
homme (connu sous le nom de Lawrenz Neipperg, qu'Arthur avait vu au rendez-vous secret des Bâlois, où Rodolphe
l'avait conduit); que nous parlez-vous du duc de Bourgogne?
nous ne sommes pas ses sujets. L'Empereur, notre seul
souverain légitime, n'avait pas le droit de lui donner en
gage la ville de la Férette, qui est une dépendance de Bâle,
au préjudice de notre ville libre. Il pouvait en déléguer les
revenus, en supposant qu'il l'ait fait, la dette a été payée

(1) La suite du récit fera mieux connaître ce jeune homme

deux fois, grâce aux exactions de cet oppresseur, qui vient
de recevoir un châtiment mérité. Mais continuez votre route,
Landamman d'Underwald. Si notre conduite vous déplaît,
allez la désavouer au pied du trône du duc de Bourgogne,
mais ce sera désavouer en même temps Guillaume Tell,
Stauffacher, Furst et Melchtal, les pères de la liberté suisse.

— Vous avez raison, répondit Arnold Biedermann; mais
le moment est malheureux et mal choisi. La patience aurait
remédié à tous vos maux; personne ne les ressentait plus
vivement et n'aurait plus ardemment désiré vous en délivrer que celui qui vous parle. Mais, jeune imprudent, vous
avez oublié la retenue convenable à votre âge, et la soumission que vous devez à vos magistrats.

Le Landamman marcha en avant, et ses collègues le suivirent à l'église de Saint-Paul. Rodolphe, comme le plus
jeune, laissa passer les autres avant lui, et il saisit cette
occasion pour faire signe à Rudiger, l'aîné des fils d'Arnold
Biedermann, de venir lui parler, et pour lui dire à l'oreille
de débarrasser la députation des deux marchands anglais.

— Il faut qu'ils partent, mon cher Rudiger, dit-il; emploie des moyens de douceur, s'il est possible, mais il faut
qu'ils partent sur-le-champ. Ton père est comme ensorcelé
par ces deux colporteurs anglais, et il n'écoutera que leurs
conseils. Or, tu sais comme moi, mon cher Rudiger, qu'il
n'appartient pas à de pareils hommes de faire la loi à des
Suisses libres. Tâche de retrouver les marchandises de clin-
quant qu'on leur a volées, ou du moins ce qui en reste, aussi
promptement que tu le pourras, et, au nom du ciel, fais-les
partir.

Rudiger ne lui répondit que par des signes d'intelligence,
et alla offrir ses services à Philipson pour faciliter son départ. Le marchand prudent désirait s'éloigner de la scène
de confusion que présentait la ville, autant que le jeune

Suisse souhaitait de le voir en marche. Il voulait seulement
tâcher de recouvrer la petite boîte de sandal dont le gouverneur s'était emparé. Rudiger Biedermann s'occupa donc
sur-le-champ d'une recherche exacte pour retrouver ce
précieux écrin, et il était d'autant plus à espérer qu'elle ne
serait pas inutile, que la simplicité des Suisses empêchait qu'ils
n'attachassent aux bijoux qui y étaient contenus leur valeur véritable. On fouilla donc avec le plus grand soin non-
seulement les poches du feu gouverneur, mais de tous ceux
qui avaient approché de lui à l'instant de son exécution, et
ceux qu'on supposait avoir joui de sa confiance.

Sigismond Biedermann ne tarda pas à rapporter le paquet
précieux qu'il s'était fait rendre par le bourreau, lequel
l'avait adroitement enlevé de la poche d'Hagenbach, immédiatement après lui avoir tranché la tête.

— Vous êtes un brave garçon, dit Philipson, en reprenant
ce précieux collier, voilà un signe de reconnaissance qui
me fera admettre facilement près du duc et je parlerai pour
vous tous.

— C'est ce dont nous allions vous prier, dit le Landamman, soyez notre médiateur ; faites-nous arriver jusqu'au
duc.

— Landamman, dit Philipson, jamais dans un moment
difficile, je n'ai fait une promesse que je ne fusse prêt à
tenir quand la difficulté n'existe plus. Vous dites que vous
n'avez pris aucune part à l'attaque de la Férette, et je vous
crois. Vous dites aussi que l'exécution d'Archibald Von
Hagenbach a eu lieu en vertu d'une sentence sur laquelle
vous n'avez eu ni pu avoir aucune influence. Rédigez un
procès-verbal constatant toutes ces circonstances, avec les
preuves, autant que faire se pourra ; confiez-moi cette pièce
sous votre sceau, si vous le jugez convenable ; et, si ces
faits sont bien établis, je vous donne ma parole de.... de....

d'honnête homme et d'Anglais né libre, que le duc de
Bourgogne ne vous retiendra pas prisonniers, et ne vous fera
aucune injure personnelle. J'espère aussi prouver à Charles,
par de fortes et puissantes raisons, qu'un traité d'amitié
entre la Bourgogne et les Cantons-Unis de l'Helvétie serait
de sa part une mesure sage et généreuse. Il est possible que
j'échoue à l'égard de ce dernier point, et en ce cas j'en serai
profondément affligé. Mais en vous garantissant votre arrivée sans danger à la cour du duc, et votre paisible retour
dans votre pays, je ne crois pas que je risque de me tromper. Si je suis dans l'erreur, ma vie et celle de mon fils
unique, de mon fils chéri, payeront la rançon de mon
excès de confiance dans l'honneur et dans la justice du duc.

— N'en dites pas davantage, digne Philipson, reprit le
Landamman; nous ne doutons pas de votre bonne foi, et
malheur à qui ne peut en lire le caractère gravé sur votre
front! Nous marcherons donc en avant, prêts à hasarder
notre sûreté à la cour d'un prince despote, plutôt de ne pas
nous acquitter de la mission dont notre pays nous a chargés.

Les autres membres de la députation annoncèrent leur
assentiment par un signe de tête; et l'on ne songea plus
qu'à se préparer à entrer en Bourgogne.

CHAPITRE V.

Les députés suisses consultèrent alors le marchand anglais sur tous leurs mouvements. Il les exhorta à faire leur voyage avec toute la diligence possible, afin d'être les premiers à rendre compte au duc des événements qui venaient de se passer à la Férette, et de prévenir ainsi les bruits défavorables qui pourraient arriver jusqu'à lui sur leur conduite en cette occasion. Philipson leur recommanda aussi de congédier leur escorte ; les armes et le nombre de ceux qui la composaient pouvaient donner de l'ombrage et de la défiance, et elle était trop faible pour les défendre. Enfin il leur conseilla de se rendre soit à Dijon, soit en tout autre endroit où le duc pourrait être alors, à grandes journées et à cheval.

Cette dernière proposition éprouva pourtant une résistance invincible de la part de Nicolas Bonstetten; comme il s'était jusqu'alors fié à ses jambes pour le transporter d'un endroit à un autre, il lui était impossible de se résoudre à se livrer à la discrétion d'un cheval. On le trouva obstiné sur ce point; il fut définitivement résolu que les deux anglais partiraient d'avance, marcheraient avec toute la célérité possible, et que Philipson informerait le duc de tout ce qu'il avait vu lui-même de la prise de la Férette. Le Landamman l'assura en outre que les détails relatifs à la mort du gouverneur seraient envoyés au duc par un homme de confiance, dont l'attestation à ce sujet ne pourrait être révoquée en doute.

Cette marche fut adoptée, Philipson assurant qu'il espérait obtenir du duc une audience particulière aussitôt après son arrivée.

— Vous avez droit de compter sur mon intercession, dit-il, elle s'étendra aussi loin qu'il sera possible, et personne ne peut mieux que moi rendre témoignage de la cruauté et de la rapacité insatiable d'Archibald Von Hagenbach, puisque j'ai été si près d'en être victime. Mais quant à son jugement et à son exécution, je ne sais et ne puis rien dire à ce sujet; et comme le duc Charles demandera certainement pourquoi l'exécution de son gouverneur a eu lieu sans un appel à son tribunal, il est à propos ou que vous m'appreniez les faits que vous avez à alléguer, ou du moins que vous envoyiez le plus promptement possible tous les renseignements et toutes les preuves que vous avez à lui soumettre sur ce point important.

La proposition du marchand fit naître un embarras visible sur les traits du Landamman, et ce fut évidemment en hésitant qu'Arnold Biedermann, l'ayant tiré un peu à l'écart, lui dit à demi-voix :

— Mon digne ami, les mystères sont en général comme les tristes brouillards qui voilent les traits les plus nobles de la nature; mais de même que les brouillards, ils surviennent quelquefois quand nous le voudrions le moins, et quand nous désirerions montrer le plus de franchise et d'ouverture de cœur. Vous avez vu la manière dont Hagenbach a été mis à mort; nous aurons soin de faire savoir au duc en vertu de quelle autorité il y a été condamné. C'est tout ce que je puis vous dire en ce moment sur ce sujet, et permettez-moi d'ajouter que, moins vous en parlerez à qui que

ce soit, moins vous en serez dans le cas d'en éprouver
quelque inconvénient.

— Digne Landamman, dit l'Anglais, de même que vous,
je déteste les mystères, tant par esprit national que par mon
caractère personnel. Cependant j'ai une si ferme confiance
dans votre honneur et dans votre franchise, que vous serez
mon guide dans des circonstances obscures et secrètes,
comme au milieu des brouillards et des rochers de votre
pays natal. Dans l'un et dans l'autre cas, je suis décidé à
accorder une confiance sans bornes à votre sagacité. Permettez-moi seulement de vous recommander que les explications que vous devez donner à Charles lui soient envoyées
aussi promptement qu'elles doivent être claires et franches.
Les choses étant ainsi, je me flatte que mon humble crédit
auprès du duc pourra mettre un certain poids dans la balance en votre faveur. Et maintenant, nous allons nous
séparer ; mais, comme je l'espère, pour nous rejoindre
bientôt.

Philipson alla trouver son fils, qu'il chargea de louer des
chevaux et de chercher un guide pour les conduire en toute
diligence en présence du duc de Bourgogne. Ayant ques-
tionné divers habitants de la ville, et notamment quelques
soldats du feu gouverneur, ils apprirent enfin que Charles
était occupé depuis quelque temps à prendre possession de
la Lorraine, et que, soupçonnant à l'empereur d'Allemagne
et à Sigismond, duc d'Autriche, des intentions peu amicales
à son égard, il avait rassemblé près de Strasbourg une partie
considérable de son armée, afin d'être prêt à réprimer toute
tentative que pourraient faire ces princes ou les villes
libres de l'Empire pour l'arrêter dans le cours de ses
conquêtes.

Les deux voyageurs se dirigèrent donc vers le camp du
duc de Bourgogne, mais ils étaient en marche depuis deux

jours a peine, quand ils apprirent, par un message de
Biedermann, qu'un complot était formé contre eux, qu'ils
devaient voyager séparément et en changeant plusieurs
fois de costume. Philipson remit à son fils le collier en lui
disant :

— Si vous réussissez à arriver à la cour ou au camp du
duc de Bourgogne, la possession de ce joyau vous sera indispensable pour y obtenir crédit. Moi, j'en ai moins besoin
que vous, parce que je puis citer d'autres circonstances qui
feront ajouter foi à mes paroles, s'il plaisait au ciel de me
laisser seul pour m'acquitter de cette importante mission,
ce dont Notre-Dame, dans sa merci, daigne me préserver.
Songez bien, s'il se trouve une occasion dont vous puissiez
profiter pour passer sur l'autre rive du Rhin, vous devrez
diriger votre marche de manière à repasser ce fleuve à
Strasbourg. Vous y demanderez de mes nouvelles au Cerf-
Ailé, auberge de cette ville qu'il vous sera facile de trouver;
et, si vous n'en pouvez obtenir, vous vous rendrez sur-le-
champ en présence du duc, et vous lui remettrez le collier.
Que le désir d'apprendre ce que je suis devenu ne retarde
pas un seul instant l'accomplissement de ce devoir. Adieu,
mon cher Arthur; si j'attendais le moment de la séparation,
j'aurais à peine le temps de prononcer ce mot fatal. Que le
Seigneur daigne veiller sur vous, et ils se quittèrent les
larmes aux yeux.

Après une journée de fatigue et d'inquiétude, le marchand anglais trouva enfin une vaste auberge indiquée par
Rodolphe; il espérait y goûter ce repos si nécessaire après
un épuisement extrême; il n'en fut pas ainsi.

A peine s'était-il étendu sur son humble couchette qu'il
sentit que son corps n'était guère disposé à céder aux char-
mes du sommeil. Son esprit avait été trop agité, ses membres étaient trop tendus de lassitude, pour qu'il lui fût pos-

sible de goûter le repos qui lui était si nécessaire. Son inquiétude sur la sûreté de son fils, ses conjectures sur le résultat de sa mission auprès du duc de Bourgogne, mille autres pensées qui lui retraçaient les événements passés, ou qui lui peignaient ceux que l'avenir réservait, étaient pour son imagination comme les vagues d'une mer courroucée, et ne lui laissaient aucune disposition à s'endormir.

Il y avait environ une heure qu'il était couché, et le sommeil ne s'était pas encore approché de ses yeux, quand il sentit qu'il descendait avec son lit, il ne pouvait dire où. Il entendit un bruit sourd de cordes et de poulies, quoiqu'on eût pris toutes les précautions pour qu'elles n'en fissent point; et notre voyageur, en étendant les mains autour de lui, reconnut que le lit sur lequel il était couché était placé sur une trappe qu'on pouvait faire descendre à volonté dans les caves ou appartements situés en dessous.

Philipson ne fut pas exempt de craindre dans des circonstances qui étaient si propres à en inspirer; car comment pouvait-il espérer de voir se terminer heureusement une aventure dont le commencement était si étrange? Mais sa crainte était celle d'un homme ferme et intrépide, qui même dans le plus grand danger, conserve toute sa présence d'esprit. On paraissait le faire descendre avec lenteur et précaution, et il se tint prêt à se mettre sur ses pieds et à se défendre dès qu'il se sentirait sur un train ferme. Quoique un peu avancé en âge, il avait encore toute sa vigueur et toute son activité, et, à moins qu'on ne l'attaquât à forces trop inégales, ce qu'il avait sans doute à craindre dans ce moment, il était en état de faire une résistance courageuse. Mais on avait prévu son plan de défense. A peine son lit avait-il touché le plancher de l'appartement dans lequel on l'avait fait descendre que deux hommes, qui semblaient avoir été apostés pour l'attendre, le saisirent de chaque côté, le tinrent de manière à l'empêcher de se lever, comme il en avait l'intention, lui lièrent les mains, le garrottèrent sur son lit, et le rendirent ainsi tout aussi bien prisonnier que s'il eût encore été dans un cachot de la Férette. Il fut donc obligé de se soumettre, et d'attendre la fin de cette aventure formidable; le seul mouvement qu'il pût faire était de tourner la tête à droite et à gauche; et ce fut avec joie qu'il vit enfin briller des lumières, mais elles paraissaient à une grande distance de lui.

D'après la manière irrégulière dont ces lumières avançaient tantôt en ligne droite, tantôt en se mêlant ensemble et en se croisant les unes les autres, il conclut qu'il était dans un vaste souterrain. Le nombre en augmentait peu à peu; et à mesure qu'elles approchaient, il reconnut que c'étaient des torches portées par des hommes enveloppés dans de grands manteaux noirs, semblables à ceux qu'on porte en suivant un convoi. Le capuchon rabattu sur leur tête cachait entièrement leurs traits.

Philipson comprit à certaines paroles échangées presque à voix basse par quelques-uns de ces hommes, qu'il était en présence des Initiés ou des Hommes Sages, noms qu'on donnait alors aux fameux membres du Tribunal Secret qui continuait à subsister alors en Souabe, en Franconie et dans d'autres cantons de la partie orientale de l'Allemagne, qu'on appelait le Pays-Rouge, peut-être à cause des exécutions fréquentes et terribles qui avaient lieu par ordre de ces juges invisibles. Philipson avait souvent entendu dire qu'un franc-compte, c'est-à-dire un des chefs du Tribunal Secret, tenait même quelquefois des séances secrètes sur la rive gauche du Rhin, et que cette cour se maintenait en Alsace avec l'opiniâtreté ordinaire de ces sociétés secrètes, quoique Charles, duc de Bourgogne, eût manifesté le désir d'en découvrir l'existence et d'en détruire le pouvoir, autant qu'il le pourrait, sans s'exposer aux milliers de poignards que ce tribunal mystérieux pouvait faire lever contre lui : redoutable moyen de défense, qui fit que, pendant bien longtemps, les divers souverains d'Allemagne, et les empereurs eux-mêmes, n'auraient pu, sans un extrême danger, détruire ces associations singulières par un coup d'autorité.

Ces réflexions se présentèrent en même temps à l'esprit de l'Anglais, qui sentit qu'il était tombé entre les mains d'un tribunal qui n'épargnait personne, et dont le pouvoir était tellement redouté de tous ceux qui se trouvaient dans le cercle de sa juridiction, qu'un étranger sans protection n'avait qu'une bien faible chance d'obtenir justice, quelque sûr qu'il pût être de son innocence. Tout en se livrant à ces tristes pensées, Philipson résolut pourtant de s'armer de tout son courage, sachant que ces juges terribles, et qui n'étaient responsables envers personne de leurs jugements, se gouvernaient pourtant d'après certaines règles qui modéraient la rigueur de leur code extraordinaire.

Il s'occupa donc à chercher les meilleurs moyens d'écarter le danger qui le menaçait. Les personnages qu'il avait vus dans le lointain s'assemblèrent au centre de la salle où ils s'étaient d'abord montrés, et parurent s'y ranger en ordre. Des torches noires furent successivement allumées en grand nombre, et toute la scène devint visible et distincte. Philipson put alors apercevoir au milieu de l'appartement un de ces autels qu'on trouve quelquefois dans les chapelles souterraines. Là se tenait le président, la main droite appuyée sur une épée et une corde roulée en rond ; l'épée, dont la lame était droite et la poignée en croix, était regardée comme représentant le saint emblème de la rédemption des chrétiens, et la corde comme indiquant le droit de juridiction criminelle et de punition capitale. Le président se leva et dit d'amener le prisonnier.

Six assistants tirèrent aussitôt en avant la trappe qui soutenait le lit sur lequel était Philipson, et s'arrêtèrent au pied de l'autel. Chacun d'eux tira ensuite son poignard du fourreau. Deux d'entre eux détachèrent les cordes dont le marchand était lié, et il fut averti à voix basse que s'il faisait la moindre tentative pour résister ou pour s'échapper, ce serait un signal pour le poignarder.

— Levez-vous, dit le président; écoutez l'accusation qui va être portée contre vous, et croyez que vous trouverez en nous des juges aussi justes qu'inflexibles.

Philipson, évitant avec soin de faire aucun geste qui pût indiquer la volonté de s'échapper, se glissa au bout de son lit, et y resta sur son séant comme il s'était couché, ayant en face le président de ce tribunal terrible, dont le visage était caché sous son capuchon. Même dans ces circonstances effrayantes l'intrépide Anglais ne perdit pas son calme, ses paupières ne tressaillirent pas, et son cœur ne battit pas plus vite, quoiqu'il parût, suivant l'expression de l'Écriture, être un voyageur dans la Vallée de l'ombre de la mort, entouré de piéges nombreux, et plongé dans une obscurité complète, quand la lumière aurait été nécessaire à sa sûreté.

Le président lui demanda quels étaient ses noms, son pays, son occupation.

— John Philipson, répondit le prisonnier, Anglais de naissance, et marchand de profession.

— N'avez-vous jamais porté d'autre nom, et suivi une autre profession?

— J'ai été soldat, et, comme beaucoup d'autres, je portais alors un nom sous lequel j'étais connu à l'armée.

— Quel était ce nom?

— Je l'ai quitté quand j'ai renoncé aux armes, et je ne désire plus être connu sous ce nom; d'ailleurs je ne l'ai jamais porté dans aucun lieu où vos institutions sont en vigueur.

— Savez-vous devant qui vous êtes?

— Je puis du moins le soupçonner.

— Que soupçonnez-vous? Dites-nous qui nous sommes et pourquoi vous êtes devant nous.

— Je crois que je suis devant les Inconnus, ou le Tribunal secret qu'on appelle *Vehmé-Gericht.*

— En ce cas, vous savez que vous seriez plus en sûreté si vous étiez suspendu par les cheveux au-dessus de l'abîme de Schaffouse, ou que vous eussiez la tête placée sous une hache retenue par un seul fil de soie. Qu'avez-vous fait pour mériter un tel destin?

— Que ceux qui m'y ont soumis répondent à cette question, répliqua Philipson avec le même sang-froid qu'auparavant.

— Parlez, accusateur, dit le président; parlez aux oreilles des Francs-Juges de ce tribunal et des fidèles exécuteurs de leurs sentences; et à la face de cet homme qui nie ou qui cache son crime, prouvez la vérité de votre accusation.

— Très-redoutable, répondit l'accusateur en s'adressant au président, cet étranger, portant un faux nom, est entré dans le territoire sacré qu'on appelle le Pays-Rouge, à l'abri d'une profession qui n'est pas la sienne. Lorsqu'il était encore à l'orient des Alpes, il a parlé de ce saint tribunal, à plusieurs reprises, en termes de haine et de mépris, et il a déclaré que, s'il était duc de Bourgogne, il ne souffrirait pas qu'il s'étendît de Westphalie ou de Souabe jusque dans ses domaines. J'accuse en outre celui qui se trouve devant vous d'avoir manifesté l'intention de se rendre à la cour du duc de Bourgogne, et d'employer le crédit qu'il se vante d'avoir auprès de ce prince, pour l'engager à défendre les assemblées du saint *Vehmé* dans ses états, et à faire infliger

aux officiers et aux exécuteurs des sentences de cette cour
le châtiment dû aux voleurs et aux assassins.

— C'est une accusation grave, mon frère, dit le président
quand l'accusateur eut cessé de parler; comment vous proposez-vous d'en donner la preuve?

— Conformément à la teneur des statuts secrets dont la
lecture n'est permise qu'aux Initiés.

— C'est bien; mais je vous demande encore une fois
quels sont ces moyens de preuve. Vous parlez à des oreilles
saintes et initiées.

— Je prouverai mon accusation par l'aveu de l'accusé lui-
même, et par mon propre serment sur les saints emblèmes
du jugement secret, c'est-à-dire sur le fer et la corde.

— La preuve offerte est légale, dit un des membres placés sur le banc d'honneur, et il importe à la sûreté du système que nous avons si solennellement juré de maintenir,
de ce système qui s'est perpétué jusqu'à nous, que de tels
crimes ne restent pas impunis.

Philipson répondit avec fermeté à l'accusation :

— Messieurs, dit-il, bons citoyens, bourgeois, ou quel
que ce soit le nom que vous désirez qu'on vous donne, sachez que je me suis déjà trouvé en aussi grand péril qu'aujourd'hui, et que je n'ai jamais tourné le dos pour l'éviter.
Ces cordes et ces glaises ne peuvent effrayer ceux
qui ont vu devant eux des épées nues et des lances. Ma réponse à l'accusation est que je suis Anglais, né au milieu
d'une nation accoutumée à rendre et à recevoir une justice
impartiale à la clarté du jour; cependant je suis voyageur;
et je sais qu'un voyageur n'a pas le droit de trouver à
redire aux lois et aux coutumes des autres pays parce
qu'elles ne ressemblent pas à celles du sien. Mais cette ob-
servation n'est applicable que dans le pays où le système
des lois dont on parle est en pleine force et en exécution

Si nous parlons des institutions d'Allemagne en France ou
en Espagne, nous pouvons, sans offenser le pays où elles
sont établies, nous permettre de les discuter comme des
écoliers discutent une thèse de logique dans une université.
On m'accuse d'avoir critiqué, à Turin ou ailleurs, dans le
nord de l'Italie, le tribunal qui va me juger. Je ne nierai
pas que je ne me rappelle quelque chose de ce genre; mais
ce fut par suite d'une question à laquelle je fus en quelque
sorte forcé de répondre, par deux convives qui étaient à
table avec moi : je fus longtemps et vivement sollicité d'é-
noncer mon opinion avant de la donner.

— Et cette opinion, demanda le président, était-elle favorable ou défavorable au saint et secret *Vehmé-Gericht?* Que
la vérité sorte de votre bouche ; souvenez-vous que la vie
est courte et le jugement éternel.

— Je ne voudrais pas racheter ma vie par un mensonge.
Mon opinion fut défavorable, et je m'exprimai ainsi qu'il
suit : — Aucunes lois, aucunes procédures judiciaires ne
peuvent être justes et louables quand elles n'existent et
n'opèrent que par le moyen d'une association secrète.
J'ajoutai que la justice ne pouvait être justice qu'en plein
air, et que lorsqu'elle cessait d'être publique elle dégénérait
en haine et en vengeance. Je dis qu'un système dont vos
propres juriconsultes ont dit :

Non socer a genero, non hospes ab hospite totus (1).

était trop contraire aux lois de la nature pour se rattacher
à celles de la religion et les prendre pour règle.

A peine ces mots étaient-ils prononcés, qu'on entendit
s'élever des bancs des juges un murmure de mauvais augure

---

(1) Le titre de beau-père, les droits de l'hospitalité, sont d'impuissantes
protections.

pour le prisonnier : — Il blasphème contre le saint *Vehmé!*
Que sa bouche soit fermée pour toujours.

— Écoutez-moi, reprit l'Anglais; écoutez-moi comme
vous désirerez vous-même un jour être écoutés. Je dis quels
étaient mes sentiments, et que je les ai exprimés ainsi. Je
dis aussi que j'avais droit d'exprimer mon opinion, juste ou
erronée, dans un pays neutre, où ce tribunal n'avait et ne
pouvait réclamer aucune juridiction. Mes sentiments sont
encore les mêmes, je les avouerais quand même la pointe
de cette épée serait dirigée contre mon sein et que cette
corde me serait passée autour du cou. Mais que j'aie jamais
parlé contre l'institution du *Vehmé* dans un pays où il est
établi comme une forme de justice nationale, c'est ce que
je nie formellement. Je nie encore plus formellement, s'il
est possible, l'absurde calomnie qui me représente, moi
voyageur étranger, comme étant chargé d'aller discuter
avec le duc de Bourgogne des affaires si importantes, ou de
former une conspiration pour la destruction d'un système
auquel tant de personnes paraissent fermement attachées :
jamais je n'ai dit une pareille chose, et je n'y ai même
jamais songé.

— Accusateur, dit le juge, vous avez entendu l'accusé :
que répliquez-vous ?

— Il a avoué, en présence de ce haut tribunal, la première partie de l'accusation; il est convenu que sa langue
impie a indignement calomnié nos saints mystères, crime
pour lequel il mérite qu'on lui arrache cette langue de la
gorge. Quant au surplus de l'accusation, c'est-à-dire le chef
qui l'accuse d'avoir tramé des complots pour l'anéantisse-
ment de l'institution du *Vehmé*, je prouverai, par mon
serment officiel, suivant nos usages et nos lois, qu'il contient vérité aussi bien que ce qu'il n'a pu s'empêcher
d'avouer lui-même.

— En bonne justice, dit l'Anglais, quand une accusation n'est pas appuyée sur des preuves satisfaisantes, le serment devrait être déféré à l'accusé, au lieu de permettre à l'accusateur de s'en servir comme d'un moyen pour couvrir ce qu'il y a de défectueux dans son accusation.

— Étranger, répliqua le président, nous avons permis à ton ignorance de faire une défense plus longue et plus ample que ne l'admettent nos formes ordinaires. Apprends que le droit de siéger parmi ces juges vénérables, confère à celui qui en jouit un caractère sacré, auquel les hommes ordinaires ne peuvent prétendre. Le serment d'un Initié doit l'emporter sur le serment le plus solennel de quiconque ne connaît pas nos saints secrets. Tout doit être *vehmique* dans la cour *Vehmique* : la déclaration de l'Empereur, n'étant pas Initié, aura moins de poids dans nos conseils que celle du dernier de ses officiers. Le serment de l'accusateur ne peut être rejeté que d'après le serment d'un membre du même tribunal, de rang supérieur.

— En ce cas, dit l'Anglais avec un accent solennel, que Dieu m'accorde sa grâce, car je n'ai de ressource que dans le ciel. Cependant je ne succomberai pas sans un dernier effort : je t'invoque toi, qui présides cette assemblée redoutable; je te somme sur ta foi et ton honneur, si tu me crois coupable de ce qu'affirme audacieusement ce calomniateur....

— Silence! s'écria le président. Le nom sous lequel nous sommes connus en plein air ne doit pas se prononcer dans la salle souterraine où nous rendons nos jugements.

S'adressant alors au prisonnier et à l'assemblée, il ajouta :

— Étant appelé en témoignage, je déclare que l'accusation intentée contre toi est vraie, comme tu l'as reconnu toi-même, en ce qu'elle porte que, dans d'autres contrées

que les Pays-Rouges (1), tu as parlé indiscrètement de cette
sainte cour de justice; mais je rends témoignage sur mon
honneur, que le surplus de l'accusation est faux et incroyable, et j'en fais serment la main étendue sur la corde et
l'épée. D'ailleurs tu étais l'ennemi du coupable Hagenbach
et c'est là un préjugé en ta faveur. Mes frères, quel jugement prononcez-vous sur l'affaire que nous venons d'ins-
truire?

Un des juges assis sur le premier banc, et par conséquent
de la première classe, ayant, comme tous les autres, le
visage couvert d'un capuchon, mais que le son de sa voix
et sa taille voûtée annonçaient comme plus âgé que les deux
autres qui avaient déjà parlé, se leva avec quelque difficulté, et dit d'une voix tremblante :

— Cet homme qui est devant nous a été convaincu d'a-
voir été coupable de folie et de témérité en parlant en termes injurieux de notre sainte institution; mais ses paroles
s'adressaient à des oreilles qui n'avaient jamais entendu nos
lois sacrées. D'une autre part, il a été déclaré, par un témoignage irréfragable, innocent d'avoir tramé des complots
impuissants pour saper notre pouvoir et exciter les princes
contre notre sainte association, crime pour lequel la mort
serait un châtiment trop léger. Il a donc été coupable de
folie, mais il n'a pas commis de crime; et comme les saintes
lois du *Vehmé* ne connaissent d'autre punition que la mort,
je propose que cet homme soit rendu à la société et au
monde supérieur, sans qu'il lui soit fait aucune injure,
après qu'il aura été dûment admonesté pour ses erreurs.

(1) Les parties de l'Allemagne, soumises à la juridiction du tribunal secret
s'appelaient le Pays-Rouge, soit à cause du sang que ce tribunal y faisait répandre, soit pour quelque autre raison. La Westphalie, comprise dans les
limites qu'elle avait dans le moyen âge, limites qui s'étendaient beaucoup plus
loin qu'aujourd'hui, était le principal théâtre des actes de Vehmé.

— Étranger, dit le président, tu viens d'entendre la sentence qui t'acquitte; mais si tu désires être placé un jour dans une tombe qui ne soit pas ensanglantée, profite de l'avis que je vais te donner. Regarde tout ce qui s'est passé cette nuit comme un secret qui ne doit être communiqué ni à père, ni à mère, ni à épouse, ni à fils ou fille; qui ne doit être révélé ni à voix haute ni à voix basse; qu'on ne doit divulguer ni par parole, ni par écrits, ni par peintures, ni par sculpture, ni par quelque autre moyen que ce puisse être, soit directement, soit en employant des emblèmes et des paraboles. Obéis à cet ordre, et ta vie est en sûreté.

A ces mots, toutes les lumières s'éteignirent en même temps avec un bruit semblable à un sifflement. Philipson se sentit de nouveau entre les mains des officiers du *Vehmé*, auxquels il n'opposa aucune résistance. Ils le replacèrent doucement sur son lit, qu'ils traînèrent de nouveau jusqu'à l'endroit où il était descendu : il entendit alors le bruit des cordes et des poulies, et sentit qu'il montait avec son lit. Au bout de quelques instants, un léger choc l'avertit qu'il se trouvait de niveau avec le plancher de la chambre de l'auberge. Il réfléchit surtout ce qui venait de se passer, et rendit au ciel les actions de grâces qu'il lui devait pour l'avoir tiré d'un si grand danger. La fatigue l'emporta enfin sur son agitation, et il tomba dans un profond sommeil, dont nous le laisserons jouir pour retourner près de son fils.

Voulant avant tout rester orateur véridique nous ne mettrons pas du côté du fils des aventures aussi mystérieuses, uniquement pour faire pendant à celles du père, et cependant Arthur ne fit pas toute sa route sans incident. Ayant appris que la jeune Anne de Geierstein, se trouvait, depuis la veille, dans le château du comte son père, à Arnheim, sur la route de Strasbourg, il ne manqua pas d'aller la remercier des services qu'elle lui avait rendus en le tirant de

son cachot. Comme il avait une longue route à faire et que
la nuit approchait, il allait prendre congé d'elle, quand la
servante Annette annonça l'arrivée de Schreckenwald, sénéchal d'Arnheim, homme connu à dix lieues à la ronde pour
sa cruauté. Anne ordonna de l'introduire en sa présence.

On entendit quelqu'un monter l'escalier d'un pas précipité et inégal, comme s'il eût été pressé et agité en même
temps. La porte s'ouvrit, et Ital Schreckenwald entra dans
l'appartement.

C'était un homme de grande taille, bien fait, et avec un
air militaire. Son habit, semblable à celui que portaient
alors en Allemagne les hommes d'un rang distingué, était
festonné, tailladé, et en général plus orné que celui qui
était adopté en France et en Angleterre. La plume de faucon qui décorait sa toque, suivant l'usage général, était
attachée par un médaillon d'or qui lui servait d'agrafe. Il portait un pourpoint de peau de buffle, comme armure défensive, mais, en style de tailleur, galonné sur toutes les cou-
tures; et l'on voyait sur sa poitrine une chaîne d'or, emblème du rang qu'il occupait dans la maison du baron. Il
entra à la hâte, d'un air mécontent et affairé, et dit d'un
ton assez grossier : — Comment! jeune dame! Que veut
dire ceci? Des étrangers dans le château.

Anne de Geierstein, quoiqu'elle eût été longtemps absente
de son pays natal, en connaissant parfaitement les habitudes et les usages; et elle savait avec quelle hauteur les nobles faisaient sentir leur autorité à tout ce qui dépendait
d'eux.

— Êtes-vous un vassal d'Arnheim, Ital Schreckenwald,
lui dit-elle, et osez-vous parler à la baronne d'Arnheim, dans
son propre château, en élevant la voix, avec un air insolent
et la tête couverte? Songez à ce que vous êtes; et quand
vous m'aurez demandé pardon de votre impertinence, je

pourrai écouter ce que vous avez à me dire, pourvu que vous vous expliquiez en termes convenables à votre condition et à la mienne.

La main de Schreckenwald se porta à sa toque en dépit de lui-même, et découvrit son front hautain.

— Pardon, noble baronne, dit-il d'un ton un peu plus doux, si ma précipitation m'a fait parler d'un ton brusque, mais le cas est urgent. Les soldats du Rhingrave viennent de se mutiner. Ils ont déchiré le drapeau de leur maître, et se sont ralliés autour d'une bannière indépendante qu'ils appellent l'enseigne de Saint-Nicolas. Ils déclarent qu'ils maintiendront la paix avec Dieu, mais qu'ils feront la guerre à tout le monde. Ce château ne peut leur échapper, car ils disent que la première chose qu'ils aient à faire, est de s'emparer d'une place forte pour s'y maintenir. Il faut donc que vous partiez d'ici au point du jour. En ce moment, ils s'occupent à boire le vin des paysans; ils s'endormiront ensuite, mais en s'éveillant ils marcheront indubitablement vers ce château, et vous pourriez tomber entre leurs mains.

— Est-il donc impossible de leur résister? Ce château est fort, et il me répugne d'abandonner la demeure de mes pères sans essayer de la défendre.

— Cinq cents hommes de garnison pourraient suffire pour en défendre les tours et les murailles; mais l'entreprendre avec un moindre nombre, ce serait le comble de la folie; et je ne sais comment m'y prendre pour rassembler une vingtaine de soldats. Et maintenant que vous savez toute l'histoire, permettez-moi de vous prier de congédier cet étranger. Je lui montrerai le chemin le plus court pour sortir du château; car, dans le cas urgent où nous nous trouvons, nous devons nous contenter de songer à notre propre sûreté.

— Et où vous proposez-vous d'aller? demanda la baronne, conservant toujours à l'égard de Schreckenwald cet air d'autorité absolue auquel il cédait avec quelques marques d'impatience, comme un cheval fougueux trépigne sous un cavalier en état de le maîtriser.

— J'ai le dessein d'aller à Strasbourg, c'est-à-dire si vous le trouvez bon, avec telle escorte que je pourrai rassembler d'ici au point du jour. J'espère que nous pourrons passer sans être aperçus par les mutins; et, si nous en rencontrons quelque détachement, je crois qu'il ne nous sera pas difficile de forcer le passage.

— Et pourquoi préférez-vous chercher un asile à Strasbourg plutôt qu'ailleurs?

— Parce que je crois que nous y trouverons le père de Votre Excellence, le noble comte Albert de Geierstein.

— C'est bien, répondit la jeune baronne, Signor Philipson, je crois que vous parliez aussi de vous rendre à Strasbourg. Si cela vous convient, vous pourriez profiter de la protection de mon escorte pour gagner cette ville, où vous devez rejoindre votre père.

Arthur accepta avec grand plaisir une offre qui pourrait lui fournir l'occasion de rendre quelque service à Anne, sur une route pleine de dangers.

Ital Schreckenwald voulut faire des représentations

— Notre baronne, dit-il en donnant de nouvelles marques d'impatience...

— Respirez à loisir, Schreckenwald, dit Anne, et vous serez en état de vous exprimer distinctement et avec le respect convenable.

Le vassal insolent répondit avec une civilité contrainte :

— Permettez-moi de vous faire observer que notre situation exige que nous n'ayons à songer qu'à vous seule. Nous ne serons pas en trop grand nombre pour vous défendre, et je ne puis permettre à aucun étranger de voyager avec nous.

— Si je croyais que ma présence dût être nuisible ou même inutile à la retraite de ces dames, dit Arthur, rien au monde, sire écuyer, ne pourrait me déterminer à accepter son offre obligeante. Mais je ne suis pas un enfant ; je suis dans toute la force de l'âge, et disposé à payer de ma personne pour la défense de votre maîtresse.

— Si nous ne devons pas douter de votre courage et de votre savoir-faire, jeune homme, répliqua Schreckenwald, qui nous répondra de votre fidélité ?

Anne se hâta de les interrompre. — Puisque nous devons partir de si grand matin, dit-elle, il est temps d'aller prendre quelque repos ; et cependant il faut nous tenir sur nos gardes en cas d'alarme. Schreckenwald, je compte sur vos soins pour placer quelques sentinelles sur les murailles. Je présume que vous avez assez de monde pour cela ; et écoutez-moi bien. Mon bon plaisir, ma volonté est que cet étranger, ami de mon oncle, loge ici cette nuit, et qu'il voyage demain avec nous. Votre devoir est d'obéir à mes ordres, et j'en serai responsable envers mon père. J'ai eu l'occasion de connaître ce jeune homme et son père, qui ont passé quelque temps chez mon oncle le Landamman. — Vous le placerez à votre côté pendant le voyage, et je vous ordonne d'avoir pour lui autant de politesse que le permettra la rudesse de votre caractère.

Ital Schreckenwald la salua avec respect, mais en lui adressant un regard plein d'amertume qu'il serait difficile de décrire ; car il exprimait le dépit, un orgueil humilié et une soumission forcée. Il obéit pourtant, et conduisit Arthur dans une chambre où il trouva un bon lit, qui, après l'agitation et les fatigues qu'il avait éprouvées la journée précédente, ne lui fut nullement désagréable.

Malgré l'impatience avec laquelle Arthur attendait le point du jour, l'excès de la fatigue le plongea dans un profond sommeil qui durait encore quand il fut éveillé, à l'instant où le firmament se teignait d'une couleur de rose du côté de l'orient, par la voix de Schreckenwald, qui s'écriait : — Debout, sire Anglais, debout, si vous voulez payer de votre personne, comme vous vous en êtes vantés. Nous devrions déjà être en selle, et nous n'attendrons pas les paresseux.

Se lever et s'habiller fut pour Arthur l'affaire d'un instant : il n'oublia pas de mettre sa cotte de mailles, et de se munir des armes nécessaires pour jouer un rôle actif dans l'escorte, si l'occasion s'en présentait. Il courut ensuite à l'écurie pour faire seller son cheval et rejoignit l'escorte déjà formée dans la cour principale du château.

Il y avait là une vingtaine de chevaux ; douze étaient couverts d'une armure défensive, étant destinés à un pareil nombre d'hommes d'armes, vassaux de la famille d'Arnheim. Deux palefrois, distingués par la magnificence de leur harnais, attendaient Anne de Geierstein et sa suivante favorite. Les autres chevaux étaient pour les domestiques et les servantes. Au signal qui fut donné, les soldats prirent leurs lances et se placèrent chacun près de sa monture, où ils restèrent jusqu'à ce que la baronne fût à cheval ainsi que ses domestiques. Ils se mirent alors en selle, et commencèrent à marcher à pas lents et avec précaution. Schreckenwald était en avant, ayant à son côté Arthur Philipson. Anne et sa suivante marchaient au centre de l'escorte, suivies par la troupe peu belliqueuse des domestiques, et deux ou trois cavaliers expérimentés formaient l'arrière-garde, avec ordre de prendre les mesures nécessaires pour être à l'abri de toute surprise.

Lorsqu'on fut en marche, la première chose qui surprit

Arthur fut de ne pas entendre le son aigu et retentissant que rendent les pieds des chevaux lorsque leurs fers sont en contact avec la pierre; mais quand le jour commença à paraître, il s'aperçut qu'on leur avait soigneusement entouré les pieds de laine. C'était une chose singulière que de voir cette petite troupe descendre le chemin rocailleux qui conduisait du château dans la plaine, sans faire entendre ce bruit que nous sommes disposés à considérer comme inséparable des mouvements de la cavalerie, et dont l'absence semblait donner un caractère particulier et presque surnaturel à cette cavalcade.

Ils suivirent ainsi le sentier sinueux du château d'Arnheim au village voisin, qui, conformément à l'ancienne coutume féodale, était situé si près de la forteresse, que ceux qui l'habitaient, lorsqu'ils en étaient requis par leur seigneur, pouvaient en quelques instants accourir à sa défense; mais il avait alors des habitants tout différents, étant occupé par les soldats révoltés du Rhingrave. Quand l'escorte approcha de l'entrée du village, Schreckenwald fit un signe, et l'on fit halte à l'instant. Il marcha alors en avant, accompagné d'Arthur, pour faire une reconnaissance, tous deux s'avançaient avec mesure et circonspection. Le plus profond silence régnait dans les rues désertes. On y voyait çà et là un soldat qui paraissait avoir été mis en sentinelle, mais tous étaient profondément endormis.

— Les mutins! dit Schreckenwald. Quelle bonne garde ils font et quel joli réveil-matin je leur donnerais, si mon premier objet ne devait pas être de protéger la fille de mon maître. Étranger, restez ici tandis que je vais retourner pour faire avancer l'escorte. Il n'y a aucun danger.

A ces mots, Schreckenwald quitta Arthur, qui, resté seul dans la rue d'un village rempli de bandits, quoique endormis en ce moment, n'avait pas lieu de se regarder

comme en parfaite sûreté. Quelques rimes de chanson à
boire, ou le grondement de quelque chien du village, semblait pouvoir servir de signal à cent brigands pour se lever
et se montrer à lui. Mais au bout de deux ou trois minutes,
la cavalcade silencieuse, conduite par Ital Schreckenwald,
le rejoignit, et suivit son chef, en prenant les plus grandes
précautions pour ne donner aucune alarme. Tout alla bien
jusqu'à ce qu'ils arrivassent à l'autre bout du village; mais
alors, quoique le *baaren-hauter* (1) qui y était de garde fût
aussi ivre et aussi assoupi que ses compagnons, un gros
chien couché près de lui fut plus vigilant. Dès que la troupe
approcha, l'animal poussa des hurlements furieux qui in-
terrompirent le sommeil de son maître. Le soldat prit sa
carabine et lâcha son coup sans savoir ni pourquoi, ni contre qui. La balle frappa pourtant le cheval d'Arthur; l'animal tomba, et la sentinelle se précipita sur le cavalier renversé, soit pour le tuer, soit pour le faire prisonnier.

— En avant, soldats d'Arnheim! s'écria Schreckenwald;
ne songez qu'à la sûreté de votre maîtresse?

— Arrêtez, je vous l'ordonne; secourez l'étranger! sur
votre vie! s'écria Anne d'une voix qui, quoique naturellement douce, se fit entendre, comme le son d'un clairon
d'argent, de tous ceux qui l'entouraient.

— Je ne ferai pas un seul pas qu'il ne soit hors de danger.

Schreckenwald avait déjà fait sentir l'aiguillon à son
coursier; mais voyant qu'Anne refusait d'avancer, il revint
sur ses pas, saisit un cheval sellé et bridé qui était attaché
à un piquet, en jeta les rênes à Arthur, et poussant le sien
en même temps entre l'Anglais et le soldat, il força celui-
ci à lâcher prise. A l'instant même Philipson se mit en selle,

_____

(1) Littéralement « celui qui porte une peau d'ours, » sobriquet qu'on donne
aux soldats allemands *Note de l'Auteur*). — C'est un terme de mépris.

et le lansquenet se précipitant encore sur lui pour le saisir,
il prit une hache d'armes qui était suspendue à l'arçon de
la selle de sa nouvelle monture, et lui en porta un coup qui
le renversa. Toute la troupe partit au galop, car l'alarme
commençait à se répandre dans le village, et l'on voyait
quelques soldats sortir des maisons, et se disposer à monter
à cheval. Avant que Schreckenwald et le cortége eussent
fait un mille, ils entendirent plus d'une fois le son des cors,
et étant arrivés sur le haut d'une éminence dominant le
village, le chef, qui, pendant cette retraite, s'était placé à
l'arrière-garde, fit halte pour reconnaître l'ennemi laissé en
arrière. Tout était en confusion et en tumulte dans la rue,
mais on ne paraissait pas se disposer à les poursuivre.
Schreckenwald continua donc sa route le long de la rivière, sans pourtant aller assez vite pour mettre hors de
service le plus mauvais cheval de toute la troupe.

Après plus de deux heures de marche, Schreckenwald reprit assez de confiance pour ordonner une halte derrière un
petit bois qui couvrait sa troupe, afin que les chevaux et les
cavaliers pussent se reposer et prendre quelque nourriture;
car il avait eu soin de se munir de fourrages et de provisions. Après une courte conversation avec la baronne, il
revint trouver son compagnon de voyage, qu'il continuait
de traiter avec une civilité grossière. Il l'invita même à partager les rafraîchissements dont il était pourvu, et qui n'é-
taient pas plus recherchés que ceux des simples cavaliers,
mais qui étaient accompagnés d'un flacon de vin plus
choisi.

— A votre santé, mon frère, dit-il à Arthur; si vous racon-
tez avec vérité l'histoire de notre voyage, vous conviendrez
que je me suis conduit à votre égard en bon camarade, il y
a deux heures, en traversant le village d'Arnheim.

— Je ne le nierai jamais, Monsieur, répondit Arthur

Philipson, et je vous remercie de m'avoir secouru fort à
propos, n'importe que vous l'ayez fait par ordre de votre
maîtresse, ou de votre propre volonté.

— Oh! oh! l'ami, s'écria Schreckenwald en riant, vous
êtes un philosophe, et vous pouvez faire des distinctions
pendant que votre cheval est abattu sous vous et qu'un
baaren-hauter vous tient le sabre sur la gorge. Eh bien!
puisque votre esprit a fait cette découverte, je me soucie
peu que vous sachiez que je ne me serais fait aucun scrupule de sacrifier vingt figures imberbes comme la vôtre,
plutôt que de laisser courir le moindre danger à la jeune
baronne d'Arnheim.

— Ce sentiment est si juste que je l'approuve, répliqua
Philipson, quoique vous eussiez pu l'exprimer d'une manière moins grossière.

En faisant cette réponse, Arthur, piqué de l'insolence de
Schreckenwald, éleva un peu la voix. Cette circonstance
fut remarquée, car au même instant Annette arriva près
d'eux, et leur ordonna à tous deux, de la part de sa maîtresse, de parler plus bas, ou plutôt de garder tout à fait
le silence.

— Dites à votre maîtresse que je vais être muet, répondit
Arthur.

— Notre maîtresse, la baronne, continua Annette en ap-
puyant sur ce titre, vous dis-je, prétend que le silence est
très-important à notre sûreté; car il serait dangereux d'at-
tirer sur cette petite troupe fugitive l'attention des voyageurs
qui peuvent passer sur la route pendant que nous faisons
cette halte indispensable. Les ordres de la baronne sont
donc que vous continuiez à fournir de l'occupation à vos
dents le plus vite possible, mais que vous vous absteniez de
donner de l'exercice à vos langues jusqu'à ce que nous
soyons en lieu de sûreté.

Après avoir pris quelques instants pour se rafraîchir, les voyageurs remontèrent à cheval, et ils marchèrent avec une telle célérité, que, longtemps avant midi, ils arrivèrent à la petite ville fortifiée de Kehl, située en face de Strasbourg sur la rive droite du Rhin.

C'est aux antiquaires du pays qu'il appartient de découvrir si nos voyageurs firent la traversée de Kehl à Strasbourg par le célèbre pont de bateau qui sert aujourd'hui de moyen de communication entre les deux rives, ou s'ils passèrent le Rhin de quelque autre manière; il nous suffira de dire qu'ils le traversèrent en sûreté. Dès qu'ils furent sur l'autre rive, Arthur se disposa à quitter l'escorte d'Anne de Geierstein pour aller rejoindre son père à Strasbourg.

— Savez-vous où vous le trouverez? demanda la jeune fille.

— Il m'a donné rendez-vous dans une auberge à l'enseigne du Cerf-Ailé, répondit Arthur; mais je ne sais pas dans quelle partie de cette grande ville elle est.

— Connaissez-vous cette auberge, Ital Schreckenwald?

— Moi, noble baronne, non. Je ne connais ni Strasbourg, ni les auberges de cette ville, et je crois qu'aucun de nos gens n'est plus savant que moi.

— Du moins vous parlez allemand ainsi qu'eux, reprit la baronne d'un ton sec, et vous pouvez prendre des renseignements plus facilement qu'un étranger. Chargez-vous-en, Monsieur, et n'oubliez pas que l'humanité pour un étranger est un devoir religieux. Et vous, Arthur, recevez pour vous, ce souvenir que vous garderez avec soin, je l'espère.

Anne lui remit un petit rosaire en argent; il se retourna pour la remercier, mais elle était déjà à quelque distance, et Schreckenwald, qui venait de reprendre place à son côté, lui dit avec le ton dur qui lui était ordinaire : — Allons, venez; je n'ai pas le loisir de jouer longtemps le rôle d' chambellan, un do mes hommes m'a indiqué le Cerf-Ailé.

Il précéda Arthur, qui, monté sur son coursier, le suivit en silence jusqu'à un endroit où une grande rue coupait à angles droits celle qu'ils avaient prise en quittant le quai où ils avaient débarqué.

— Voilà le Cerf-Ailé, lui dit alors Ital en lui montrant une grande enseigne attachée à une énorme charpente en bois, et qui s'étendait presque sur toute la largeur de la rue. Je crois que votre intelligence pourra vous suffire pour guide, avec une telle enseigne devant les yeux

A ces mots, il fit retourner son cheval, sans faire d'autres adieux au jeune étranger, et alla rejoindre sa maîtresse et son escorte.

Arthur pressant la marche de son cheval fatigué, arriva à l'auberge du Cerf-Ailé.

CHAPITRE VI.

Les voyageurs qui allaient loger à l'hôtellerie du Cerf-Ailé à Strasbourg, n'y trouvaient guère plus de politesse et plus d'attention pour leurs besoins et leurs aises que dans toutes les autres auberges de l'Empire germanique à cette époque; cependant un de mes domestiques daigna montrer au jeune anglais une écurie disponible; Arthur lui ayant demandé des nouvelles de son père, il voulut bien se rappeler qu'un voyageur semblable à celui dont il lui faisait la description était venu loger le soir précédent au Cerf-Ailé, et avait dit qu'il y attendait un jeune homme, son compagnon de voyage.

— Je vais vous l'envoyer, beau sire, poursuivit le garçon d'auberge avec un sourire qui, si l'on doit juger du prix d'un sourire par sa rareté, devait passer pour inestimable.

— Il tint parole. Au bout de quelques instants Philipson entra dans l'écurie, et serra son fils dans ses bras.

— Mon cher fils, lui dit-il, vous êtes pour moi le bienvenu, en tout temps; vous l'êtes doublement dans un moment d'inquiétude et de danger, et encore davantage dans un instant qui doit fixer notre avenir. Dans quelques heures je saurai ce que nous devons attendre du duc de Bourgogne. Avez-vous le gage important que vous savez ?

Arthur remit à son père la petite boîte qui avait été perdue et recouvrée d'une manière si étrange à la Férette.

— Depuis que vous ne l'avez vu, lui dit-il, il a couru des risques ainsi que moi. J'ai reçu la nuit dernière l'hospitalité dans le château de la baronne Anne, et, ce matin un corps de lansquenets des environs s'est insurgé parce qu'il ne recevait pas sa paie. Les habitants du château ont pris la fuite pour échapper à la violence, et comme nous passions au point du jour près de ces mutins, un *banrem-hauter* ivre a tué sous moi mon pauvre cheval, et j'ai été obligé de me contenter de cette lourde monture flamande, avec sa selle d'acier et son mauvais chanfrein.

— Notre route est parsemée d'écueils, et j'en ai aussi rencontré ma part, car j'ai couru un grand danger, lui répondit son père sans lui en expliquer la nature, dans une auberge où j'ai passé la nuit dernière; mais j'en suis parti ce matin, et je suis arrivé ici en sûreté. J'ai enfin obtenu une escorte pour me conduire au camp du duc près de Dijon, et j'espère avoir une audience de lui ce soir. Alors, si notre dernier espoir nous est ravi, nous nous rendrons à Marseille; nous nous y embarquerons pour l'île de Candie ou pour celles de Rhodes, et nous exposerons notre vie pour la défense de la chrétienté, puisque nous ne pouvons plus combattre pour l'Angleterre.

Arthur entendit ce discours de mauvais augure sans y répondre; mais il fit sur son cœur une impression aussi profonde que celle que produit sur l'esprit d'un criminel la sentence d'un juge qui le condamne à passer en prison le reste de son existence. Les cloches de la cathédrale commencèrent à sonner en ce moment, et rappelèrent à Philipson le devoir qui lui prescrivait d'entendre la messe, qu'on célébrait à toute heure dans une des chapelles de ce magnifique édifice. Il annonça son intention à son fils, et Arthur le suivit.

En approchant de la cathédrale, nos voyageurs trouvèrent leur chemin obstrué, par beaucoup de pauvres des
deux sexes, attroupés autour du portail pour fournir aux
fidèles l'occasion de s'acquitter du devoir de l'aumône. Les
deux Anglais donnèrent quelques pièces de petite monnaie
à ceux qui semblaient être dans le plus grand besoin et
mériter davantage leur charité. Une grande femme qui était
debout sur la dernière marche du perron, près du portail,
tendit la main à Philipson, et celui-ci frappé de son extérieur, lui présenta une pièce d'argent, au lieu de monnaie
de cuivre qu'il avait distribuée aux autres.

— Quelle merveille! s'écria-t-elle, mais de manière à
n'être entendue que de lui, quoique Arthur l'entendît également; oui, c'est un miracle! Un Anglais avoir encore
une pièce d'argent, et être en état de la donner aux pauvres!

Arthur remarqua que le son de la voix de cette femme
ou les paroles qu'elle venait de prononcer, faisaient tres-
saillir son père; et, dans le fait, il trouvait lui-même dans
ce discours quelque chose qui était au-dessus de la portée
d'une mendiante ordinaire. Mais, après avoir jeté un coup
d'œil sur celle qui venait de parler ainsi, Philipson entra
dans l'église, et donna toute son attention à la messe qu'un
prêtre célébrait dans une chapelle d'une des ailes de ce
splendide édifice, et qui, d'après le tableau placé au-dessus
de l'autel, était dédiée à saint George. La cérémonie commença et finit avec toutes les formes d'usage. Le prêtre
officiant se retira avec les enfants de chœur qui avaient servi
la messe, et quoique quelques-uns des fidèles qui avaient
assisté à cette solennité restassent encore occupés à finir
leur chapelet ou à faire quelques prières particulières, la
plupart sortirent de la chapelle, soit pour passer dans une
autre, soit pour aller s'occuper de leurs affaires.

Mais Arthur remarqua que, tandis qu'ils s'en allaient les uns après les autres, la grande femme à qui son père avait donné une pièce d'argent continuait de rester à genoux devant l'autel, et il fut plus surpris que son père restât également agenouillé, les yeux fixés sur cette mendiante qui avait la tête couverte d'un grand voile, et dont on aurait dit que les mouvements devaient déterminer les siens; mais il ne se présenta à son esprit aucune idée qui pût le mettre en état de former la moindre conjecture sur les motifs que pouvait avoir son père pour agir ainsi. Il savait seulement qu'il était occupé d'une négociation critique et dangereuse qui pouvait éprouver de l'influence ou quelque interruption de différents côtés; il savait aussi que la méfiance politique avait tellement pris l'éveil en France, en Italie et dans la Flandre, que les agents les plus importants étaient souvent obligés de prendre les déguisements les plus impénétrables, afin de s'introduire, sans donner lieu à aucun soupçon, dans les pays où leurs services étaient nécessaires. Louis XI surtout dont la politique bizarre semblait jusqu'à un certain point imprimer un caractère particulier à ce siècle, était connu pour avoir déguisé ses principaux émissaires sous les divers costumes de moines mendiants, de ménestrels, d'Égyptiens, et d'autres voyageurs privilégiés du plus bas étage.

Arthur en conclut donc qu'il n'était pas invraisemblable que cette femme fût, comme son père et lui, quelque chose de plus que ses vêtements ne l'indiquaient, et il résolut de bien observer la conduite de son père, et de régler la sienne en conséquence. Enfin une cloche annonça qu'une grand'messe allait être célébrée au maître-autel, et ce son fit sortir de la chapelle de Saint-George tous ceux qui y restaient encore à l'exception du père et du fils, et de la femme qui était toujours agenouillée en face d'eux. Quand tous les autres en furent partis, la mendiante se leva et s'avança vers Philipson. Celui-ci, croisant les bras sur sa poitrine et baissant la tête, dans une attitude humble et respectueuse que son fils ne l'avait jamais vu prendre, parut attendre ce qu'elle avait à lui dire, plutôt que de se disposer à lui adresser la parole.

Elle s'arrêta un instant. Quatre lampes allumées devant l'image du saint jetaient une faible clarté sur son coursier et sur son armure, car il était représenté transperçant le dragon, dont les ailes étendues et le cou gonflé de fureur étaient à peine visibles sous leurs rayons; le peu de jour qui régnait dans le reste de la chapelle était dû au soleil d'automne, qui pouvait à peine pénétrer à travers les vitraux peints de la fenêtre longue et étroite qui en formait la seule ouverture extérieure. La lumière sombre et incertaine qu'il produisait, chargée des diverses couleurs des vitraux, tombait sur cette femme, qui semblait pourtant abattue et accablée, sur les traits mélancoliques et inquiets de Philipson, et sur ceux d'Arthur, qui, avec l'intérêt ardent de la jeunesse, soupçonnait et prévoyait des suites extraordinaires d'une semblable entrevue.

Enfin elle s'approcha du côté de la chapelle où Arthur était avec son père, comme pour pouvoir s'en faire entendre plus distinctement sans être obligée d'élever la voix plus qu'elle ne l'avait fait en parlant à Philipson d'un ton grave et solennel à la porte de l'église.

— Vénérez-vous ici, lui demanda-t-elle, le saint George de Bourgogne ou le saint George de l'Angleterre, la fleur de la chevalerie?

— Je vénère, répondit Philipson les mains humblement croisées sur son cœur, le saint auquel cette chapelle est dédiée, et le Dieu près duquel j'espère son intercession, soit ici, soit dans mon pays natal.

—Oui, vous-même, vous qui avez fait partie du miroir de la chevalerie, vous pouvez oublier ce que vous avez vénéré dans la chapelle royale de Windsor; vous pouvez, vous même, oublier que vous y avez fléchi un genou entouré de la jarretière, dans un lieu où les rois et les princes étaient agenouillés autour de vous.

—Madame, à l'époque où je pouvais avoir le plus de fierté, je n'étais devant l'Etre auquel j'offrais mes prières que comme un vermisseau couvert de poussière. Aujourd'hui je ne suis ni plus ni moins à ses yeux, quelque dégradé que je puisse paraître à ceux de mes semblables.

— Comment peux-tu penser ainsi? Et pourtant il est heureux pour toi que tu le puisses. Mais que sont tes pertes, comparées aux miennes?

Elle porta la main à son front, et parut un instant livrée à des souvenirs accablants.

Arthur s'approcha de son père et lui demanda à voix basse, mais avec un intérêt irrésistible : — Mon père, qui est cette dame? serait-ce ma mère?

— Non, mon fils, répondit Philipson; silence pour l'amour de tout ce que vous regardez comme sacré.

La question et la réponse avaient été faites à demi-voix, cependant cette femme singulière avait entendu l'une et l'autre.

— Oui, jeune homme, dit-elle, je suis, j'ai été, devrais-je dire, votre mère, la mère, protectrice de tout ce qui était noble en Angleterre : je suis Marguerite d'Anjou.

Arthur fléchit le genou devant l'intrépide veuve d'Henri VI, qui avait si longtemps, et dans des circonstances si désespérées, soutenu par un courage déterminé et par une politique profonde, la cause chancelante de son faible époux; et qui, si elle avait quelquefois abusé de la victoire en se livrant à la vengeance, avait expié cette faute, en partie, par la résolution indomptable avec laquelle elle avait bravé les plus terribles orages de l'adversité. Arthur avait été élevé dans les sentiments du plus entier dévouement pour la maison alors détrônée de Lancastre, dont son père avait été un des plus nobles appuis ; et ses premiers exploits, qui quoique si malheureux, n'avaient été ni obscurs ni méprisables, avaient eu lieu pour cette cause. Avec un enthousiasme appartenant à son âge, et qui était aussi la suite de son éducation, il jeta sa toque par terre au même instant, et se précipita aux pieds de son infortunée souveraine.

Marguerite rejeta en arrière le voile qui cachait ses traits nobles et majestueux. La froide apathie qu'une longue suite d'infortunes et d'espérances trompées avait fait naître dans le cœur de cette malheureuse princesse, céda un instant à la vue de l'enthousiasme de ce beau jeune homme. Elle lui dit de se relever. Ils se retirèrent tous deux sous un des portails de l'église.

— Ainsi donc, jeune homme, dit Marguerite d'une voix émue, tu es le dernier rejeton de ce noble tronc, dont tant de belles branches sont tombées pour notre malheureuse cause. Hélas ! que puis-je faire pour toi ! Marguerite n'a qu'une bénédiction à te donner.

— Noble reine, dit le père d'Arthur, que votre cœur qui a supporté tant de malheurs ne se décourage pas maintenant qu'ils sont passés, et que nous avons du moins l'espoir de voir arriver un temps plus heureux pour vous et pour l'Angleterre.

— Pour l'Angleterre ! pour moi ! noble Oxford, dit la reine désolée ; si le soleil pouvait me revoir demain assise sur le trône d'Angleterre, qui pourrait me rendre ce que j'ai perdu ? Je ne parle pas de richesses ni de puissance, elles ne sont rien dans la balance ; je ne parle pas de cette armée de nobles amis qui ont péri pour me défendre moi et les miens, les Somersets, les Percys, les Strassfords, les Cliffords : la renommée leur a assigné une place dans les annales de leur pays ; je ne parle pas de mon époux, il a changé la situation d'un saint souffrant sur la terre, pour celle d'un saint glorifié dans le ciel. Mais, ô Oxford, mon fils, mon Edouard ! m'est-il possible de jeter les yeux sur ce jeune homme sans me rappeler qu'il a le même âge que mon fils ! Combien de fois n'avons-nous pas cherché, elle et moi, à prévoir leur avenir, jusqu'à ce qu'ils puissent cueillir une riche moisson d'honneur et de félicité ! Hélas ! ton Arthur vit ; mais mon Edouard, né sous les mêmes auspices repose dans une tombe ensanglantée.

Elle se couvrit la tête de sa mante, comme pour étouffer les cris et les gémissements que ces cruels souvenirs arrachaient à sa tendresse maternelle. Philipson, ou le comte d'Oxford exilé, distingué, comme on peut le dire, dans un temps où l'on avait vu tant de personnes changer de parti, par un attachement fidèle et loyal à la maison de Lancastre, vit qu'il était imprudent de laisser sa souveraine s'abandonner à cette faiblesse.

— Madame, lui dit-il, le voyage de la vie est celui d'une courte journée d'hiver, et soit que nous profitions ou non de sa durée, il n'en faut pas moins qu'elle se termine. Ma souveraine est, j'espère, trop maîtresse d'elle-même pour souffrir que le regret du passé l'empêche de pouvoir tirer parti du présent. Je suis ici par obéissance à vos ordres ; je dois voir avant peu le duc de Bourgogne ; s'il se prête aux impressions que nous désirons lui donner, il peut arriver des événements qui changeront notre tristesse en joie. Mais il faut saisir l'occasion avec autant de promptitude que de zèle. Informez-moi donc, Madame, pourquoi Votre Majesté est venue ici déguisée, et au risque de plus d'un danger. Sûrement ce n'était pas seulement pour pleurer sur ce jeune homme que la noble reine Marguerite à quitté la cour de son père sous ce vil costume, et, laissant un lieu où elle court du moins quelques risques, si elle n'est pas précisément en péril.

—Vous vous jouez de moi, Oxford, répondit la malheureuse reine, ou vous vous trompez vous-même, si vous croyez revoir encore cette Marguerite qui ne prononçait jamais un mot sans quelque raison, et dont la moindre action était déterminée par un motif. Hélas! je ne suis plus la même!!! La fièvre du chagrin, en me faisant haïr le lieu où je me trouve, me chasse vers un autre par une irrésistible impatience d'esprit. Je suis en sûreté, dites-vous à la cour de mon père; mais est-elle supportable pour une âme comme la mienne? Une femme qui a été privée du plus noble et du plus riche royaume de l'Europe, qui a perdu des armées de nobles amis, qui est mère sans enfants, sur qui le ciel a versé les dernières gouttes de son courroux, peut-elle se résigner à une honteuse oisiveté?

— Avec votre permission, Madame, ne blâmez pas le bon roi René, parce que, persécuté par la fortune, il a vu s'ouvrir des sources plus humbles de consolation que votre esprit plus fier est disposé à dédaigner.

— Je te dis, noble Oxford, que mon séjour à Aix, au milieu de ce cercle frivole qu'il appelle sa cour, m'a presque fait perdre la raison.

— Si je suis destinée à perdre la dernière chance que la fortune inconstante semble m'offrir, je me retirerai dans le couvent le plus obscur des Pyrénées. J'ai à vous dire et à apprendre de vous des choses plus importantes. Et maintenant, mon cher Oxford, quelles nouvelles d'Italie? Le duc de Milan nous aidera-t-il de ses conseils ou de ses trésors?

— De ses conseils! Madame, très-volontiers; mais je ne sais s'ils vous plairont.

— L'astucieux Italien! Galéas n'avancera donc aucune partie des trésors qu'il a amassés! il n'assistera pas une reine à qui il a si souvent juré sa foi?

— Les diamants que je lui ai offert de déposer entre ses mains n'ont pas même pu le déterminer à ouvrir son trésor afin de nous fournir des ducats pour notre entreprise. Cependant il m'a dit que si le duc Charles pensait sérieusement à faire un effort en notre faveur, il avait tant de considération pour ce grand prince, et il prenait une part si vive aux infortunes de Votre Majesté, qu'il verrait ce que l'état de ses finances, quoique épuisées, et la situation de ses sujets, quoique appauvris par les impôts et la taille, pourraient lui permettre de vous avancer.

— Ainsi donc, si l'aide du duc de Bourgogne nous offre une chance de recouvrer ce qui nous appartient, il nous avancera quelque misérable argent pour que notre prospérité renaissante puisse oublier l'indifférence avec laquelle il a vu notre adversité! Mais parlons du duc de Bourgogne. Je me suis hasardée ici pour vous dire ce que j'ai appris, et pour être informée des résultats de vos démarches. Des gens de confiance veillent à ce que notre entrevue reste secrète. Mon impatience de vous voir m'a amenée ici sous ce déguisement; et j'ai une petite suite dans un couvent à un mille de la ville. J'ai fait épier votre arrivée par le fidèle Lambert; et maintenant je viens pour connaître vos espérances et vos craintes, et pour vous faire part des miennes.

— Je n'ai pas encore vu le duc, Madame. Vous connaissez son caractère; il est volontaire, vif, hautain, opiniâtre. S'il peut adopter la politique calme et soutenue que les circonstances exigent, je ne doute guère qu'il n'obtienne toute satisfaction de Louis, son ennemi juré, et même d'Édouard, son ambitieux beau-frère. Mais s'il s'abandonne à des accès de colère extravagante, sans provocation, ou même avec de justes motifs, il peut se précipiter dans une querelle avec les Suisses, nation pauvre mais intrépide; il se trouvera probablement alors engagé dans une lutte dangereuse, dans laquelle il ne peut espérer de gagner le moindre avantage, tandis qu'il court le risque de faire les pertes les plus sérieuses.

— Il ne se fiera sûrement pas à l'usurpateur Édouard, dans le moment même où celui-ci lui donne la plus grande preuve de trahison?

— Sous quel rapport, Madame? La nouvelle dont vous me parlez n'est pas encore arrivée jusqu'à moi.

— Comment, Milord! suis-je donc la première à vous annoncer qu'Édouard d'York a traversé la mer avec une armée telle que l'illustre Henri V, mon beau-père, n'en a peut-être jamais fait passer de France en Italie?

— J'avais entendu dire qu'on s'attendait à cet événement, et je prévoyais que le résultat en serait fatal à notre cause.

— Oui, Édouard est arrivé. Ce traître, cet usurpateur a bravé le roi Louis, en le faisant sommer de lui remettre, comme lui appartenant de droit la couronne de France, cette couronne qui fut placée sur la tête de mon malheureux époux, lorsqu'il était encore au berceau.

La chose est donc décidée! les Anglais sont en France! dit le comte d'Oxford avec le ton de la plus vive inquiétude. Et qui Édouard amène-t-il avec lui pour cette expédition?

— Tous les plus cruels ennemis de notre maison et de notre cause. Cet homme sans foi et sans honneur, ce traître George, qu'il appelle duc de Clarence, le buveur de sang Richard, Hastings et Stanley.

— Et — je tremble en vous faisant cette question — le duc de Bourgogne se prépare-t-il à les joindre dans cette guerre, à faire cause commune avec cette armée de la maison d'York contre le roi de France?

— D'après les avis privés que j'ai reçus, — ils sont sûrs, et le bruit général les confirme, — non, mon bon Oxford, non.

— Que tous les saints soient loués ! que fait à présent le duc de Bourgogne?

— Il menace l'Allemagne, et ses troupes parcourent la Lorraine, dont il occupe les principales villes et les châteaux forts.

— Où est René de Vaudemont? c'est un jeune homme entreprenant et courageux, dit-on; il réclame la Lorraine du chef de sa mère, Yolande d'Anjou, sœur de Votre Majesté.

— Il s'est réfugié en Allemagne ou en Suisse.

— Que le duc prenne garde. — Si ce jeune homme dépouillé trouve des confédérés en Allemagne, et obtient l'alliance des intrépides Suisses, Charles peut trouver en lui un ennemi plus formidable qu'il ne s'y attend. C'est la force du duc qui fait toute la nôtre en ce moment, et s'il l'épuise en frivoles et inutiles efforts, nos espérances, hélas! s'évanouissent avec son pouvoir, quand même il aurait la volonté bien arrêtée de nous aider. Mes amis, en Angleterre, sont résolus à ne pas faire un mouvement sans avoir reçu de la Bourgogne des secours en hommes et en argent.

— C'est un motif de crainte, Oxford, mais ce n'est pas le plus urgent. Je redoute beaucoup plus la politique de Louis, qui, à moins que mes espions ne m'aient grossièrement trompée, a déjà proposé secrètement la paix à Édouard, une trêve de sept ans, et une somme considérable pour le mettre à portée d'assurer l'Angleterre à la maison d'York.

— Impossible, Madame ; nul Anglais, à la tête d'une armée semblable à celle que commande Édouard, n'oserait, sans honte, se retirer de la France sans avoir fait une noble tentative pour recouvrer les provinces que l'Angleterre a perdues.

— Tels seraient les sentiments d'un prince légitime, qui aurait laissé derrière lui un royaume fidèle et obéissant; mais tels ne peuvent être ceux d'Édouard. Il ne dormira pas en paix jusqu'à ce qu'il soit de retour en Angleterre, avec ses coupe-jarrets sur lesquels il compte pour défendre la couronne dont il s'est emparé. Il ne fera pas la guerre à Louis, car Louis n'hésitera pas à flatter son orgueil en s'humiliant devant lui, et à assouvir sa cupidité en lui prodiguant l'or pour fournir à ses profusions. Je crains donc que nous n'apprenions bientôt son départ de France avec son armée, n'emportant que la vaine gloriole d'avoir déployé ses étendards, pendant une quinzaine de jours, dans les provinces qui autrefois appartenaient à l'Angleterre.

— Il n'en est que plus important de presser la décision du duc de Bourgogne; et je vais partir pour Dijon afin d'y travailler. Il faut à une armée comme celle d'Édouard plusieurs semaines pour traverser le détroit. Il est probable qu'elle passera l'hiver en France, quand même il y aurait une trève avec le roi Louis. Avec mille lances du Hainaut, tirées de la partie orientale de la Flandre, je serai bientôt dans le Nord, où nous comptons un grand nombre d'amis, outre l'assurance que nous avons d'obtenir les secours de l'Ecosse. Les comtés de l'ouest nous sont fidèles et s'insurgeront au premier signal. On pourra trouver un Clifford, quoique les brouillards des montagnes l'aient dérobé aux recherches de Richard. Le nom de Tudor sera le premier cri de ralliement des Gallois. La Rose Rouge se redressera sur sa tige, et l'on entendra partout : Vive le roi Henri!

— Hélas! Oxford, il n'est que le fils de ma belle-mère et d'un chef gallois; un prince froid et astucieux, dit-on. Mais n'importe; que je voie la maison de Lancastre triompher, et je mourrai content!

— Votre bon plaisir est donc que je fasse les offres conte-

nues dans la dernière lettre de Votre Majesté, pour décider
le duc à faire quelque mouvement en notre faveur? S'il apprend la proposition d'une trève entre la France et l'Angleterre, ce sera pour lui un aiguillon plus puissant que tout
ce que je pourrais lui offrir.

— N'importe, offrez-lui tout ; je le connais jusqu'au fond
de l'âme ; il n'a d'autre but que d'étendre de tous côtés les
domaines de sa maison. C'est pour cela qu'il s'est emparé
du pays de Gueldre ; c'est pour cela qu'il occupe en ce
moment la Lorraine ; c'est pour cela qu'il envie à mon père
les pauvres restes de la Provence qu'il possède encore.
Après une telle augmentation de territoire, il aspire à changer son diadème ducal contre une couronne de monarque
indépendant. Dites au duc que Marguerite peut l'aider dans
ses projets. Dites-lui que mon père René désavouera la pro-
testation faite contre l'occupation de la Lorraine par le duc ;
qu'il fera plus ; que de mon plein consentement, il reconnaî-
tra Charles pour héritier de la Provence. Dites-lui que le
vieillard lui cèdera ses domaines le jour même où les troupes du Hainaut s'embarqueront pour l'Angleterre. Vous
avez des joyaux à remettre en garantie du misérable or
qu'il nous faut : quant aux autres conditions, acceptez toutes celles qui seront exigées.

— Indépendamment de votre parole royale, Madame,
j'en garantirai l'exécution sur mon honneur comme chevalier ; et si l'on en demande davantage, mon fils restera
comme otage entre les mains du duc de Bourgogne.

— Oh ! non ! non ! s'écria la reine détrônée, émue peut-
être par ce seul genre de sensibilité qu'une longue suite
d'infortunes extraordinaires n'eût peut-être pas émoussée,
ne hasardez pas la vie de ce noble jeune homme ! songez
qu'il est le seul reste de la royale maison de Vère. Il aurait
été le frère d'armes de mon cher Édouard, qu'il a été si près

de suivre dans une tombe sanglante et prématurée; ne lui faites prendre aucune part dans ces fatales intrigues, qui ont causé la ruine de sa famille. Qu'il vienne avec moi. Lui, du moins, je le mettrai à l'abri de tous dangers tant que j'existerai, et j'aurai soin qu'il ne lui manque rien après ma mort.

— Pardon, Madame, répondit Oxford avec la fermeté qui le caractérisait : mon fils est un de Vère, comme vous avez la bonté de vous en souvenir, il peut se faire qu'il soit destiné à être le dernier qui porte ce nom, il est possible qu'il périsse, mais ce ne doit pas être sans honneur. A quelques dangers que son devoir et sa loyauté puisse l'exposer, l'épée ou la lance, la hache ou le gibet, il doit les braver hardiment pour donner à sa souveraine des preuves de sa fidélité. Ses ancêtres lui ont tracé le chemin qu'il doit suivre.

— Cela est vrai, dit la malheureuse reine en levant les bras d'un air égaré; il faut que tout périsse : tout ce qui a servi la maison de Lancastre, tout ce qui a aimé Marguerite, tout ce qu'elle a aimé! la destruction doit être universelle. Il faut que le jeune homme tombe avec le vieillard. Pas un agneau du troupeau dispersé ne pourra échapper!

— Pour l'amour du ciel, Madame, calmez-vous! s'écria Oxford, j'entends quelqu'un venir.

— C'est le signal qui m'annonce qu'il faut nous séparer, dit d'un air plus tranquille la reine exilée. Ne craignez rien, noble Oxford; il m'arrive rarement d'être agitée comme je viens de l'être, car il est bien rare que je voie des amis dont la voix, dont les traits puissent troubler le calme de mon désespoir. Laissez-moi vous attacher cette relique autour du cou, jeune homme. Elle a appartenu à mon époux; elle a été bénite par bien des prières, sanctifiée par bien des larmes, et je me proposais de la placer sur le sein d'Edouard, dans la matinée terrible de la bataille de Towkesbury; mais

Il s'arma de bonne heure, partit sans me voir, et je ne pus exécuter mon projet.

En parlant ainsi, elle passa autour du cou d'Arthur une chaîne d'or à laquelle était suspendu un petit crucifix d'or massif, d'un travail précieux mais barbare. Suivant la tradition, il avait appartenu à Edouard le Confesseur. En ce moment le bruit des pas se rapprocha de plus en plus.

— Il ne faut pas tarder davantage, dit Marguerite ; séparons-nous. Vous allez partir pour Dijon, et je vais me rendre à Aix pour y habiter avec mes inquiétudes. Adieu ; peut-être nous reverrons-nous dans un temps plus heureux. Cependant comment puis-je l'espérer ? J'en disais autant avant le combat de Saint-Albans, avant celui de Towton, avant la bataille encore plus sanglante de Towkesbury ; et qu'en est-il résulté ? Mais l'espérance est une plante qu'on ne peut arracher d'un cœur noble qu'avec la vie.

— A ces mots, elle se perdit dans la foule.

Le comte d'Oxford et son fils, sur lesquels l'entrevue singulière qui venait d'avoir lieu avait fait une impression profonde, retournèrent à leur auberge, où ils trouvèrent un poursuivant d'armes, portant les couleurs et la livrée du duc de Bourgogne, qui les informa que s'ils étaient les Anglais qui apportaient des marchandises précieuses à la cour du duc, il avait ordre de les y escorter, et de les placer sous la protection de son caractère inviolable. Mais il régnait une telle incertitude dans tous les mouvements du duc de Bourgogne, et ils rencontrèrent des obstacles si nombreux qui retardèrent leur marche, dans un pays où il y avait un passage continuel de troupes, et où des préparatifs de guerre se faisaient avec activité, que ce ne fut que dans la seconde soirée qui suivit leur départ qu'ils arrivèrent dans la grande plaine voisine de Dijon, où était campée la totalité ou du

CHARLES LE TÉMÉRAIRE.   145

moins la plus grande partie des forces du prince, qui les
reçut immédiatement.

Le duc de Bourgogne s'écria, en voyant entrer le voyageur anglais : — Soyez le bienvenu, *Herr* Philipson, soyez
le bienvenu, vous qui êtes d'une nation où les commerçants
sont des princes, et les marchands des grands de la terre.
Quelles nouvelles marchandises apportez-vous pour nous
amorcer? vous autres marchands, vous êtes une génération
rusée.

— Monseigneur, je ne vous apporte pas de nouvelles
marchandises; je n'ai que celles que j'ai déjà montrées à Votre
Altesse la dernière fois que j'ai eu l'honneur de la voir, et
je viens vous les mettre encore sous les yeux, avec l'espoir
qu'à un pauvre marchand qu'elles pourront vous être plus
agréables que la première fois.

— Fort bien, sir... Philipville, je crois qu'on vous
nomme? — Vous êtes un marchand bien simple, ou vous
me prenez pour une pratique bien sotte, si vous croyez
pouvoir me tenter par la vue des marchandises que j'ai
déjà rebutées. Le changement, la nouveauté, voilà la devise
du commerce. Vos marchandises de Lancastre ont eu leur
temps; j'en ai acheté comme un autre, et je les ai probablement payées assez cher; mais aujourd'hui ce sont celles
d'York qui sont à la mode.

— Cela peut-être pour le vulgaire, Monseigneur; mais
pour des âmes comme la vôtre, la bonne foi, l'honneur et
la loyauté sont des joyaux qu'aucun changement d'idées ou
de goût ne peut mettre hors de mode.

— Faites bien attention, sire marchand; vous connaissez
votre ancien compétiteur Blackburn, autrement appelé
Édouard d'York ou de Londres; il vient d'arriver avec une
cargaison d'arcs et de lances, telle qu'il n'en est jamais
entré dans les ports de France depuis le temps du roi

Arthur, et il m'offre une part dans son commerce. Pour parler clairement, il me propose de faire cause commune avec la Bourgogne, pour enfumer dans ses terriers le vieux renard Louis, l'en faire sortir, et clouer sa peau à la porte de ses écuries. En un mot, le roi d'Angleterre m'invite à une alliance avec lui contre le plus astucieux et le plus invétéré de mes ennemis, à briser la chaîne du vasselage, et à m'élever au rang de prince indépendant. Croyez-vous, noble comte, que je puisse résister à cette tentative séduisante?

— Oui, Monseigneur, car Votre Altesse n'a pas de quoi nourrir pendant un an l'armée anglaise à ne rien faire sur le territoire de Louis, et Votre Altesse ne trouverait aucun avantage à agrandir à ses dépens Édouard qui, au fond du cœur, vous déteste.

— Je ne connais que trop bien ses sentiments à mon égard.

— Si Votre Altesse daigne aider le moins du monde la cause la plus honorable pour laquelle un chevalier ait jamais levé la lance, une modique somme d'argent et un petit corps de lanciers du Hainaut, qui pourront gagner à ce service gloire et richesse, peuvent remettre l'héritier dépouillé de la maison de Lancastre en possession des domaines auxquels sa naissance lui donne un droit légitime.

— Sire comte, vous en venez à votre point de but en blanc; mais nous avons vu, en partie de nos propres yeux, tant de retours de fortune entre les maisons d'York et de Lancastre, que nous ne savons trop à laquelle des deux le ciel a donné le bon droit, et l'inclination du peuple accordé le pouvoir effectif. Tant d'extraordinaires révolutions de fortunes qui ont eu lieu en Angleterre nous ont réellement causé de véritables vertiges.

— C'est une preuve, Monseigneur, que ces changements

no sont pas encore à leur fin, et que votre généreux secours
peut assurer l'avantage et le succès de la bonne cause.

— Quoi! que je prête à ma cousine, Marguerite d'Anjou,
l'aide de mon bras pour détrôner mon beau-frère? Ce n'est
pas qu'il mérite de moi de grands égards, puisque lui et ses
nobles insolents m'ont assailli de remontrances, et même de
menaces, pour que je laisse de côté mes importantes affaires
personnelles, et que je me joigne à Édouard dans son expédition de chevalier errant contre Louis. Je marcherai contre Louis quand je le jugerai convenable, et pas plus tôt! ni
roi insulaire ni noble insulaire ne dicteront des ordres à
Charles de Bourgogne. Vous ne me donnez aucune raison
décisive.

Oxford, connaissant parfaitement le caractère du duc, le
laissa donner un libre cours à l'humeur que lui causait
l'idée que quelqu'un prétendît lui dicter ce qu'il avait à
faire; et quand le prince garda enfin le silence, il lui répondit d'un ton calme :

— Est-il bien vrai que j'entends le noble duc de Bourgogne, le miroir de la chevalerie d'Europe, dire qu'on ne lui
a donné aucune bonne raison pour le décider à une entreprise qui a pour objet de rendre justice à une malheureuse
reine, et de relever de la poussière une maison royale?
N'offre-t-elle pas une moisson immortelle de los et d'honneur! La trompette de la renommée ne proclamera-t-elle
pas le nom du souverain qui, seul, dans un siècle dégénéré,
a su réunir les devoirs d'un prince et ceux d'un chevalier
généreux?

Le duc l'interrompit en lui donnant un coup sur l'épaule ·
— Quand il s'agit de débourser des sommes considérables,
et de mettre en mer de fortes escadres, il faut que nous
ayons à alléguer à nos sujets quelque excuse plus palpable
pour les plonger dans une guerre; que nous puissions leur

montrer un objet tendant au bien public. C'est ainsi que va
le monde, Oxford; et, pour te dire la pure vérité, j'ai dessein de suivre la même marche.

— A Dieu ne plaise que j'engage Votre Altesse à agir autrement que dans la vue du bien de ses sujets. L'argent que
nous demandons n'est pas en pur don, c'est par forme de
prêt. Marguerite est disposée à laisser en dépôt ses joyaux,
dont je crois que Votre Altesse connaît la valeur, jusqu'à ce
qu'elle puisse rendre la somme que votre amitié peut lui
avancer dans ses besoins.

— Ah! ah! notre cousine veut donc faire de nous un prê-
teur sur gages : elle veut que nous agissions envers elle
comme un usurier, comme un juif? Cependant, Oxford, de
bonne foi, il est possible que ces diamants nous soient nécessaires, car si je me déterminais à entrer dans vos vues,
il pourrait se faire que je fusse moi-même obligé d'emprun-
ter pour fournir aux besoins de ma cousine. Je me suis
adressé aux états du duché, qui sont assemblés en ce moment, et j'en attends, comme cela est juste, un octroi considérable. Mais il s'y trouve des têtes remuantes et des
mains serrées, et je puis rencontrer de la lésinerie. Ainsi,
en attendant, laissez ces joyaux sur cette table. Eh bien,
supposons que je n'aie rien à perdre du côté de la bourse,
par cet acte de chevalerie errante que vous me proposez;
cependant les princes ne font pas la guerre sans avoir en
vue quelque avantage.

— Écoutez-moi, noble souverain. Votre but est naturellement de réunir les vastes domaines de votre père à ceux
que vos armes y ont ajoutés, pour en former un duché
compacte...

— Dites un royaume, Oxford ; ce mot sonne mieux.

— Un royaume, dis-je, dont la couronne brillera avec
autant de grâce et de Majesté sur le front de Votre Altesse

que sur celui de Louis, roi de France aujourd'hui votre
suzerain.

— Il ne faut pas toute votre pénétration pour deviner
que tel est mon dessein; sans cela, pourquoi suis-je ici, le
casque en tête et l'épée au côté? Pourquoi mes troupes
s'emparent-elles des forteresses de la Lorraine, pourquoi
ai-je attaqué Réné de Vaudemont ce petit-fils de Réné
d'Anjou?

— Mais ne croyez-vous pas, puisque Votre Altesse me
permet de lui parler librement et d'après les priviléges
d'une ancienne connaissance; ne croyez-vous pas que, sur
cette carte de vos domaines, déjà si bien arrondis, il se
trouve du côté des frontières du midi quelque chose qui
pourrait être plus à la convenance d'un roi de Bourgogne?

— Je ne puis deviner où vous voulez en venir, répondit le duc en jetant un regard sur une carte de son duché
et de ses autres possessions, vers laquelle un geste du comte
d'Oxford avait dirigé son attention, et en fixant ensuite sur
lui ses grands yeux perçants.

— Je veux dire que, pour un prince aussi puissant que
Votre Altesse, il n'existe aucune frontière aussi sûre que
la mer. Voici la Provence, qui est placée entre vous et la
Méditerranée; la Provence avec ses superbes ports, ses
champs fertiles, ses beaux vignobles. Ne serait-il pas à propos de la comprendre dans la carte de votre souveraineté,
de manière que vous puissiez toucher d'une main les bords
de la Méditerranée, et de l'autre ceux de l'Océan du nord
sur les côtes de Flandre?

— La Provence, dites-vous? répliqua le duc avec vivacité. Quoi! je ne rêve que de la Provence. Je ne puis sentir
l'odeur d'une orange sans qu'elle me rappelle les bois et les
bosquets parfumés de cette province, ses citrons, ses olives,
ses grenades. Mais comment y élever des prétentions? Ce

serait une honte de troubler les derniers instants du bon vieux Réné, et cela ne conviendrait pas à un proche parent. Ensuite, il est oncle de Louis, et il est probable qu'à défaut de sa fille Marguerite, et peut-être même de préférence à elle, il a déjà nommé le roi de France son héritier.

— Il est possible d'y opposer de meilleures prétentions en votre personne, Monseigneur, si vous consentez à accorder à Marguerite d'Anjou les secours qu'elle sollicite par ma voix.

— Prends tout ce que tu demandes, s'écria Charles en respirant avec force et en changeant de couleur; prends-en le double en hommes et en argent! Fournis-moi seulement une prétention sur la Provence, fût-elle aussi faible qu'un des cheveux de la reine Marguerite, et laisse-moi le soin d'en faire un câble!

— Réné est accablé sous le poids des années; et il désire abdiquer sa souveraineté.

— Sa souveraineté!

— Oui, la souveraineté des domaines qu'il possède de fait, et des domaines bien plus étendus auxquels il a des droits, mais qui ne sont plus en sa puissance; et Marguerite, pour avoir seulement une chance de voir la maison de Lancastre triompher en Angleterre, renoncerait non-seulement à tous ses domaines, mais à la vie même. Dans le fait, ce sacrifice est moindre qu'il ne le paraît. Il est certain qu'à la mort du vieux roi Réné, le roi de France réclamera le comté de Provence, comme étant un fief dans la ligue masculine, et il n'existe personne capable de faire valoir le droit de Marguerite à cet héritage, quelque juste qu'il puisse être.

— Il est juste et inattaquable, s'écria Charles, et je ne souffrirai pas qu'on y porte atteinte, qu'on le mette seulement en question, c'est-à-dire quand il sera établi en ma personne. Mais quelle espérance avez-vous de réussir, quand vous me pressez de m'embarquer sur un océan aussi orageux que celui de vos dissensions civiles?

Le comte d'Oxford tira de sa poche le plan qu'il avait tracé de son expédition, l'expliqua au duc, et ajouta qu'il devait être secondé par une insurrection des partisans de la maison de Lancastre. Nous nous bornerons à dire que ce projet était d'une audace qui allait jusqu'à la témérité; mais il était si bien conçu, il y régnait un tel ensemble, que, sous un chef comme Oxford, dont on connaissait les talents militaires et la sagacité politique, il présentait une apparence de succès probable.

Tandis que le duc Charles examinait les détails d'une entreprise qui avait d'autant plus d'attraits pour lui qu'elle était parfaitement d'accord avec son propre caractère; pendant qu'il s'appesantissait sur les affronts qu'il avait reçus de son beau-frère, Édouard IV, qu'il songeait à l'occasion qui se présentait d'en tirer une vengeance signalée, et qu'il réfléchissait sur la riche acquisition qu'il espérait faire en Provence, par suite de l'abdication que feraient en sa faveur le roi Réné et sa fille, le noble Anglais ne manqua pas d'insister sur la nécessité urgente de ne pas perdre un seul instant.

— L'accomplissement de ce projet, dit-il, exige la plus grande promptitude. Pour avoir une chance de succès, il faut que je sois en Angleterre avec les forces auxiliaires, avant qu'Édouard d'York y revienne de France avec son armée. La célérité, noble prince, la célérité, est l'âme de notre entreprise.

— La célérité! répéta le duc de Bourgogne. Quoi! J'irai avec vous; je verrai moi-même l'embarquement; et vous aurez des soldats braves et éprouvés, tels qu'on n'en trouve nulle part, si ce n'est en Artois ou dans le Hainaut!

— Pardonnez encore, noble duc, l'impatience d'un mal-

heureux qui se noie et qui implore du secours. Quand par-
tirons-nous pour les côtes de Flandre, afin de mettre à exécution cette mesure importante?

— Mais.... dans une quinzaine de jours, peut-être dans
une semaine; en un mot, dès que j'aurai convenablement
châtié une bande de voleurs et de brigands, qui, comme
l'écume qui monte toujours au haut du chaudron, se sont
établis sur les hauteurs des Alpes et de là infestent nos
frontières par un trafic de contrebande, par le vol et par des
brigandages de toutes espèces.

— Votre Altesse peut parler des confédérés suisses?

— Oui, tel est le nom que se donnent ces manans. C'est
une sorte de serfs affranchis de l'Autriche, qui profitent de
leur liberté pour attaquer et déchirer tout ce qui se trouve
sur le chemin.

— J'ai traversé leur pays en revenant d'Italie, et j'ai appris que l'intention des Cantons était d'envoyer des députés à Votre Altesse pour solliciter la paix.

— La paix! leurs ambassadeurs se sont conduits d'une
manière étrangement pacifique. Profitant d'une mutinerie
des bourgeois de la Férette, première ville de garnison où
ils sont entrés, ils ont pris la place d'assaut, se sont emparés
d'Archibald Von Hagenbach, et l'ont mis à mort sur la place
du Marché. Une telle insulte doit être punie, noble John de
Vère, et si vous ne me voyez pas en proie à la fureur qu'elle
doit exciter, c'est parce que j'ai donné ordre de conduire
au gibet ces misérables qui prennent le titre d'ambassadeurs.

— Pour l'amour du ciel, noble duc, s'écria Oxford, en se
jetant aux pieds de Charles, par égard pour votre gloire et
pour la paix de la chrétienté, révoquez cet ordre, si vous
l'avez véritablement donné !

— Que signifient de telles instances? Quel intérêt prenez-vous à la vie de pareils êtres? Ce ne peut être qu'à cause du délai de quelques jours que cette guerre peut occasionner à votre expédition.

— Elle peut, elle doit la faire échouer. Écoutez-moi, Monseigneur : j'ai accompagné ces envoyés pendant une partie de leur voyage.

— Vous! vous! avoir accompagné des misérables paysans suisses! le malheur a cruellement abaissé la fierté des nobles anglais, puisqu'ils choisissent de tels compagnons.

— Le hasard m'a jeté parmi eux. Quelques-uns d'entre eux sont de sang noble, et je connais si bien leurs intentions pacifiques, que j'ose me rendre leur garant.

— Sur ma foi, Milord, vous leur faites beaucoup d'honneur, ainsi qu'à moi, en vous établissant médiateur entre les Suisses et nous. Permettez-moi de vous dire que c'est un acte de condescendance, quand, en considération d'une ancienne amitié, je vous permets de me parler de vos affaires d'Angleterre; il me semble que vous pourriez vous dispenser de me donner votre opinion sur des sujets qui n'ont aucun rapport direct à vos intérêts.

— Duc de Bourgogne, répondit Oxford, j'ai suivi votre bannière à Paris, et j'ai eu la bonne fortune de vous secourir à la bataille de Montlhéri, quand vous étiez entouré par des hommes d'armes français...

— Nous ne l'avons pas oublié, et la preuve que nous nous souvenons de ce service, c'est que nous souffrons que vous restiez si longtemps devant nous à plaider la cause de ces misérables, que nous sommes invité à dérober à l'échafaud qui les réclame, parce qu'ils ont été les compagnons de voyage du comte d'Oxford.

— Non, Monseigneur; si je demande leur vie, c'est parce qu'ils sont chargés d'une mission pacifique, et que leurs chefs du moins n'ont pris aucune part au crime dont vous vous plaignez.

Le duc se promena dans l'appartement, d'un pas inégal, ayant l'air fort agité, fronçant ses gros sourcils de manière à cacher presque ses yeux, fermant ses poings et grinçant les dents. Enfin paraissant avoir pris son parti, il agita fortement une sonnette d'argent qui était sur la table.

— Contay, dit-il au gentilhomme de sa chambre qui se présenta sur-le-champ, ces montagnards sont-ils exécutés?

— Non, Monseigneur ; mais l'exécuteur attend seulement que le prêtre les ait confessés !

— Qu'ils vivent. Nous entendrons demain ce qu'ils ont à dire pour justifier leur conduite envers nous.

Contay salua et se retira.

Le duc de Bourgogne, le front calme et l'air tranquille, se tourna vers l'Anglais, et lui dit d'un ton qui offrait un mélange inexprimable de hauteur, de familiarité, et même de bonté : — Nous sommes maintenant déchargé de toute obligation, Milord ; — vous avez obtenu vie pour vie ; et pour compenser quelque différence qui pourrait se trouver entre les marchandises échangées, vous en avez obtenu six pour une. — Holà, quelqu'un ! qu'on m'apporte à boire !

Un huissier entra, apportant un flacon d'argent qui contenait, au lieu de vin, une tisane d'herbes aromatiques.

— Mon tempérament est si ardent et si impétueux, dit le duc, que les médecins me défendent de boire du vin. Mais vous n'êtes pas astreint à un pareil régime, Oxford. Retournez sous la tente de votre compatriote Colvin, notre général d'artillerie. Nous vous confions à ses soins et à son hospitalité jusqu'à demain. Ce sera un jour d'affaires car je m'attends à recevoir la réponse de ces oisons de l'assemblée des états de Dijon, et j'aurai aussi à entendre, grâce à l'intervention de Votre Seigneurie, ces misérables envoyés suis-

ses comme ils s'appellent. Soit ! n'y pensons plus. Au revoir.
Vous pouvez parler librement à Colvin, qui est, comme
vous, un ancien partisan de la maison de Lancastre. Mais,
attention ! pas un mot, sur la Provence; pas même un rêve
Contay ! conduisez cet Anglais à la tente de Colvin; il connaît mon bon plaisir à cet égard.

— Monseigneur, dit Contay, j'y ai déjà laissé le fils de
monsieur.

— Quoi? votre fils, Oxford? il est ici avec vous? Pourquoi ne m'en avez-vous rien dit? Est-ce un digne rejeton
du vieux tronc?

— Je suis fier de pouvoir le croire, Monseigneur : il a été
le fidèle compagnon de tous mes voyages et de tous mes
dangers.

— Heureux mortel, dit le duc en soupirant, vous avez un
fils pour partager votre pauvreté et votre détresse, Oxford;
je n'en ai point pour partager ma grandeur et me succéder.
Si ton fils te ressemble, je dois avoir toute confiance en lui;
tu l'enverras comme messager secret à la cour de René.

CHAPITRE VII.

La tente assignée pour logement au comte d'Oxford était celle de Colvin, l'officier anglais à qui le duc de Bourgogne avait confié le soin de son artillerie, en lui accordant de riches appointements. Il reçut son hôte avec tout le respect dû à son rang et conformément aux ordres spéciaux que le duc lui avait donnés. Il avait lui-même combattu pour la maison de Lancastre, et par conséquent il était favorablement disposé à l'égard du petit nombre d'hommes de distinction qu'il avait connus personnellement, et qui avaient été constamment fidèles à cette famille pendant la longue suite d'infortunes qui semblaient l'avoir à jamais accablée. Il avait déjà offert des rafraîchissements à Arthur, et il fit alors servir au comte un repas pendant lequel il n'oublia pas de lui recommander le bon vin de Bourgogne.

L'aurore éveilla le comte d'Oxford et son fils, et ses premiers rayons venaient à peine éclairer l'horizon du côté de l'orient, quand leur hôte, Colvin, entra avec un domestique portant quelques paquets qu'il déposa par terre et qui se retira ensuite. Le général d'artillerie du duc leur annonça alors qu'il était chargé d'un message de la part de Charles de Bourgogne.

— Le duc, dit-il, envoie à mon jeune maître d'Oxford

quatre lanciers robustes pour l'escorter; une bourse d'or
bien remplie pour fournir à ses dépenses à Aix, tant que ses
affaires l'y retiendront; des lettres de créance pour le roi
René, afin de lui assurer un bon accueil; et deux habits
complets, convenables à un gentilhomme anglais qui désire
être témoin des fêtes solennelles de la Provence à la sûreté
duquel le duc daigne prendre un grand intérêt. S'il a quelques autres affaires dans ce pays, Son Altesse lui recom-
mande de les conduire avec prudence et discrétion. Le duc
lui envoie aussi deux chevaux pour son usage, un genet
marchant à l'amble pour la route, et un vigoureux cheval
de Flandre, couvert de son armure, dans le cas où il en aurait besoin. Il est à propos que mon jeune maître change de
vêtements, et prenne un costume qui se rapproche un peu
plus de son véritable rang. Ceux qui doivent le suivre connaissent la route; et ils sont autorisés, si les circonstances
l'exigent, à requérir, au nom du duc, l'assistance de tout
fidèle Bourguignon. Il ne me reste qu'à ajouter que plus tôt
mon jeune maître partira, plus tôt on en tirera un augure
favorable du succès de son voyage.

— Je suis prêt à monter à cheval dès que j'aurai changé
d'habit, répondit Arthur.

— Et moi, dit son père, je n'ai nulle envie d'apporter le
moindre délai au service dont il est chargé. Ni lui ni moi
nous n'avons à nous dire autre chose que : Dieu soit avec
vous! Qui peut savoir quand et où nous nous reverrons?

— Je crois, dit Colvin, que cela doit dépendre des mouvements du duc, qui peut-être ne sont pas encore déterminés; mais Charles compte que vous resterez avec lui,
Milord, jusqu'à ce que les affaires qui vous ont conduit ici
soient définitivement arrangées. J'ai quelque chose de plus
à vous dire en particulier, après le départ de votre fils.

Arthur ayant achevé sa toilette, fléchit un genou devant

son père pour lui demander sa bénédiction et ses derniers ordres pour Aix.

Le comte le bénit d'une voix presque inarticulée et lui dit, d'un ton encore mal assuré, qu'il avait déjà tout ce qui lui était nécessaire pour le succès de sa mission.

— Quand vous pourrez m'apporter les actes dont nous avons besoin, ajouta-t-il à voix basse, en reprenant sa fermeté, vous me trouverez près de la personne du duc de Bourgogne.

Ils sortirent de la tente en silence, et virent à la porte les quatre lanciers bourguignons, hommes de grande taille et actifs, déjà en selle, et tenant deux chevaux sellés et bridés; le premier était un coursier caparaçonné comme pour la guerre, l'autre un genet plein d'ardeur, pour servir pendant le voyage; un des soldats tenait en laisse un cheval de bât chargé de bagages, parmi lesquels Colvin informa Arthur qu'il trouverait les vêtements qui lui seraient nécessaires en arrivant à Aix, et en même temps il lui remit une bourse pleine d'or.

— Tiébault, continua-t-il en lui montrant le plus âgé des hommes de l'escorte, mérite toute confiance : je garantis son intelligence et sa fidélité. Les trois autres sont hommes d'élite, et ils ne sont pas gens à craindre que leur peau soit entamée.

Arthur sauta en selle avec une sensation de plaisir bien naturelle à un jeune cavalier qui, depuis plusieurs mois n'avait pas senti sous lui un cheval plein d'ardeur. Le genet, impatient, trépignait et se cabrait. Arthur, ferme sur la selle, comme s'il eût fait partie de l'animal, dit seulement : Avant que nous ayons fait une longue connaissance, mon beau rouan, ton ardeur apprendra à se modérer un peu.

— Encore un mot, mon fils, lui dit son père, qui ajouta, en lui parlant à l'oreille, tandis qu'Arthur se baissait pour l'écouter : Si vous recevez une lettre de moi, ne vous croyez bien instruit de son contenu qu'après avoir exposé le papier à la chaleur du feu.

Arthur salua, et fit signe au plus âgé des soldats de marcher en avant, et tous, lâchant la bride à leurs chevaux, traversèrent le camp au grand trot, le jeune homme faisant un dernier signe d'adieu à son père et à Colvin.

Le comte resta comme un homme occupé d'un songe, suivant des yeux son fils, dans une sorte de rêverie qui ne fut interrompue que lorsque Colvin lui dit :

— Je ne suis pas surpris, Milord, que mon jeune maître vous inspire tant de sollicitude; il mérite bien tout l'intérêt d'un père, et nous vivons dans un siècle de trahison et de sang.

— Je vous assure, répondit Oxford, que, si je suis dans le chagrin, ce n'est pas seulement pour ma maison; que, si j'ai de l'inquiétude, ce n'est pas mon fils seul qui la cause; mais il est pénible de risquer un dernier enjeu dans une cause si dangereuse. Eh bien, quels ordres m'apportez-vous de la part du duc?

— Son Altesse montera à cheval après avoir déjeuné. Le duc vous envoie des vêtements qui, s'ils ne sont pas ceux qu'exigerait votre rang, vous conviennent pourtant mieux que ceux que vous portez maintenant. Il désire que, gardant toujours votre incognito et la qualité de riche marchand anglais, vous fassiez partie de la cavalcade qui va le conduire à Dijon, où il donnera ensuite une audience publique aux députés suisses. En attendant, voulez-vous venir déjeuner ?

Le déjeuner, suivant l'usage du temps, était un repas substantiel, et un officier favori du duc de Bourgogne avait tous les moyens de recevoir avec une hospitalité distinguée un hôte qui avait droit à son respect. Mais avant qu'il fût fini, un son bruyant de trompettes annonça que le duc et son cortége allaient monter à cheval. On présenta, de la part du duc, un magnifique coursier à Philipson, nom que le comte d'Oxford continuait de porter; et il se joignit avec son hôte à la brillante réunion qui commençait à se former en face du pavillon du duc. Ce prince en sortit au bout de quelques minutes, portant le superbe costume de l'ordre de la Toison-d'Or, dont son père avait été le fondateur, et dont Charles était lui-même le protecteur et le chef. Plusieurs de ses courtisans en étaient aussi revêtus, et ils déployaient, ainsi que leur suite, tant d'éclat, tant de splendeur, qu'ils justifiaient ce qu'on disait généralement, que la cour du duc de Bourgogne était la plus magnifique de toute la chrétienté.

Le duc sortit du camp et se dirigea vers la ville de Dijon, qui était alors la capitale de toute la Bourgogne; sa suite formait un grand cortége, dont l'arrière-garde était composée de deux cents arquebusiers d'élite, genre de soldats qui commençaient alors à être appréciés, et d'un pareil nombre d'hommes d'armes à cheval. Oxford était au premier rang, parmi les seigneurs bourguignons.

Le cortége s'arrêta devant un grand édifice gothique situé au centre même de Dijon. On l'appelait alors la Maison du Roi. Le maire de Dijon attendait Charles sur les degrés conduisant à ce palais.

Il était accompagné de tout le corps municipal, et escorté par un corps de cent bourgeois en habits de velours noir, tenant en main une demi-pique. Le maire s'agenouilla pour baiser l'étrier du duc, et à l'instant où Charles descendit de cheval, les cloches de la ville sonnèrent à toute volée.

Pendant cet accueil assourdissant, le duc entra dans la grande salle du palais. A l'extrémité supérieure, on voyait un trône pour le souverain, des siéges pour les principaux officiers et pour ses vassaux les plus distingués, avec des bancs par derrière pour les personnes de moindre considération. Ce fut là que Colvin fit asseoir le noble Anglais; mais il eut soin de lui choisir une place d'où il pût voir facilement toute l'assemblée et le duc lui-même; et Charles, dont l'œil vif et perçant parcourut tous les rangs dès qu'on fut assis, sembla indiquer par un léger signe de tête, marque imperceptible pour ceux qui l'entouraient, qu'il approuvait cet arrangement.

Quatre ecclésiastiques parmi lesquels Oxford reconnut le prêtre de Saint-Paul, étaient les plus près de la personne du souverain, les nobles au second rang, et les bourgeois en arrière.

— Noble duc, dit le prêtre de Saint-Paul, vous plaît-il d'entendre la réponse de vos fidèles et loyaux états de Bourgogne par la voix d'un seul membre parlant au nom de tous.

— Parlez pour tous, répondit le duc.

— En ce cas, reprit le prêtre de Saint-Paul, plaise à Votre Altesse de me permettre de lui dire que les trois ordres trouvant non motivée la guerre que vous voulez faire aux cantons suisses, refusent de fournir les impôts que vous demandez dans cette intention particulière.

Les yeux du duc se fixèrent d'un air sombre sur le porteur d'un message si désagréable. Il secoua la tête avec un de ces regards fiers et menaçants qui étaient parfaitement d'accord avec ses traits naturellement durs et dit :

— Vous avez parlé, sire prêtre? asseyez-vous. Je vois qu'on s'est ligué pour contrarier mes projets, et, sans doute, pour me priver de tout le pouvoir de la souveraineté, sauf le droit de porter une couronne ducale, et d'être servi à genoux comme un second Charles le Simple, tandis que les états de mes domaines se partageront la réalité du pouvoir. Mais vous apprendrez que vous avez à faire à Charles de Bourgogne.

11

— Toison-d'or, (1) faites venir en notre présence ces députés, prétendus, des villes et des Cantons confédérés de la
Suisse.

Les portes de la salle furent alors ouvertes aux députés
suisses, qui, depuis une heure, faisaient le pied de grue en
dehors du palais sans recevoir la moindre de ces attentions
que les nations civilisées accordent universellement aux
représentants d'un état étranger. Dans le fait, leur apparition, en habit de gros drap gris, comme des chasseurs ou des
bergers montagnards, au milieu d'une assemblée où les
yeux étaient éblouis par de superbes vêtements de toutes
couleurs, des galons d'or et d'argent, des broderies   gnifi-
ques et des pierres précieuses, servait à confirm   idée
qu'ils ne pouvaient se présenter que comme de très-humbles
pétitionnaires.

Cependant Oxford, qui épiait la contenance de ses anciens compagnons de voyage, remarqua que chacun d'eux
conservait le caractère de fermeté et d'indifférence qui les
avait distingués jusqu'alors. Rodolphe Donnerhugel avait
toujours son air audacieux et hautain; le porte-bannière
montrait son insouciance militaire, qui lui faisait regarder
avec apathie tout ce qui l'entourait ; le bourgeois de Soleure
avait un air aussi solennel et aussi important que jamais;
aucun des trois ne semblait frappé le moins du monde de la
splendeur de la scène qui les environnait, ni embarrassé par
la comparaison qu'il pouvait faire de l'infériorité de son
costume. Mais le noble Landamman, sur qui Oxford fixait
principalement son attention, semblait accablé par la con-
viction de la position précaire dans laquelle son pays se
trouvait. Le comte vit qu'il craignait, d'après la manière

_____
(1) Héraut du roi.

peu honorable et même grossière avec laquelle ils avaient
été reçus, que la guerre ne fût inévitable; tandis qu'en
même temps il déplorait, en ami de son pays, la perte de sa
liberté que pouvait entraîner une défaite, ou celle de sa
simplicité vertueuse et de son mépris pour les richesses,
qui pouvait être le résultat de la victoire, par suite de l'in-
troduction d'un luxe étranger et de tous les maux qui en
sont la conséquence.

Connaissant parfaitement les sentiments d'Arnold Biedermann, Oxford pouvait aisément expliquer l'air mélancolique
du Landamman.

Après un silence d'environ cinq minutes, le duc prit la
parole avec ce ton dur et hautain que sans doute il croyait
convenir à son rang, mais qui certainement convenait à son
caractère.

— Habitants de Berne, de Schwitz, ou de quelque ha-
meau et de quelque désert que vous puissiez représenter,
sachez que nous ne vous aurions pas honorés d'une audience, rebelles comme vous l'êtes à l'autorité de vos maîtres
légitimes, sans l'intercession d'un estimable ami qui a séjourné quelque temps dans vos montagnes, et que vous
pouvez connaître tous le nom de Philipson, marchand anglais chargé de marchandises précieuses pour notre cour.
Cédant à ses prières, nous avons daigné, au lieu de vous
envoyer au gibet et à la roue, comme vous le méritez, sur
la place de Morimont, vous admettre en notre présence,
siégeant en cour plénière, pour recevoir de vous les excuses
que vous pourrez nous offrir pour avoir poussé l'audace au
point de prendre d'assaut notre ville de la Férette, de mas-
sacrer un grand nombre de nos sujets, et d'assassiner de
sang-froid le noble chevalier Archibald Von Hagenbach, qui
a été exécuté en votre présence, de votre aveu et avec votre appui. Parlez, si vous avez quelque chose à dire en dé-

ceux de votre félonie et de votre trahison, ou pour implorer
une merci que vous ne méritez pas et éviter un juste
châtiment.

Le Landamman semblait s'apprêter à répondre; mais
Rodolphe Donnerhugel, avec la hardiesse extrême qui le
caractérisait, se chargea lui-même de la réplique. Il soutint
le regard de fierté du duc avec un œil intrépide et un
visage aussi hautain que le sien.

— Nous ne sommes pas venus ici, dit-il, pour compro-
mettre notre honneur ou la dignité du peuple libre que
nous représentons, en nous déclarant coupables de crimes
dont nous sommes innocents. Quand vous nous appelez rebelles, vous devez vous souvenir qu'une longue suite de
victoires, dont l'histoire est écrite avec le sang le plus noble
de l'Autriche ait rendu à notre confédération la liberté dont
une injuste tyrannie essayait en vain de nous priver. Tant
que l'Autriche a été pour nous une dominatrice juste et
bienfaisante, nous l'avons servie aux dépens de notre vie;
quand elle est devenue oppressive et tyrannique, nous nous
sommes rendus indépendants. Si elle a encore quelque chose
à réclamer de nous, les descendants de Tell, de Faust, de
Stauffenbach, sont aussi disposés à défendre leur liberté que
leurs pères l'ont été à la conquérir. — Votre Grâce, si tel
est votre titre, n'a point à se mêler de nos querelles avec
l'Autriche. Quant à vos menaces du gibet et de la roue,
nous sommes ici des hommes sans défense, sur le sort desquels vous pouvez prononcer au gré de votre bon plaisir;
mais nous savons mourir, et nos concitoyens sauront nous
venger.

Le duc irrité n'aurait répondu qu'en ordonnant d'arrêter
à l'instant tous les députés, et probablement de les conduire
à l'échafaud; mais son chancelier, profitant du privilège que
lui donnait sa place, se leva, ôta sa toque, salua profondé-

ment le duc, et lui demanda la permission de répondre à un jeune homme égaré par une fierté déplacée, et qui avait si mal compris le but du discours de Son Altesse.

Charles, se sentant peut-être trop courroucé en ce moment pour pouvoir prendre une détermination calme, s'enfonça dans son fauteuil avec un air d'impatience et de colère, et fit signe à son chancelier pour lui accorder la permission de parler.

— Jeune homme, dit ce grand officier, vous avez mal compris ce que vient de vous dire le haut et puissant souverain en présence duquel vous vous trouvez. Quels que soient les droits de l'Autriche sur les villages révoltés qui ont secoué le joug de leur maître légitime, nous ne sommes pas appelés à discuter cet argument. Mais voici l'objet sur lequel Son Altesse vous demande une réponse : Pourquoi, venant ici en qualité et avec le caractère d'envoyés de paix pour traiter d'affaires concernant vos villages et les droits des sujets du duc de Bourgogne, avez-vous porté la guerre dans le sein de nos tranquilles domaines, pris d'assaut une forteresse, massacré la garnison qui la défendait, et mis à mort un noble chevalier qui en était le gouverneur? Toutes ces actions sont contraires à la loi des nations, et méritent, certes, le châtiment dont vous avez été justement menacés, mais dont j'espère que notre gracieux souverain vous fera grâce, si vous exprimez votre regret de cette insolent outrage en lui offrant une réparation convenable pour une telle injure.

— Noble chancelier de Bourgogne, répondit Rodolphe, nous n'avons pas pris d'assaut la ville de la Féretto; les portes nous ont été ouvertes avec des démonstrations de paix; mais dès que nous avons été dans la ville, nous nous sommes vus entourés par les soldats de feu Archibald Von Hagenbach, dans le dessein évident de nous attaquer et de nous assassiner, tandis que nous allions nous acquitter d'une mission pacifique. En ce moment les habitants de la ville se sont insurgés, et ont été aidés, je crois, par des voisins qui ne pouvaient souffrir plus longtemps l'insolence et l'oppression qui avaient rendu Archibald Von Hagenbach si odieux. Nous ne leur avons donné aucun secours, et j'espère qu'on ne pouvait attendre de nous que nous prissions parti en faveur de ceux qui se préparaient à nous assassiner. Mais pas une pique, pas une épée appartenant à nous-mêmes ou à notre escorte n'ont été trempées dans le sang bourguignon. Il est vrai qu'Archibald Von Hagenbach a péri sur un échafaud, et c'est avec plaisir que je l'ai vu mourir en vertu d'une sentence rendue par une cour reconnue compétente dans la Westphalie et dans toutes ses dépendances, même de ce côté du Rhin. Je ne suis pas obligé d'en justifier les procédés; mais je déclare que le duc a reçu des preuves complètes de cette sentence régulière, et qu'elle était amplement méritée par les actes d'oppression et de tyrannie du défunt, ainsi que par l'abus infâme de son autorité. Telle est la vérité.

Le duc se tourna alors vers les autres députés suisses et leur demanda s'ils avaient quelque chose à ajouter aux affirmations *plus ou moins contestables de leur jeune orateur bavard et orgueilleux.*

— Noble duc, dit le Landamman en s'avançant et en imposant silence à Rodolphe Donnerhugel qui ouvrait la bouche pour parler encore, à Dieu ne plaise que nous ne puissions nous exprimer d'une manière convenable devant Votre Altesse, puisque, comme je l'espère, nous ne lui adresserons que des paroles de vérité, de paix et de justice ! Si l'humilité peut disposer Votre Altesse à nous écouter plus favorablement, je suis prêt à m'humilier, et pourtant je puis réclamer, en vertu de ma naissance, le droit héréditaire de parler devant les ducs, les rois et l'Empereur même.

Il n'y a personne dans cette illustre assemblée, Monseigneur, dont le sang sorte d'une source plus pure que celui
de Geierstein.

— Nous avons entendu parler de vous, dit le duc; c'est
vous qu'on appelle le comte paysan, pour vous distinguer
de votre frère le comte de Geierstein. Est-il toujours au
service de l'Autriche? nous savons toute la haine qu'il
nous porte, mais nous ne voulons pas vous en rendre responsable.

— Mon frère est banni d'Autriche comme de Suisse. Je
déplore le malheur qu'il a de déplaire à Votre Altesse. La
mission que j'ai à remplir n'a aucun rapport avec le rôle
politique qu'à joué mon frère. — Les habitants des contrées
peu fertiles des Alpes désirent, Monseigneur, vivre en paix
avec tous les voisins, et jouir du gouvernement qu'ils ont
choisi comme celui qui convenait le mieux à leur situation
et à leurs habitudes, en laissant à tous autres états et pays
la même liberté à cet égard. Ils désirent surtout rester en
paix et en amitié avec la maison souveraine de Bourgogne,
dont les domaines touchent leurs possessions sur tant de
points. Ils le désirent, Monseigneur; ils vous le demandent!
ils vont même jusqu'à vous en prier. On nous a appelés des
gens intraitables et opiniâtres, méprisant insolemment toute
autorité; des facteurs de sédition et de rebellion : en preuve
de contraire, Monseigneur, moi qui ne me suis jamais agenouillé que pour prier le ciel, je ne trouve nulle honte à
fléchir le genou devant Votre Altesse comme devant un
souverain tenant sa cour plénière, où il a droit d'exiger
l'hommage de ses sujets comme un devoir, et celui des
étrangers comme un acte de courtoisie. Un vain orgueil,
ajouta le vieillard, les yeux humides en posant un genou
en terre devant le trône, ne m'empêchera jamais de m'humilier personnellement, quand la paix, cette heureuse paix,

si chère à Dieu, et d'un prix si inappréciable pour l'homme est en danger d'être rompue.

Toute l'assemblée et le duc lui-même furent émus par la manière noble et majestueuse dont l'intrépide vieillard fit une génuflexion qui n'était évidemment dictée ni par la peur ni par la bassesse.

— Relevez-vous, Monsieur, lui dit le duc. Nous sommes prêts à vous entendre comme un envoyé ayant de bonnes intentions.

— Je vous en remercie, noble prince, et je regarderai ce jour comme heureux, si je puis trouver des expressions dignes de la cause que j'ai a plaider. Monseigneur, un placet qui a été remis entre les mains de Votre Altesse contient l'énumération des nombreux griefs que nous avons soufferts de la part de vos officiers, et de celle de Romont, comte de Savoie, votre allié et votre conseiller, agissant, comme nous avons le droit de le supposer, sous la protection de Votre Altesse. Quant au comte Romont, il a déjà appris à qui il a affaire; mais nous n'avons encore pris aucune mesure en représailles des injures, des affronts, et des interruptions apportées à notre commerce, que nous avons à reprocher à ceux qui se sont prévalus de votre autorité pour arrêter nos compatriotes dans leurs voyages, pour piller leurs marchandises, les jeter en prison, et même, en quelques occasions, les mettre à mort. Quant à l'affaire de la Férette, je puis rendre témoignage de ce que j'ai vu; nous n'y avons pas donné lieu, et nous n'y avons pris aucune part. Cependant il est impossible qu'une nation indépendante souffre plus longtemps de pareilles injures, et nous sommes déterminés à rester libres et indépendants, ou à mourir pour la défense de nos droits. Que doit-il donc en résulter, à moins que Votre Altesse n'écoute les propositions que je suis chargé de lui faire? La guerre, une guerre d'extermination; car si cette lutte fatale commence une fois, il y aura guerre entre les états puissants et fertiles de Votre Altesse, et nos pauvres et stériles cantons, tant qu'un homme de notre confédération sera en état de manier une hallebarde. S'il plaît à Dieu que vous vous empariez de nos montagnes escarpées, nous nous retirerons, comme nos ancêtres, dans des solitudes plus sauvages, et plus lointaines, et après avoir opposé la dernière résistance, nous mourrons au milieu des neiges de nos glaciers, avant qu'un seul Suisse libre reconnaisse un maître étranger.

Le discours du Landamman fit une impression visible. Le duc s'en aperçut, et son obstination naturelle fut encore irritée par les dispositions favorables à l'ambassadeur, qu'il voyait régner généralement dans l'assemblée. Ce mauvais principe, inné en lui, effaça le salutaire effet qu'avait produit sur son esprit le noble discours de Biedermann ; il fronça le sourcil, et interrompit le vieillard, qui se préparait à continuer.

— Vous partez d'une base fausse, sire comte, sire Landamman, ou quel que soit le titre que vous vous donnez, lui dit-il, si vous vous imaginez que nous voulions vous faire la guerre pour obtenir des dépouilles ou acquérir de la gloire. Nous savons, qu'il n'y a ni profit ni honneur à vous vaincre : mais les souverains, à qui Dieu a confié le pouvoir, doivent détruire les hordes de brigands, quoiqu'on ait à rougir de mesurer son épée contre les leurs ; et nous faisons une chasse à mort à une troupe de loups, quoique leur chair et leur peau ne soient bonnes à rien, Sire Landamman. Nous vous avons écouté avec calme, quoique vous vous présentiez devant nous les mains encore teintes du sang de notre serviteur sir Archibald Von Hagenbach ; car, en supposant qu'il ait été assassiné par ordre d'une infâme association qui ne lèvera jamais sa tête venimeuse du ce côté du Rhin, il n'en est pas moins incontestable, et vous n'avez pas cherché à le nier, que vous avez été témoins de ce crime, que vous aviez des armes en main, et que votre présence a servi d'encouragement aux meurtriers. Retournez dans vos montagnes, et remerciez le ciel de pouvoir y retourner en vie. Dites à ceux qui vous ont envoyés que je serai bientôt sur leurs frontières. Une députation des plus notables de vos bourgeois se présentant devant moi, une corde autour du cou, une torche à la main gauche, et tenant de la droite l'épée par la pointe, pourra apprendre à quelles conditions nous vous accordons la paix.

— En ce cas, adieu la paix; et salut à la guerre! dit le Landammau; puissent ces fléaux retomber sur la tête de ceux qui préfèrent une lutte sanglante à une union pacifique! Vous nous trouverez sur nos frontières, l'épée nue à la main, mais nous la tiendrons par la poignée, et non par la pointe. Charles de Bourgogne, de Flandre et de Lorraine, duc de sept duchés, comte de dix-sept comtés, je vous défie et vous déclare la guerre au nom des Cantons confédérés et autres, qui s'uniront à leur ligue. Voici l'acte de déclaration.

Le héraut reçut cette pièce fatale des mains d'Arnold Biedermann.

— Ne lis pas ce misérable écrit, Toison-d'Or! dit le duc avec hauteur. Que l'exécuteur des hautes-œuvres l'attache à la queue de son cheval, le traîne dans les rues de Dijon, et le cloue au gibet, afin de montrer quel cas nous en faisons, ainsi que de ceux qui l'ont envoyé. Partez, Messieurs, ajouta-t-il en s'adressant aux Suisses; retournez dans vos déserts aussi vite que vos jambes pourront vous y conduire. Quand nous nous reverrons, vous saurez mieux qui vous avez offensé. Qu'on m'apprête mon cheval, la cour plénière est levée.

Le duc se rendit à son camp, causant avec vivacité, chemin faisant, avec le comte de Campo-Basso.

— Je vous offrirais à dîner, Milord, dit Colvin au comte d'Oxford quand il furent rentrés sous sa tente, si je ne prévoyais qu'avant que vous eussiez le temps de vous mettre à table, vous serez mandé en présence du duc : car c'est l'usage invariable de Charles, quand il a pris un mauvais parti, de ne pas se donner de repos jusqu'à ce qu'il ait prouvé à ses amis et à ses conseillers qu'il a eu raison de le prendre. Morbleu ! il ne manque jamais de convertir à son opinion ce souple Italien.

L'augure de Colvin ne tarda pas à se réaliser; car un page arriva presque au même instant pour avertir le marchand anglais Philipson de se rendre auprès du duc. Sans attendre un moment, Charles se répandit en reproches et invectives contre les états de son duché, pour lui avoir refusé en cette circonstance un mince subside qu'il leur demandait. Il s'égara ensuite dans de longues explications sur la nécessité où il prétendait se trouver de châtier l'audace des Suisses, et il finit par ajouter : — Et toi aussi, Oxford, tu es un fou assez impatient pour vouloir que je m'engage dans une guerre lointaine contre l'Angleterre, et que je transporte des troupes outre-mer, quand j'ai à châtier sur mes propres frontières des mutins si insolents!

Quand il eut enfin cessé de parler, le comte lui représenta avec autant de force que de respect les dangers auxquels ils paraissait s'exposer en attaquant un peuple, pauvre à la vérité, mais universellement redouté pour son courage et sa discipline, et cela sous les yeux d'un rival aussi dangereux que Louis, roi de France, qui ne manquerait pas de soutenir sous main les ennemis du duc, s'il ne se joignait pas à eux ouvertement. Mais sur ce point il trouva la résolution de Charles inébranlable.

Il prit congé du duc, et retourna chez Colvin qu'il trouva alors fort occupé des affaires de son département, et se préparant à faire mettre en marche le train d'artillerie, opération que la mauvaise construction des affûts et l'état détestable des routes rendaient à cette époque beaucoup plus difficile qu'elle ne l'est aujourd'hui. Le général d'artillerie salua Oxford avec un air de grand plaisir, lui dit qu'il se félicitait de l'honneur qu'il aurait de jouir de sa compagnie, et l'informa que, d'après l'ordre spécial du duc, il avait pris toutes les dispositions nécessaires pour qu'il ne lui manquât rien de ce qu'on pouvait désirer dans un camp, mais de manière à ce qu'il pût toujours garder le même incognito.

CHAPITRE VIII.

Laissant le comte d'Oxford suivre l'opiniâtre duc de Bourgogne dans une expédition que celui-ci représentait comme une courte excursion ressemblant plutôt à une partie de chasse qu'à une campagne, et que le premier considérait sous un point de vue plus grave et plus dangereux, nous retournerons près d'Arthur de Vère, ou du jeune Philipson comme on continuait de l'appeler, qui s'avançait vers la Provence, et que son guide conduisait avec autant de succès que de fidélité, mais certainement aussi avec beaucoup de lenteur.

La Bourgogne, étant comme la Lorraine couverte par l'armée de Charles, était infestée en même temps par différentes bandes éparses qui tenaient la campagne, ou occupaient des châteaux-forts, au nom, comme elles le prétendaient, du comte Réné de Vaudemont. Cet état du pays exposait un voyageur à tant de dangers, qu'il était souvent nécessaire de quitter la grande route et de prendre des chemins détournés pour éviter des rencontres peu amicales.

L'intelligence et le zèle de Tiébault furent très-utiles au jeune voyageur.

A peine arrivé à Aix, Arthur obtint audience du roi Réné. Il dût, d'après ses instructions formelles, se borner à dire

qu'il venait pour conférer avec la reine Marguerite sur des
affaires pressantes.

— Demande le Sénéchal Hugues de Saint-Cyr, lui dit le
roi, il te fournira les moyens de voir Marguerite, c'est-à-
dire si c'est son bon plaisir de te voir. Dans le cas contraire,
bon jeune Anglais, retourne à mon palais, et tu y recevras
un accueil hospitalier; car un roi qui aime la poésie, la musique et la peinture, ne peut manquer d'être sensible aux
droits de l'honneur, de la vertu et de la loyauté, et je vois
dans ta physionomie que tu possèdes toutes ces qualités.
J'aime à croire même que dans un temps plus tranquille tu
pourras aspirer aux honneurs de la gaie science.

Après avoir pris respectueusement congé du roi, Arthur
se rendit près du Sénéchal.

— Vous parlez le français-normand, beau sire, lui dit
celui-ci, vos cheveux sont plus blonds et votre teint plus
blanc que ne les ont les habitants de ce pays; vous demandez
la reine Marguerite : — à tous ces signes, je vois que vous
êtes Anglais, — Sa Majesté s'acquitte en ce moment d'un vœu
au couvent de Mont-Sainte-Victoire; et si vous vous nom-
mez Arthur Philipson, j'ai ordre de vous faire conduire sur-
le-champ en sa présence, c'est-à-dire après que vous aurez
déjeuné.

Arthur allait le prier de l'en dispenser, mais le sénéchal
ne lui en laissa pas le loisir.

— Repas n'a jamais nui aux affaires, dit-il, et d'ailleurs
il est dangereux pour un jeune homme de faire beaucoup
de chemin l'estomac vide. Je mangerai moi-même un morceau avec vous, et je vous ferai raison avec un flacon de
vieil ermitage.

La table fut couverte avec une promptitude qui prouvait
que l'hospitalité était une vertu habituellement pratiquée
dans les domaines du roi René. Des pâtés, du gibier, la

noble hure de sanglier, et d'autres mets délicats furent placés sur la table. Le sénéchal joua parfaitement le rôle d'un hôte joyeux, et fit à Arthur de fréquentes excuses, sans beaucoup de nécessité, de ne pas mieux prêcher d'exemple, attendu qu'il était chargé de remplir les fonctions d'écuyer tranchant à la table du roi Réné, et que le bon roi n'était satisfait qu'autant que son appétit égalait son adresse à découper.

— Quant à vous, beau sire, ajouta-t-il, vous n'avez pas les mêmes raisons pour vous ménager, car vous ne verrez peut-être point un autre repas d'ici au coucher du soleil. La reine Marguerite prend ses infortunes tellement à cœur, que les soupirs sont sa seule nourriture et les larmes son seul breuvage, comme dit le Psalmiste. Mais je crois que vous aurez besoin de chevaux pour vous et pour vos gens, afin de vous rendre à Mont-Sainte-Victoire, qui est à sept milles d'Aix.

Arthur lui répondit qu'il avait un guide et des chevaux qui l'attendaient, et lui demanda la permission de lui faire ses adieux. Le digne sénéchal, l'accompagna jusqu'à la porte, d'un pas qu'un léger accès de goutte rendait un peu traînant; mais il assura Arthur que, grâce aux sources d'eau chaude, il n'en serait plus question dans trois jours. Tiébault était devant la porte, non avec les chevaux fatigués qu'ils avaient quittés une heure auparavant, mais avec des coursiers frais, tirés des écuries du roi.

— Ils sont à vous, du moment que vous aurez mis le pied dans l'étrier, dit le sénéchal; le bon roi Réné ne reçoit jamais comme lui appartenant un cheval qu'il a prêté à un de ses hôtes. C'est peut-être une des raisons pour lesquelles Sa Majesté, et nous autres qui composons sa maison, nous sommes si souvent obligés d'aller à pied.

Le sénéchal prit alors congé du jeune Anglais, qui partit

pour aller trouver la reine Marguerite au célèbre monastère
de Sainte-Victoire. Il demanda à son guide de quel côté il était
situé, et celui-ci lui montra avec un air de triomphe, une
montagne qui s'élevait à environ deux lieues de la ville, à la
hauteur de trois mille pieds, et que sa cime aride et escarpée rendait l'objet le plus remarquable qu'on aperçut dans
les environs. Le guide Tiébault parla longuement sur la renommée de la montagne et du monastère; ils gravirent les
premières pentes avec assez de facilité, puis il fallut descendre de cheval.

— Voilà des précipices qui nous barrent la route, dit
Tiébault. Voyez là-bas le monastère qui s'élève entre deux
énormes rochers qui forment le sommet du Mont-Sainte-
Victoire. Il ne s'y trouve d'autre terrain uni que cette gorge
étroite dans laquelle est en quelque sorte niché le monastère de Sainte-Marie et de la Victoire. Pour en gagner la
cime, il faut que vous suiviez cet étroit sentier, qui, tournant autour de la montagne, conduit enfin au sommet et à
la porte du couvent.

— Et que deviendrez-vous avec les chevaux? demanda
Arthur.

— Nous nous reposerons dans l'hospice construit par les
bons pères au pied de la montagne pour y recevoir ceux
qui vont au monastère en qualité de pèlerins; car je vous
assure qu'on y vient en pèlerinage de très-loin, et l'on ne
fait pas ce voyage à pied. Ne vous inquiétez pas de moi; je
serai bientôt à couvert; mais je vois se rassembler, du côté
de l'ouest, des nuages menaçants, et vous pourrez bien en
souffrir quelques inconvénients, si vous n'arrivez à temps
au couvent. Je vous donne une heure pour cela, et si ce
temps vous suffit je vous dirai que vous êtes aussi léger
qu'un chasseur de chamois.

Arthur jeta un coup d'œil autour de lui, et vit effectivement s'amonceler dans le lointain, du côté de l'occident, des nuages qui menaçaient de changer la face du jour, naguère si pur et si serein qu'on aurait entendu la chute d'une feuille. Il s'engagea donc dans le sentier raide et rocailleux qui conduisait au haut de la montagne, tantôt en escaladant des rochers presque à pique, tantôt en faisant un circuit pour en atteindre le sommet. Ce sentier serpentait à travers des touffes de buis et d'autres arbustes aromatiques, qui fournissaient quelque nourriture aux chèvres de la montagne, mais qui offraient des obstacles désagréables au voyageur. Ces obstacles étaient si fréquents, que l'heure que Thiébault lui avait donnée était écoulée quand Arthur arriva sur le sommet du mont Sainte-Victoire, en face du singulier couvent qui portait le même nom.

Le sommet de la montagne se termine par un rocher à double pic, dont le vide forme une espèce de défilé où avait été construit le couvent, qui occupait tout cet espace intermédiaire. La façade de ce bâtiment était du genre gothique le plus ancien et le plus sombre, ou peut-être, comme on l'a appelé, du style saxon. Elle répondait parfaitement, à cet égard, à la forme sauvage des rochers, dont l'édifice semblait faire partie, et dont il était entouré. Il restait seulement un petit espace de terrain uni et découvert, sur lequel, à force de travail, et en ramassant sur toute la montagne le peu de terre qu'on y pouvait trouver à différents endroits, les bons pères avaient réussi à former un jardin.

Le son d'une cloche fit arriver un frère lai, portier de ce couvent si singulièrement situé, à qui Arthur s'annonça comme un marchand anglais, nommé Philipson, qui venait présenter son hommage à la reine Marguerite. Le portier l'accueillit avec respect, le fit entrer dans le monastère, et le conduisit dans un parloir dont les fenêtres donnaient du côté d'Aix, et offraient une vue magnifique des parties méridionales et occidentales de la Provence. C'était de ce côté qu'Arthur s'était approché de la montagne; mais le sentier circulaire qu'il avait suivi lui en avait fait décrire toute la circonférence. Les croisées percées du côté de l'occident commandaient la vue dont nous venons de parler, et il semblait que c'était pour pouvoir en jouir qu'on avait construit tout le long du bâtiment un grand balcon de quinze à vingt pieds, allant d'un pic à l'autre. Une fenêtre du parloir permettait d'entrer sur ce balcon, et Arthur, s'y étant avancé, remarqua que le mur du parapet s'élevait sur le bord d'un précipice à cinq cents pieds au-dessus des fondations du couvent.

Surpris de se trouver si près d'un tel abîme, Arthur tressaillit et détourna les yeux pour admirer le paysage le plus éloigné; le soleil descendant alors vers l'occident répandait l'éclat de ses rayons rougeâtres sur des vallées et des collines, sur des plaines et des bosquets, sur des villes, des églises et des châteaux, dont quelques-unes s'élevaient du milieu des arbres; d'autres étaient placés sur des éminences rocailleuses, et plusieurs ornaient les bords de lacs et de rivières, voisinage recherché dans un climat brûlant comme celui de la Provence.

Le reste du paysage présentait à la vue des objets semblables quand le temps était serein; mais les traits en étaient effacés par l'ombre épaisse des nuages qui, couvrant déjà une grande partie de l'horizon, menaçaient d'éclipser bientôt le soleil, quoique ce roi des astres luttât encore comme un héros mourant, qui brille de plus de gloire au moment même de sa défaite. Des sons étrangers qu'on aurait pu prendre pour des gémissements et des hurlements, et que le vent produisait dans les nombreuses cavernes des rochers, prêtaient à cette scène un caractère de terreur, et semblaient annoncer la fureur de quelque tempête encore éloignée, quoique un calme surnaturel régnât dans l'air, sur le haut du rocher. Arthur rendit justice aux moines qui avaient choisi cette situation sauvage et pittoresque, d'où ils pouvaient voir les plus grandes et les plus imposantes luttes de la nature, et comparer le néant de l'humanité avec ces redoutables convulsions.

Arthur était tellement occupé du spectacle qui s'offrait à ses regards, qu'il avait presque oublié l'importante affaire qui l'avait amené en ce lieu, quand il fut tout-à-coup rappelé à lui en se trouvant en présence de Marguerite d'Anjou, qui, ne le voyant pas dans le parloir, s'était avancée sur le balcon pour lui parler plus tôt.

La reine était vêtue de noir, et n'avait d'autre ornement qu'un étroit bandeau d'or qui retenait ses longs cheveux noirs, dont les années et les infortunes avaient changé en partie la couleur. Les soucis, les fatigues, les chagrins, semblaient gravés sur son front et sur tous ses traits. Elle aurait probablement fait une verte semonce à tout autre messager qui n'aurait pas été prêt à s'acquitter de son devoir à l'instant même de son arrivée; mais Arthur avait le même extérieur que le fils qu'elle avait perdu; Marguerite avait aimé sa mère presque comme une sœur; et la reine détrônée se rappela le sentiment de tendresse maternelle qu'elle avait éprouvé lorsqu'elle l'avait vu pour la première fois dans la cathédrale de Strasbourg. — Elle le releva quand il fléchit le genou devant elle, lui parla avec la plus grande bonté, en l'engageant à lui rendre compte du message dont son père l'avait chargé, et à l'informer des autres nouvelles qu'il avait pu apprendre pendant son court séjour à Dijon.

Elle lui demanda ensuite de quel côté le duc Charles avait fait marcher son armée.

— Vers le lac de Neuchâtel, répondit Arthur, du moins à

ce que m'a donné à entendre le général de l'artillerie. C'est
de ce côté que le duc se propose de diriger sa première
attaque contre la Suisse.

— L'insensé! s'écria la reine Marguerite. Il ressemble au
malheureux qui gravit le sommet d'une montagne pour rencontrer la pluie à mi-chemin. — Et ton père me conseille-
t-il donc encore d'abandonner les derniers restes des domaines autrefois si étendus de notre maison royale ; et pour
quelques milliers de couronnes, pour le misérable secours
de quelques centaines de lances, de céder ce qui nous reste
de patrimoine à notre orgueilleux et égoïste cousin, ce duc
de Bourgogne, qui convoite tout ce que nous possédons, et
qui nous paie de la promesse d'un si chétif secours?

— Je m'acquitterais mal de la mission que mon père m'a
donnée, répondit Arthur, si je laissais croire qu'il recom-
mande à Votre Majesté de faire un grand sacrifice. Il connaît
parfaitement l'ambition insatiable du duc de Bourgogne.
Cependant il croit que la Provence à la mort du roi René
peut-être même plus tôt, tombera en partage au duc Charles
ou à Louis, roi de France, quelque résistance que puisse y
opposer Votre Majesté, et il peut se faire que, comme chevalier, comme soldat, il se livre à de grandes espérances,
s'il obtient les moyens de faire une tentative en Angleterre.
Mais c'est à Votre Majesté qu'il appartient d'en décider.

— Jeune homme, dit la reine, à peine puis-je conserver
l'usage de ma raison en écoutant une telle proposition.

En parlant ainsi, elle s'assit, comme si les jambes lui
eussent manqué, sur un banc de pierre placé sur le bord
même du balcon, sans faire attention à l'orage qui commençait alors, et qui était accompagné d'un ouragan furieux,
dont la direction était interrompue et changée par les rochers autour desquels il sifflait. On aurait dit que Borée,
Eurus et Caurus déchaînaient les vents rivaux du ciel au-

tour du couvent de Sainte-Marie-de-la-Victoire. Au milieu de ce tumulte des tourbillons de poussière qui cachaient le fond du précipice, et des masses de nuages noirs qui roulaient sur leurs têtes, le bruit des torrents de pluie ressemblait au bruit d'une cataracte, plutôt qu'à celui de l'eau descendant du ciel. Le banc sur lequel Marguerite était assise était à peu près abrité contre l'orage; mais les coups de vent, dont la direction changeait à chaque instant, faisaient souvent voltiger ses cheveux épars, et il serait difficile de décrire ses traits nobles, quoique pâles et flétris, agités par le doute, l'inquiétude et mille pensées contraires. Pour en avoir une idée, il faut avoir vu notre inimitable Siddons représenter une femme placée dans la même situation. Arthur, au comble de l'inquiétude et presque de la terreur, ne put que supplier la reine de se mettre plus à l'abri de l'orage, en rentrant dans l'intérieur du couvent.

— Non, répondit-elle avec fermeté, les plafonds et les murailles ont des oreilles; c'est ici qu'il faut que vous entendiez ce que j'ai à vous dire. Vous êtes soldat, et par conséquent vous pouvez braver un coup de vent et quelques gouttes de pluie; quant à moi, qui ai souvent tenu conseil au son des trompettes et du cliquetis des armes, au moment de livrer une bataille, la guerre des éléments m'inquiète peu. Je vous dis, Arthur de Vère, comme je le dirais à votre père, comme je le dirais à mon fils, si le ciel avait laissé une telle consolation à la plus misérable des femmes...

Elle s'interrompit un instant, et continua ainsi qu'il suit :

— Je vous dis, comme je l'aurais dit à mon cher Édouard, que cette Marguerite, dont les résolutions étaient autrefois fermes et immuables comme les rochers au milieu desquels nous nous trouvons, est maintenant aussi variable dans ses projets que ces nuages livrés au caprice du vent. J'ai parlé à votre père, dans la joie que m'inspirait la vue d'un sujet si loyal, des sacrifices que je ferais pour nous assurer l'aide du duc de Bourgogne dans une entreprise aussi glorieuse que celle qui lui a été proposée par le fidèle Oxford. Mais depuis ce temps j'ai eu lieu de faire de profondes réflexions. Si votre père m'avait annoncé que le duc de Bourgogne voulait coopérer noblement, cordialement, en chevalier et en souverain, au plan du loyal Oxford, mon cœur aurait pu s'armer de la force nécessaire pour obtenir la cession de territoire qu'exige sa froide et ambitieuse politique, en retour d'un secours différé maintenant jusqu'à ce qu'il ait satisfait son humeur hautaine et belliqueuse. Depuis que je suis ici, le calme de la solitude m'a donné le temps de réfléchir, et j'ai songé à ma conduite blâmable envers un bon vieillard, et au tort que j'étais sur le point de lui faire. Mon père, car je dois lui rendre justice, est aussi le père de ses sujets. Ils ont vécu sous leurs vignes et leurs figuiers dans une aisance peut-être peu noble, mais à l'abri de toute oppression, de toute exaction, et leur bonheur a fait celui de leur bon roi. Faut-il que je change tout cela? Faut-il que j'aide à livrer ce peuple satisfait à un prince violent, téméraire et despote? Et si je réussis à y déterminer mon pauvre vieux père, n'est-ce pas risquer de briser son cœur sensible? Telles sont les questions que je frémis de m'adresser à moi-même. D'une autre part, rendre inutiles tous les travaux de votre père, tromper ses espérances, perdre la seule occasion que je trouverai peut-être jamais de me venger de la perfide maison d'York, et de rétablir sur le trône celle de Lancastre! Arthur, le paysage qui nous entoure n'est pas aussi agité par ce terrible ouragan que mon cœur l'est par le doute et l'incertitude.

— Hélas! répondit Arthur, je suis trop jeune et j'ai trop

po : d'expérience pour donner des conseils à Votre Majesté. Plût au ciel que mon père se trouvât lui-même en votre présence !

— Je sais ce qu'il me dirait ; sachant tout, je n'espère aucune aide des conseils des hommes.

— Mes yeux ne verront jamais la restauration de la maison de Lancastre ; mais vous vivrez pour la voir, et vous y contribuerez. Vous donnerez à notre rose rouge une teinte encore plus foncée en la plongeant dans le sang des traîtres et des tyrans. Le cœur me manque. Demain vous verrez une autre Marguerite : jusqu'alors, adieu.

Il était temps qu'elle se retirât, car le vent commençait à pousser des torrents de pluie contre la croisée. Lorsqu'ils rentrèrent dans le parloir, la reine frappa des mains, et deux femmes se présentèrent.

— Faites savoir au père abbé, leur dit-elle, que nous désirons que ce jeune étranger reçoive ici l'hospitalité cette nuit, d'une manière digne d'un ami que nous estimons. — A demain, Monsieur, au revoir.

Quelques instants après qu'elle fut sortie du parloir, l'abbé y entra, et l'attention qu'il eut de faire servir à Arthur un bon repas et de le placer dans une cellule commode, prouva le désir qu'il avait de se conformer aux ordres de la reine Marguerite.

Arthur s'éveilla en entendant sonner avec force à la porte du couvent. Quelques instants après, le portier entra dans sa cellule, et lui dit que, s'il se nommait Arthur Philipson, un frère de leur ordre lui apportait des dépêches de son père. Le jeune homme tressaillit, s'habilla à la hâte, et descendit dans le parloir, où il trouva un moine du même ordre que ceux du couvent de Mont-Sainte-Victoire, c'est-à-dire un carme.

— J'ai fait bien du chemin, jeune homme, pour vous ap-

porter cette lettre, dit le moine, ayant promis à votre père
qu'elle vous serait remise sans délai. Je suis arrivé hier
soir à Aix pendant l'orage, et ayant appris au palais que
vous étiez ici, je suis monté à cheval dès que la tempête a
été moins violente, et me voici.

— Je vous remercie, mon père, répondit Arthur, et si je
pouvais vous indemniser de votre peine par une petite do-
nation pour votre couvent...

— Non, non, dit le moine en l'interrompant ; je me suis
personnellement chargé de cette commission par amitié
pour votre père, et, d'ailleurs, j'avais à me rendre de ce
côté. On a amplement pourvu aux frais de mon long
voyage. — Mais lisez votre lettre ; je pourrai répondre à
loisir à vos questions.

Arthur se retira dans l'embrasure d'une croisée, et lut ce
qui suit :

« MON FILS ARTHUR, il est bon que vous sachiez que la
situation du pays est très-précaire relativement à la sûreté
des voyageurs. Le d?c a pris les villes de Brie et de Granson, a fait prisonniers cinq cents hommes qui étaient en
garnison, et les a fait mettre à mort. Mais les confédérés
s'approchent avec une force considérable, et Dieu jugera à
qui est le droit. De quelque manière que l'affaire se décide,
cette guerre se poursuit vivement, et il n'est guère question
de quartier d'un côté ni de l'autre. Par conséquent, il n'y a
pas de sûreté pour les gens de notre profession jusqu'à ce
qu'il arrive quelque chose de décisif. En attendant, vous
pouvez assurer la dame veuve que notre correspondant
continue d'être dans l'intention d'acheter les marchandises
dont elle peut disposer, mais il ne sera guère en état d'en
payer le prix avant que ses affaires soient terminées. J'espère qu'elles le seront à temps pour permettre d'employer

les fonds dans l'entreprise profitable dont j'ai parlé à notre
amie. J'ai chargé un frère qui se rend en Provence de vous
remettre cette lettre, et j'espère qu'elle vous arrivera en sûreté. Vous pouvez avoir confiance dans le porteur.

» Votre affectionné père,

» JOHN PHILIPSON. »

Arthur comprit aisément la dernière partie de cette épi-
tre, et il fut charmé de l'avoir reçue dans un moment si critique. Il demanda au carme si l'armée du duc était nombreuse, et le moine lui dit qu'elle consistait en soixante
mille hommes, tandis que les Confédérés, malgré les plus
grands efforts n'en avaient pas encore pu réunir le tiers de
ce nombre. Au total, toutes les chances, d'après le rapport
du moine, paraissaient en faveur de Charles; et Arthur,
regardant le succès de ce prince comme le seul événement
qui pût favoriser les projets de son père, ne fut pas charmé
de les trouver assurés, autant que cela pouvait dépendre
d'une grande supériorité de forces. Il n'eut pas le loisir de
faire d'autres questions, car la reine entra en ce moment
dans le parloir, et le carme, apprenant son rang, se retira
avec un profond respect.

La pâleur de Marguerite annonçait encore ses fatigues de
la veille; mais lorsqu'elle salua Arthur, d'un air et d'un ton
gracieux, sa physionomie, sa voix et ses yeux étaient armés de fermeté. — Vous me voyez, lui dit-elle, non comme
je vous ai quitté hier soir, mais ayant pris ma résolution. Je
suis convaincue que si René ne cède pas volontairement
son trône de Provence, par quelque mesure semblable à celle
que nous proposons, il en sera renversé par la violence, et
en ce cas il est possible que sa vie même soit en danger.
Nous nous mettions donc à l'œuvre sans perdre un instant.
Quand vous serez de retour à Aix, demandez mon secré-

taire pour qui je vous remets cette lettre de créance. Avant même que je visse s'ouvrir cette porte à l'espérance, j'ai cherché à me faire une idée de la situation du roi Réné, et je me suis procuré toutes les pièces qui me sont nécessaires. Dites-lui de m'envoyer, bien scellée et par un homme sûr, ma petite cassette entourée de cercles d'argent. D'après les papiers qui y sont contenus, je verrai si, dans cette affaire importante, je sacrifie les vrais intérêts de mon père à des espérances presque chimériques. Mais il ne me reste que bien peu de doutes à cet égard. Je puis faire préparer ici sous mes yeux les actes d'abdication et de cession, et je prendrai des mesures pour le mettre à exécution dès que je serai de retour à Aix, dans trois jours.

Arthur descendit la montagne et retrouva dans l'hospice son écuyer provençal et son escorte.

De retour à Aix il ne perdit pas de temps pour se rendre près du roi Réné à la cour duquel il attendit le retour de la reine.

Le quatrième jour, un exprès vint annoncer que Margue-rite serait à Aix avant midi, pour faire de nouveau sa rési-dence dans le palais de son père. Lorsque ce moment appro-cha, le bon roi Réné sembla craindre une entrevue avec sa fille, autant qu'il l'avait désirée auparavant, et tout ce qui l'entourait se ressentit de son inquiète impatience. Il tour-menta son maître d'hôtel et ses cuisiniers pour qu'ils se rap-pelassent les différents mets qui avaient obtenu l'approba-tion de Marguerite; il pressa les musiciens de préparer les airs qu'elle préférait, et l'un d'eux ayant été assez hardi pour lui répondre qu'il ne se souvenait pas d'avoir jamais vu Sa Majesté en écouter aucun avec plaisir, le vieux monarque le menaça de le chasser de son service pour avoir calomnié le goût de sa fille. Il ordonna que le banquet fût prêt à onze heures et demie, comme si en l'avançant il dût accélérer

l'arrivée des convives qu'il attendait. Alors le bon roi Réné
se promena dans son salon, et alla de croisée en croisée,
demandant à chacun s'il n'apercevait pas encore la reine
d'Angleterre. A l'instant où les cloches sonnaient midi,
Marguerite entra dans la ville d'Aix avec un cortége
peu nombreux, principalement composé d'Anglais, tous
en habit de deuil comme elle. Le roi Réné, à la tête de
sa noblesse s'avança dans la rue pour aller au-devant de
sa fille. Marguerite s'empressa de descendre de son palefroi, fléchit le genou devant le roi et lui demanda sa bénédiction.

— Tu as ma bénédiction, tu l'as, ma colombe souffrante,
dit le plus simple des rois à la plus fière et la plus impa-
tiente princesse qui ait jamais perdu une couronne.

Réné n'avait pas oublié de dresser le plan des plaisirs de
la journée, mais, à sa grande surprise et à son regret encore
plus grand, Marguerite lui demanda un entretien pour
affaires sérieuses. S'il y avait au monde une proposition que
Réné détestât au fond du cœur, c'était celle de s'occuper
d'affaires.

— Que désirait sa chère enfant? lui demanda-t-il. Était-
ce de l'argent? il lui donnerait tout ce qu'il en avait, quoique son trésor fût presque vide; cependant il venait de
recevoir une portion de son revenu : dix mille couronnes.
Combien en voulait-elle? la moitié? les trois quarts? Le tout
était à sa disposition.

— Hélas! mon père, répondit Marguerite, ce n'est pas de
mes affaires que je désire vous parler; c'est des vôtres.

— Des miennes! répéta Réné; en ce cas, je suis sûrement le maître de les remettre à un autre jour, à quelque
jour de pluie qui ne peut être bon à rien de mieux. Vois,
ma chère enfant, les fauconniers sont déjà à cheval; nos
coursiers hennissent et trépignent; nos jeunes gens des deux

sexes ont le faucon sur le poing; les épagneuls sont accouplés en laisse. Ce serait un péché, avec le temps et le vent qu'il fait, de perdre une si belle journée.

— Laissez-les partir et s'amuser, mon père; car dans l'affaire dont j'ai à vous parler, il s'agit de l'honneur et de la vie.

— Mais j'ai à juger un défi entre Calezon et Jean d'Aigues-Mortes, nos deux plus célèbres troubadours et il faut que je les entende.

— Remettez cette affaire à demain, et aujourd'hui consacrez une heure ou deux à celles qui sont plus importantes.

— Si vous l'exigez absolument, ma chère enfant, vous savez que je ne puis vous dire non.

Et le roi René, fort à contre-cœur, donna ordre qu'on partît sans lui pour la chasse.

Semblable à un lévrier qui retient le chasseur, le vieux roi se laissa alors conduire dans un appartement particulier. Pour s'assurer de ne pas être interrompue, la reine plaça dans l'antichambre son secrétaire Mordaunt et Arthur, en leur donnant la consigne de ne laisser entrer personne.

— Quant à ce qui me concerne, Marguerite, dit le bon vieillard, je consens à être tenu au secret; mais pourquoi empêcher le vieux Mordaunt de faire une promenade par une si belle matinée, et le jeune Arthur de s'amuser comme les autres?

Le pauvre roi, conduit dans ce que nous pouvons appeler le cabinet du conseil, vit en frémissant intérieurement la fatale cassette à cercles d'argent, qui ne s'était jamais ouverte en sa présence que pour l'accabler d'ennui, et il calcula douloureusement combien de bâillements il aurait à étouffer avant d'avoir pris en considération tout ce qui s'y trouvait. Cependant quand le contenu fut mis sous ses yeux, il reconnut qu'il était d'un genre à lui inspirer à lui-même de l'intérêt, quoique d'une nature pénible.

Sa fille lui présenta un aperçu clair et précis des dettes assurées sur diverses parties de ses domaines qui en étaient le gage, et un état exact des sommes considérables dont le paiement était exigible à l'instant même, et pour l'acquit desquelles il n'existait aucuns fonds disponibles. Le roi se défendit comme le font les débiteurs qui se trouvent dans la même situation. A chaque demande de six, sept ou huit mille ducats, il répondait qu'il avait dix mille écus dans son trésor, et il montra la plus grande répugnance à se laisser convaincre que cette somme ne pouvait suffire pour en acquitter trente fois autant.

— En ce cas, dit le roi avec quelque impatience, pourquoi ne pas payer ceux qui sont les plus pressants, et faire attendre les autres jusqu'à ce que nous ayons fait quelque autre recette?

— C'est à quoi l'on a eu trop souvent recours, répondit la reine; on ne peut agir honorablement sans payer des créanciers qui ont avancé tout ce qu'ils possèdent pour le service de Votre Majesté.

— Mais ne suis-je pas le roi des Deux-Siciles, de Naples, d'Aragon et de Jérusalem! Le monarque de si beaux royaumes doit-il être mis au pied du mur, comme un banqueroutier, pour quelques misérables sacs d'écus?

— Vous êtes sans nul doute monarque de ces royaumes; mais est-il nécessaire de rappeler à Votre Majesté que vous ne l'êtes que comme je suis reine d'Angleterre, sans y posséder un seul arpent de territoire, et sans en tirer un seul sou de revenu? Vous n'avez d'autres domaines que ceux qui sont enfoncés sur cet autre papier, avec la liste exacte du revenu qu'ils rapportent. Vous voyez qu'il est bien bon de pouvoir suffire pour maintenir votre dignité et pour payer les sommes considérables que vous devez à divers créanciers.

— Il est cruel de me presser ainsi, Marguerite. Que puis-je faire? Si je suis pauvre, ce n'est pas ma faute. Bien certainement je paierais avec grand plaisir les dettes dont vous parlez si j'en avais le moyen.

— Je vais vous l'indiquer, mon père. — Renoncez à votre inutile dignité, qui, avec les prétentions dont elle est accompagnée, ne sert qu'à jeter du ridicule sur vos infortunes. Abdiquer vos droits comme souverain, et le revenu qui est insuffisant pour fournir aux vaines dépenses d'une ombre de cour vous mettra en état, comme simple baron, de jouir, dans le sein de l'opulence, de tous les plaisirs que vous aimez.

— A qui dois-je céder mes domaines de Provence?

— A Charles de Bourgogne.

— J'y consens; mais je veux que les droits et priviléges de mes sujets soient bien assurés.

— Pleinement assurés.

— Je signe donc, mais, qu'est-ce ci? demanda-t-il en regardant un morceau de parchemin de moindres dimensions. Faut-il que notre parent Charles ait les Deux-Siciles, l'Aragon, Naples et Jérusalem, aussi bien que les pauvres restes de notre Provence? Il me semble que, par décence, on aurait dû choisir une plus grande feuille de parchemin pour une cession si considérable.

— Cet acte, répondit Marguerite, désavoue seulement les efforts téméraires de Réné de Vaudemont en Lorraine, abandonne sa cause, et renonce à toute querelle à ce sujet avec Charles de Bourgogne.

Pour cette fois seulement, Marguerite avait trop compté sur le caractère facile de son père. Réné tressaillit, ses joues devinrent pourpres; il l'interrompit, et s'écria en bégayant de colère :

— Quoi! désavoue seulement, — abandonne seulement,
— renonce seulement! Et il s'agit de la cause de mon pet t-
fils, du fils de ma chère Yolande, de ses droits légitimes sur
l'héritage de sa mère! Marguerite, j'en rougis pour toi. Ton
orgueil est une excuse pour ton mauvais caractère; mais
qu'est-ce que l'orgueil qui peut s'abaisser jusqu'à commettre un acte déshonorant? Abandonner, désavouer ma chair
et mon sang, parce que ce jeune homme lève le bouclier en
brave chevalier, et est disposé à défendre ses droits par les
armes! — Je mériterais que les sons de cette harpe ne fissent retentir que ma honte, si j'étais capable de l'écouter.

Marguerite fut presque étourdie par l'opposition inattendue du vieillard. Elle chercha pourtant à lui prouver que
le point d'honneur n'exigeait pas que René épousât la cause
d'un jeune aventurier dont les droits, fussent-ils meilleurs
qu'ils ne l'étaient, ne se trouvaient soutenus que par quelques
misérables secours d'argent qu'il recevait sous main de la
France, et par les armes de quelques-unes de ces troupes
de bandits qui infestent les frontières de tous les pays. Mais
avant que le roi René eût pu lui répondre, on entendit parler à haute voix dans l'antichambre, la porte s'entr'ouvrit
avec violence, et l'on vit entrer un chevalier armé, couvert
de poussière, et dont l'extérieur annonçait qu'il venait de
faire un long voyage.

— Me voici, père de ma mère, dit-il: voyez votre petit-
fils, René de Vaudemont, le fils de votre Yolande, s'age-
nouiller à vos pieds pour vous demander votre bénédiction.

— Je te la donne, répondit le roi René, et puisse-t-elle te
porter bonheur, brave jeune homme, image de ta sainte
mère! Mes bénédictions, mes prières et mes espérances sont
pour toi!

— Et vous, belle tante d'Angleterre, dit le jeune chevalier en se tournant vers Marguerite, vous qui avez vous-

même été dépouillée par des traîtres, désavouerez-vous la cause d'un parent qui fait les derniers efforts pour défendre son héritage?

— Je vous souhaite tout le bonheur possible, beau neveu, répondit la reine d'Angleterre, quoique vos traits me soient étrangers. Mais conseiller à ce vieillard d'embrasser votre cause, quand elle est désespérée aux yeux de tous les hommes sages, ce serait une folie, une impiété.

— Ma cause est-elle donc si désespérée? dit le jeune Réné. Pardonnez-moi si je l'ignorais. Est-ce ma tante Marguerite qui parle ainsi, elle dont le courage a soutenu si longtemps la cause de la maison de Lancastre, quand les défaites avaient abattu ses guerriers? Quoi! pardon encore une fois, mais je dois plaider ma cause. — Qu'auriez-vous dit si ma mère Yolande avait été capable de conseiller à son père de désavouer votre époux Édouard, dans le cas où le ciel lui aurait permis d'arriver en Provence en sûreté?

— Édouard, répondit Marguerite en pleurant, était incapable d'engager ses amis à embrasser une cause qui n'était pas soutenable. Mais c'en était une pour laquelle des pairs et des princes puissants avaient levé la lance.

— Cependant le ciel ne l'a pas bénie, dit Vaudemont.

— La vôtre, continua Marguerite, n'est appuyée que par les barons brigands d'Allemagne, les bourgeois parvenus des cités du Rhin, et les misérables paysans confédérés des Cantons suisses.

— Mais le ciel l'a bénie, répliqua Vaudemont. Apprenez, femme orgueilleuse, que je viens ici pour mettre fin à vos intrigues perfides, et que je n'y arrive pas en aventurier inconnu, faisant la guerre et subsistant plutôt par subterfuge, que par la force, mais en vainqueur quittant un champ de bataille sanglant, sur lequel le ciel a humilié l'orgueil du tyran de la Bourgogne

— Cela est faux! s'écria la reine en tressaillant; je ne le crois pas.

— Cela est vrai, dit le jeune Réné, aussi vrai qu'il l'est que le ciel nous couvre. — Il n'y a que quatre jours que j'ai quitté le champ de bataille de Granson couvert des cadavres des soldats mercenaires de Charles. — Ses richesses, ses joyaux, son argenterie, ses brillantes décorations, sont devenus la proie des Suisses, qui peuvent à peine en apprécier la valeur. — Connaissez-vous ceci, reine Marguerite? ajouta-t-il en lui montrant le joyau bien connu qui décorait le cordon de l'ordre de la Toison-d'Or que portait le duc; croyez-vous que le lion n'était pas chassé de bien près, quand il a laissé de telles dépouilles à ceux qui le poursuivaient.

Marguerite fixa des yeux hagards sur une preuve qui confirmait la défaite du duc et lui annonçait la perte de ses dernières espérances. Son père, au contraire, fut frappé de l'héroïsme du jeune guerrier, qualité qu'il croyait éteinte dans sa famille, à l'exception de ce qui en restait dans le sein de sa fille Marguerite. Admirant au fond du cœur ce jeune homme qui s'exposait à tant de dangers pour acquérir de la gloire, presque autant que les poètes qui rendent immortelle la renommée des guerriers, il serra son petit-fils contre son cœur, lui dit de ceindre son épée avec confiance, et l'assura que si l'argent pouvait être utile à ses affaires, il avait dans son trésor dix mille écus qui étaient, en partie ou en totalité, à sa disposition, prouvant ainsi la vérité de ce qu'on a dit de lui, que sa tête était incapable de contenir deux idées à la fois.

Nous retournerons maintenant auprès d'Arthur, qui, ainsi que Mordaunt, le secrétaire de la reine d'Angleterre, n'avait pas été peu surpris de voir le comte de Vaudemont, se qualifiant duc de Lorraine, entrer dans l'antichambre où ils étaient en quelque sorte en faction, suivi d'un grand

13

et vigoureux Suisse portant une énorme hallebarde appuyée
sur son épaule. Le prince s'étant nommé, Arthur ne jugea
pas convenable de s'opposer à ce qu'il se présentât devant
son aïeul et sa tante, d'autant plus qu'il aurait fallu avoir
recours à la force pour l'arrêter. Dans le robuste hallebar-
dier, qui eut assez de bon sens pour s'arrêter dans l'antichambre, Arthur, à son grand étonnement reconnut Sigismond Biedermann, qui, après l'avoir regardé un instant en
ouvrant de grands yeux, courut à lui en poussant un cri de
joie, et lui dit précipitamment combien il était charmé de
l'avoir rencontré, attendu qu'il avait des choses importantes
à lui raconter. Jamais il n'était facile à Sigismond de mettre de l'ordre dans ses idées, et il y régnait en ce moment
tant de confusion, par suite de la joie que lui inspirait la
victoire que ses concitoyens venaient de remporter sur le
duc de Bourgogne, que ce fut avec une nouvelle surprise
qu'Arthur entendit son récit un peu obscur, mais fidèle.

— Voyez-vous, roi Arthur, dit Sigismond, le duc était
arrivé avec une armée immense jusqu'à Granson, qui est
situé près des bords du grand lac de Neuchâtel : il y avait
cinq à six cents Confédérés dans cette place, et ils tinrent
bon tant qu'ils eurent des vivres ; après quoi vous sentez
qu'ils furent obligés de se rendre. Mais quoique la faim soit
difficile à supporter, ils auraient mieux fait de la souffrir un
jour ou deux de plus, car Charles, ce boucher, les fit pendre tous aux arbres qui sont autour de la ville ; et après une
pareille opération, vous jugez bien qu'ils n'avaient plus
d'appétit. Pendant ce temps, chacun se mettait en mouvement sur nos montagnes, et quiconque avait une épée ou
une pique, s'en armait. Nous nous réunîmes à Neuchâtel,
et quelques Allemands se joignirent à nous avec le noble
duc de Lorraine. — Ah ! roi Arthur, voilà un chef ! nous le
regardons tous comme ne le cédant qu'à Rodolphe Donner-

hugel. Vous venez de le voir; c'est lui qui vient d'entrer dans cette chambre. Mais vous l'aviez vu auparavant; c'est lui qui était le chevalier bleu de Bâle. Nous le nommions alors Laurenz, parce que Rodolphe disait qu'il ne fallait pas que mon père sût qu'il était avec nous; et quant à moi, je ne savais réellement pas qui il était. — Et bien, quand nous arrivâmes à Neuchâtel, nous étions en assez bon nombre, environ quinze mille robustes Confédérés, et je vous garantis qu'il pouvait y avoir en outre cinq mille Allemands ou Lorrains. Là nous apprîmes que le duc avait soixante mille hommes en campagne, mais on nous dit aussi que Charles avait fait pendre nos frères; et il n'y avait point parmi nous, j'entends parmi les Confédérés, un seul homme qui voulût s'amuser à compter combien nous étions, quand il s'agissait de les venger. Je voudrais que vous eussiez entendu les cris terribles de quinze mille Suisses demandant à marcher contre le boucher de leurs frères ! Mon père lui-même, qui, comme vous le savez, est ordinairement si ami de la paix, fut le premier à donner sa voix pour qu'on livrât bataille. Ainsi donc, au point du jour, nous descendîmes le long du lac du côté de Granson, les larmes aux yeux, les armes à la main, et ne respirant que mort ou vengeance. Nous arrivâmes à une sorte de défilé entre Vauxmoreux et le lac; il y avait de la cavalerie sur la petite plaine entre la montagne et le lac, et un corps nombreux d'infanterie occupait la montagne. Nous la gravîmes pour l'en chasser, tandis que le duc de Lorraine et ses troupes attaquaient la cavalerie. Notre attaque fut l'affaire d'un moment. Chacun de nous était comme chez lui sur les rochers, et les soldats du duc y étaient aussi embarrassés que vous l'avez été, Arthur, le jour de votre arrivée à Geierstein. Mais ils ne trouvèrent pas de jolies filles pour leur donner la main et les aider à descendre. Non, non, il n'y avait que des piques,

des pertuisanes, des hallebardes, et en bon nombre, pour
les pousser et les précipiter de ces lieux où ils auraient à
peine pu tenir pied, n'y eût-il eu personne pour les en délo-
ger. Les cavaliers, pressés par les Lorrains et nous voyant
sur leurs flancs, s'enfuirent aussi vite que leurs chevaux
purent les porter. Alors nous nous réunîmes de nouveau sur
la plaine, en *buon campagna*, comme disent les Italiens,
dans un endroit où les montagnes s'éloignent du lac. Mais
à peine avions-nous formé nos rangs, que nous entendîmes
un carillon d'instruments, un bruit de chevaux, des cris
assourdissants, comme si toute la cavalerie, tous les soldats
et tous les ménestrels de France et d'Allemagne se fussent
disputés à qui ferait le plus de tapage. Nous vîmes s'approcher un épais nuage de poussière; et nous commençâmes à
penser qu'il fallait vaincre ou mourir, car Charles avançait
avec toute son armée pour soutenir son avant-garde. Un coup
de vent venant des montagnes dissipa la poussière, car il
avaient fait halte pour se ranger en bataille. O Arthur! vous auriez donné dix ans de votre vie pour voir ce spectacle! il y avait
des milliers de chevaux dont les harnais superbes brillaient
au soleil; des chevaliers par centaines, ayant sur leurs
casques des couronnes d'or ou d'argent; des masses de lanciers à pied, et des canons, comme on les appelle. Je ne
savais ce qu'étaient ces machines que des bœufs traînaient
lourdement. qu'ils placèrent en avant de leur armée, mais
j'appris à les connaître mieux avant la fin de la matinée.
Eh bien, on nous ordonna de nous former en bataillon carré
comme si nous avions fait l'exercice; et avant de marcher
en avant, on nous commanda, suivant notre pieux et bon
usage, de nous mettre à genoux pour invoquer l'aide de
Dieu, de Notre-Dame et des saints. Nous apprîmes ensuite
que Charles, dans son arrogance, s'imagina que c'était pour
implorer sa merci. Ha! ah! ha! excellente plaisanterie! Si

mon père s'est agenouillé devant lui, c'était pour épargner
le sang chrétien et obtenir la paix; mais sur le champ de
bataille, Arnold Biedermann ne fléchirait pas un genou devant lui et toute sa chevalerie, quand il ne serait entouré
que de ses fils. — Eh bien, Charles, supposant que nous lui
demandions grâce, voulut nous prouver que c'était inutilement, car il s'écria : Tirez le canon sur ces lâches paysans;
c'est toute la merci qu'ils ont à attendre de moi! Et à l'instant même, bom! — bom! — bom! les machines dont je
viens de parler vomirent la foudre et les éclairs, et nous
firent quelque mal, mais moins qu'elles ne nous en auraient
fait si nous n'eussions pas été à genoux; les saints dont nous
implorions la merci, et non celle de créatures mortelles,
donnèrent sans doute un coup de main aux boulets pour les
faire passer par-dessus nos têtes. Après cette décharge, on
nous fit le signal de nous relever et de marcher en avant,
et je vous promets que personne ne fut paresseux. Chacun
de nous se sentait la force de dix hommes. Ma hallebarde
n'est pas un jouet d'enfant, la voilà, si vous l'aviez oubliée,
et cependant elle tremblait dans ma main, comme si c'eût
été une baguette de saule pour chasser les vaches. Au bruit
du canon il en succéda un autre qui fit trembler la terre
pendant que nous avancions : c'étaient les hommes d'armes qui accouraient au galop pour nous charger. Mais nos
chefs connaissaient leur métier, et ce n'était pas la première
fois qu'ils se trouvaient à pareille fête. Nous les entendîmes
crier : Halte! à genoux, le premier rang! le second, le
corps penché en avant! épaule contre épaule comme des
frères! toutes les piques en avant! offrez-leur un mur de
fer! Ils arrivèrent, et ils brisèrent assez de lances pour que
ces fragments pussent fournir aux vieilles femmes de tout
l'Underwald assez de bois pour allumer leur feu pendant
une année. Mais nos piques firent leur besogne, les che-

vaux forcés furent renversés; on vit tomber les hommes en
armes, les chevaliers, les bannières, les bottes à longue
pointe et les casques à couronne; et de tous ceux qui tom-
bèrent ainsi, pas un ne se releva vivant. Les autres se retirèrent en désordre; et avant qu'ils eussent eu le temps de
se rallier pour revenir à la charge, le duc René les chargea
à son tour avec sa cavalerie, et nous marchâmes pour le
soutenir. L'infanterie du duc, voyant les cavaliers si mal-
traités, lâcha pied, et nous donna à peine le temps d'arriver. Alors, si vous aviez vu les nuages de poussière, et
entendu le bruit des coups! cent mille batteurs en grange
faisant voler la paille autour d'eux vous en donneraient
à peine une idée. Sur ma parole, j'étais presque honteux de
frapper de ma hallebarde des gens qui ne songeaient plus à
résister. Nous tuâmes des centaines de fuyards, et toute
l'armée fut en déroute complète.

— Et mon père, mon père! s'écria Arthur, que peut-il
être devenu d'un tel désastre?

— Il est en sûreté; il s'est enfui avec Charles.

— Il a dû être versé bien du sang avant qu'il prit la
fuite.

—Il n'a pris aucune part au combat; il était resté seulement près de Charles, et des prisonniers nous dirent que
cela n'était pas malheureux pour nous, parce que c'est un
homme de bon conseil et d'une grande intrépidité dans une
bataille. Quant à prendre la fuite, il faut bien, en pareille
occasion, qu'un homme recule quand il ne peut avancer, et
il n'y a aucune honte à cela, surtout quand on ne combat
point personnellement.

Leur conversation fut interrompue en ce moment par
Mordaunt, qui s'écria, quoique à voix basse : — Chut!
silence! — Le roi et la reine!

— Que dois-je faire? demanda Sigismond avec quelque

alarme : je m'inquiète peu du duc de Lorraine; mais que faut-il que je fasse quand des rois et des reines arrivent?

— Vous lever, ôter votre toque, et garder le silence, répondit Arthur; rien de plus.

Sigismond suivit ponctuellement cet avis.

Le bon roi René traversa l'antichambre, appuyé sur le bras de son petit-fils ; Marguerite les suivait, le chagrin et le dépit gravé sur son front.

En passant, elle fit signe à Arthur de s'approcher, et lui dit : — Assure-toi de la vérité d'une nouvelle si inattendue, et apporte-m'en les détails. Mordaunt te fera entrer.

Elle jeta un coup d'œil sur le jeune Suisse, et répondit avec courtoisie au salut qu'il lui fit d'un air gauche. Le roi et la reine eurent bientôt quitté l'antichambre, René déterminé à conduire son petit-fils à la partie de chasse qu'il n'avait pu suivre, et Marguerite empressée de regagner la solitude de son appartement pour y attendre la confirmation de ce qu'elle regardait comme une mauvaise nouvelle.

Elle ne tarda pas à appeler Arthur.

Un sombre appartement, dont les fenêtres donnaient sur des ruines romaines, et d'où l'on ne pouvait voir que des débris de murailles et des fragments de colonnes, était la retraite que Marguerite avait choisie dans ce brillant palais. Elle reçut Arthur avec une bonté d'autant plus touchante qu'elle partait d'un cœur fier et impérieux, assailli par mille infortunes, et qui les sentait vivement.

Hélas! pauvre Arthur! lui dit-elle, ta vie commence comme celle de ton père menace de finir, par des travaux inutiles pour sauver un navire qui coule à fond. La voie d'eau y laisse entrer l'onde amère plus vite que toutes les pompes qui peuvent l'en faire sortir. Toute entreprise échoue pour peu qu'elle se rattache à notre cause. La force se change en faiblesse, la sagesse en folie. Le duc de Bourgogne, victorieux jusqu'ici dans toutes ses entreprises les plus audacieuses, n'a qu'à concevoir un instant la pensée de donner quelque secours à la maison de Lancastre pour voir son glaive brisé par le fléau d'un paysan; son armée bien disciplinée, regardée comme la première du monde, se dissiper comme la paille emportée par le vent. Où est ton père?

— On m'a assuré qu'il est avec le duc, Madame.

— Va le rejoindre, et dis-lui de ma part qu'il songe à sa sûreté et qu'il ne s'occupe plus de mes intérêts.

— Mon père veut vous servir jusqu'à sa dernière heure.

— Je vous le dis encore une fois, partez demain au point du jour, et allez rejoindre votre père. Ordonnez-lui de ne plus penser à moi. La Bretagne, où réside l'héritier de la maison de Lancastre, sera l'asile le plus sûr pour ceux qui en ont été les plus braves défenseurs.

— Que votre majesté ne me charge pas d'un ordre auquel mon père ne voudra jamais obéir.

— Au revoir donc, jeune homme. La voix du malheur, la seule qui ne m'ait jamais trompée, m'avertit que tout est fini pour moi.

Il y eut grand bal le soir même à la cour du roi Réné pour fêter la victoire du jeune Vaudemont. Marguerite y assistait ayant près d'elle Arthur. Elle se tenait à l'écart triste et silencieuse, la tête penchée sur sa poitrine, les yeux à demi fermés. Tout-à coup ses traits se décomposèrent, ses mains se contractèrent avec effort. La dame d'honneur qui était debout derrière elle, vieille Anglaise qui était sourde et qui avait la vue courte, n'avait aperçu dans la position de sa maîtresse que l'attitude d'indifférence et de distraction avec laquelle Marguerite assistait habituellement aux fêtes de la cour de Provence. Mais lorsque Arthur, alarmé, vint, derrière le fauteuil, l'inviter à faire attention à l'état dans lequel se trouvait la reine, elle s'écria, après l'avoir bien examinée : — Mère du Ciel! la reine est morte! — Le fait est vrai; il semblait que la vie se fût éteinte en même temps que la dernière lueur de ses espérances politiques.

CHAPITRE IX.

La commotion occasionnée par un événement si singulier
et si déplorable, et les cris de surprise et de terreur qu'il
fit pousser aux dames de la cour, avaient commencé à se
calmer, et l'on put alors entendre les soupirs plus sérieux,
quoique moins bruyants, du petit nombre d'Anglais que la
reine avait à sa suite, et les gémissements du vieux roi
René. Après que les médecins eurent tenu une longue et
inutile consultation, le corps, naguère celui d'une reine, fut
remis aux prêtres de Saint-Sauveur, cette belle église dans
laquelle les dépouilles des temples païens ont contribué à
la magnificence d'un édifice chrétien. La nef, le chœur et
les ailes en furent magnifiquement illuminés, et les funérailles furent célébrées avec pompe. Quand on examina les
papiers de la reine, on vit qu'en disposant de quelques
joyaux, et en vivant avec économie, elle avait trouvé le
moyen d'assurer une existence décente au petit nombre
d'Anglais qui étaient à sa suite. Dans son testament, elle
disait que son collier de brillants était entre les mains d'un
marchand anglais nommé John Philipson et de son fils Arthur, et elle le leur léguait, ou le prix qu'ils en avaient
tiré, s'ils l'avaient vendu ou mis en gage pour le faire servir aux desseins qu'elle avait formés et qu'ils connaissaient;

ou, si l'exécution en devenait impossible, pour l'employer à leurs propres besoins et affaires. Elle chargeait exclusivement Arthur Philipson du soin de ses funérailles, et demandait qu'elles eussent lieu d'après les formes usitées en Angleterre. Cette dernière disposition était contenue dans un codicille daté du jour même de sa mort.

Arthur, sans perdre de temps, dépêcha Thiébault à son père, avec une lettre qui lui apprenait, en termes qu'il savait que le comte comprendrait aisément, tout ce qui s'était passé depuis son arrivée à Aix, et surtout la mort de la reine Marguerite. Enfin il lui demandait des instructions sur ce qu'il devait faire, puisque le délai nécessairement occasionné par les préparatifs des obsèques d'une personne de ce rang le retiendrait à Aix assez longtemps pour qu'il pût y recevoir sa réponse.

Réné de Vaudemont, ayant reçu la bénédiction de son aïeul, alla rejoindre les hommes déterminés qu'il commandait; et le jeune et brave Suisse Sigismond Biedermann, dit le Simple, partit avec lui, après avoir fait à Arthur des adieux pleins d'affection.

La petite cour d'Aix fut alors laissée à son deuil. Le roi Réné, pour qui toute cérémonie d'apparat, qu'elle eût pour cause la tristesse ou la joie, était toujours une grande affaire, aurait volontiers dépensé, pour célébrer les obsèques de sa fille Marguerite, tout ce qui lui restait de son revenu ; mais il en fut empêché, en partie par les remontrances de ses ministres, et en partie par l'opposition qu'il rencontra de la part d'Arthur, qui, agissant d'après la volonté présumée de la défunte, ne voulut pas souffrir qu'on introduisît dans les funérailles de la reine aucune de ces frivolités pompeuses qui avaient été l'objet de son mépris pendant sa vie.

Après plusieurs jours passés en prières publiques et en actes de dévotion, les obsèques furent donc célébrées avec

la magnificence lugubre que réclamait la haute naissance
de la défunte.

Parmi les divers nobles qui assistèrent à cette cérémonie
solennelle, il en fut un qui n'arriva à Aix qu'à l'instant où
le son des grosses cloches de Saint-Sauveur annonçait que
le cortége funèbre était déjà en chemin vers la cathédrale.

Il quitta à la hâte son costume de voyage pour prendre
des habits de deuil faits à la mode anglaise. Ainsi vêtu, il
se rendit à la cathédrale, et le noble maintien du cavalier étranger imposa tellement aux spectateurs, que chacun lui fit place pour lui permettre de s'avancer tout
à côté du catafalque. Ce fut là, et par-dessus le cercueil
d'une reine qu'il avait si fidèlement servie, et pour laquelle
il avait tant souffert, que le vaillant comte d'Oxford échan-
gea avec son fils un regard mélancolique. Tous ceux qui
assistaient aux funérailles, et surtout le petit nombre des
serviteurs anglais de Marguerite, les regardaient tous deux
avec surprise et respect; le comte surtout leur paraissait un
digne représentant des sujets anglais restés fidèles à la maison de Lancastre, et rendant les derniers devoirs à la mémoire d'une reine qui avait si longtemps porté le sceptre,
sinon sans commettre des fautes, d'une main toujours hardie
et résolue.

Les derniers sons des antiennes funéraires avaient cessé
de se faire entendre, et presque tous les spectateurs s'étaient
déjà retirés, mais le père et le fils étaient encore dans un
silence mélancolique, près des restes de leur souveraine.
Les prêtres s'approchèrent d'eux et leur annoncèrent qu'ils
allaient accomplir les derniers rites en livrant le corps de
la défunte, ce corps qui naguère avait été animé par un
esprit si inquiet et si hautain, à la poussière, au silence et
à l'obscurité du caveau qui depuis bien longtemps servait à
la sépulture des comtes de Provence. Six prêtres chargè-

CHARLES LE TÉMÉRAIRE. 205

rent le cercueil sur leurs épaules, d'autres le précédaient
ou marchaient à la suite, tenant de gros cierges de cire; ils
descendirent les degrés qui conduisaient dans le caveau
souterrain. Lorsque les sons du *requiem* qu'ils chantaient
eurent cessé de s'élever dans l'église et d'en faire retentir
les voûtes, lorsque la lueur des cierges qui brûlaient encore dans le caveau ne put plus se répandre à l'extérieur,
le comte d'Oxford prit le bras de son fils et se rendit en
silence avec lui dans une petite cour, en forme de cloître,
située derrière cet édifice religieux. Ils s'y trouvèrent seuls,
et ils restèrent quelques minutes sans se parler, car ils
étaient tous deux, et surtout le père, profondément affectés.
Enfin le comte prit la parole :

— Et voilà donc quelle est ta fin, noble princesse! dit-
il; ici s'écroulent avec toi tous les projets que tu avais formés, et que nous devions exécuter au risque de notre vie!
Ce cœur si résolu a cessé de battre! Cette tête si entrepre-
nante a cessé de méditer! Qu'importe que les membres qui
devaient contribuer à ton entreprise aient encore la vie et
le mouvement! Hélas! Marguerite d'Anjou, puisse le ciel
t'accorder la récompense de tes vertus et le pardon de tes
erreurs! Si, dans la prospérité, tu as levé la tête un peu
trop haut, jamais princesse n'a su braver comme toi les
tempêtes de l'adversité, et y opposer une si noble détermination. Cet événement est le dénouement du drame, mon
fils, et notre rôle est joué.

— En ce cas, mon père, nous allons porter les armes contre les infidèles, dit Arthur avec un soupir qui se fit à peine
entendre.

— Il faut d'abord que je sache si Henri Richemond,
héritier de la maison de Lancastre, n'a pas besoin de nos
services. Mais je ne retournerai plus au camp du duc de
Bourgogne : il n'y a aucun secours à espérer de ce prince.

— Est-il possible qu'une seule bataille ait anéanti le pouvoir d'un souverain si puissant?

— Non certes! il a fait une grande perte à la journée de Granson; mais pour la Bourgogne ce n'est qu'une égratignure sur l'épaule d'un géant. C'est son esprit, sa sagesse, sa prévoyance, qui ont cédé à la mortification d'une défaite, en se voyant vaincu par des ennemis qu'il méprisait et qu'il croyait que quelques escadrons de ses hommes d'armes suffiraient à terrasser. Son caractère est devenu plus volontaire, plus absolu que jamais. N'écoutant que ceux qui le trahissent, comme il n'y a que trop de raisons de le croire, il soupçonne les conseillers qui lui donnent des avis salutaires. J'ai eu moi-même ma part de sa méfiance. J'ai refusé de porter les armes contre nos anciens hôtes les Suisses, et Charles n'y avait trouvé aucun motif pour m'empêcher de l'accompagner dans cette expédition. — Mais depuis sa défaite à Granson, j'ai remarqué en lui un changement aussi considérable que soudain, qu'il faut attribuer en grande partie aux insinuations de Campo-Basso, et un peu aussi à l'orgueil humilié de Charles, qui n'aimait pas qu'un homme impartial, placé dans ma situation et pensant comme je pense eût été témoin de l'affront qu'ont reçu ses armes. Il parla en ma présence d'amis tièdes et froids prétendant rester neutres, et ajouta que quiconque n'était pas pour lui était contre lui. Oui, Arthur de Vère, le duc a dit des choses qui touchaient mon honneur de si près, que si les ordres de la reine Marguerite et les intérêts de la maison Lancastre ne m'en eussent fait un devoir, je ne serais pas resté un instant de plus dans son camp. Tout est fini maintenant. Ma souveraine n'a plus besoin de mes humbles services. Le duc n'est plus en état de nous accorder aucun secours, et quand il le pourrait, nous n'avons plus à notre disposition le prix qui pourrait seul l'y déterminer; car nous avons perdu avec

Marguerite d'Anjou tous les moyens de seconder ses vues sur la Provence.

— Et quels sont vos projets, mon père?

— Mon projet est de rester à la cour du roi Réné jusqu'à ce que j'aie reçu des nouvelles du comte de Richemond, comme nous devons encore l'appeler. Je sais que les exilés sont rarement bien accueillis à la cour d'un prince étranger; mais Réné songera que j'ai été le constant et fidèle serviteur de sa fille Marguerite. D'ailleurs j'entends rester ici déguisé; je ne lui demande ni secours ni attentions d'aucune espèce; je présume donc qu'il ne me refusera pas la permission de respirer l'air de ses domaines jusqu'à ce que je sache de quel côté m'appelleront la fortune ou mon devoir.

— N'en doutez pas, répondit Arthur, le roi Réné est incapable d'une pensée basse ou ignoble. S'il savait mépriser les frivolités comme il déteste le déshonneur, il pourrait être placé bien haut au rang des monarques.

Cette résolution ayant été adoptée, Arthur présenta son père à la cour de Réné en informant secrètement le roi qu'il était homme de qualité, et partisan distingué de la maison de Lancastre. Le bon roi, au fond du cœur, aurait préféré un homme doué de talents d'un autre genre, et d'un caractère plus gai, à un homme d'état, à un guerrier dont la physionomie était toujours grave et mélancolique. Le comte le comprit, et rarement troubla-t-il par sa présence les frivoles loisirs de son hôte bienveillant. Il trouva pourtant l'occasion de rendre au vieux roi un service important, en amenant à la fin un traité entre lui et son neveu Louis, roi de France. Ce fut définitivement à ce monarque astucieux que Réné assura la possession de la Provence; car la nécessité d'une mesure de ce genre était alors devenue évidente même à ses yeux, et toute pensée favorable à Charles, duc de Bourgogne, était morte avec la reine Marguerite. La politique et la sagesse du comte anglais, qui fut presque seul chargé de négocier cette affaire secrète et délicate, furent de la plus grande utilité au bon roi René, qui sortit ainsi de tout embarras personnel et pécuniaire. Louis ne manqua pas de chercher à se rendre propice le plénipotentiaire en lui faisant entrevoir l'espoir éloigné de recevoir de lui des secours pour aider la maison de Lancastre en Angleterre, et il y eut même un faible commencement de négociations à ce sujet. Ces affaires, qui obligèrent le comte d'Oxford et son fils à faire deux voyages à Paris pendant le printemps et l'été de 1476, les occupèrent les six premiers mois de cette année.

Cependant la guerre continuait avec fureur entre le duc de Bourgogne d'une part, et les Cantons Suisses et Ferrand de Lorraine de l'autre. Avant le milieu de l'été de la même année, Charles avait mis sur pied une nouvelle armée de plus de soixante mille hommes, soutenue par un parc d'artillerie de cent cinquante pièces de canon, dans le dessein d'envahir la Suisse. De leur côté, les belliqueux montagnards levèrent aisément une armée de trente mille Suisses, qui se regardaient alors presque comme invincibles, et requirent leurs confédérés, les villes libres du Rhin, de leur fournir un corps considérable de cavalerie. Les premiers efforts de Charles lui réussirent. Il couvrit de ses troupes le pays de Vaud, et reprit la plupart des places qu'il avait perdues après la bataille de Granson. Mais au lieu de s'assurer d'une frontière bien défendue, ou, ce qui aurait été encore plus sage, de faire la paix à des conditions équitables avec ses redoutables voisins, le plus obstiné des princes conçut de nouveau le dessein de pénétrer dans le cœur même des Alpes, et de châtier les montagnards au milieu de leurs forteresses naturelles, quoique l'expérience eût dû lui apprendre le danger de cette entreprise, et même le faire désespérer du succès.

Le comte d'Oxford et son fils, à leur retour à Aix au milieu de l'été, apprirent que Charles s'était avancé jusqu'à Morat ou Murten, place située sur les bords d'un lac portant le même nom, à l'entrée de la Suisse. Le bruit public disait qu'Adrien de Bubemberg, vieux chevalier de Berne, commandait en cet endroit, et qu'il y faisait la plus vigoureuse résistance en attendant les secours que ses concitoyens se préparaient à la hâte à lui envoyer.

— Hélas! mon ancien frère d'armes! s'écria le comte en apprenant cette nouvelle; cette ville assiégée, ces assauts repoussés, ce voisinage d'un pays ennemi, ce lac profond, ces rochers inaccessibles, vous menacent d'une seconde représentation de la tragédie de Granson, et peut-être encore plus désastreuse que la première!

Pendant la dernière semaine de juillet, la capitale de la Provence fut agitée par un de ces bruits qui ne paraissent fondés sur rien, mais qui sont généralement accueillis, et qui transmettent les grands événements avec une célérité incroyable, comme une orange jetée de main en main par des gens placés de distance en distance, parcourra un espace donné, infiniment plus vite que si elle était portée successivement par les courriers les plus agiles. Ce bruit annonçait une seconde défaite des Bourguignons en termes si exagérés, que le comte d'Oxford regardait la nouvelle comme fausse, ou au moins en grande partie.

Le sommeil ne ferma les yeux ni du comte d'Oxford ni de son fils; car quoique les succès ou les défaites du duc de Bourgogne ne pussent désormais être d'aucune importance pour leurs affaires privées ou la situation de l'Angleterre, le père ne pouvait cesser de prendre intérêt au sort de son ancien compagnon d'armes, et le fils, avec le feu de la jeu-

nesse, toujours portée à désirer de voir quelque chose de
nouveau, s'attendait à trouver, dans chaque événement remarquable qui l'agitait, de quoi avancer ou retarder ses
progrès dans le monde.

Arthur venait de se lever, et il était occupé à s'habiller,
quand le bruit de la marche d'un cheval attira son attention. Dès qu'il se fut approché d'une fenêtre, il s'écria : —
Des nouvelles, mon père ! des nouvelles de l'armée ! et cou-
rant à la hâte dans la rue, il y trouva un cavalier qui
demandait où il pourrait trouver John Philipson et son fils.
Il ne lui fut pas difficile de reconnaître Colvin, général
d'artillerie du duc Charles. Son air effaré annonçait le trou-
ble de son esprit ; son armure en désordre, brisée en partie,
et rouillée par la pluie ou par le sang, proclamait la nouvelle qu'il avait récemment pris part à quelque affaire dans
laquelle il avait probablement eu le dessous ; et son coursier était tellement épuisé, que c'était avec difficulté que
l'animal se soutenait sur ses jambes ; le cavalier n'était
guère en meilleur état. Quand il mit pied à terre pour saluer Arthur, il chancela si fort qu'il serait tombé si son jeune
compatriote ne se fût hâté de le soutenir. Ses yeux semblaient avoir perdu la faculté de voir ; ses membres ne pos-
sédaient plus qu'un pouvoir imparfait de mouvement, et ce
fut d'une voix presque étouffée qu'il bégaya : Ce n'est que
la fatigue, le manque de nourriture et de repos.

Arthur le fit entrer dans la maison, et on lui servit des
rafraîchissements ; mais il ne voulut accepter qu'un verre
de vin, et après y avoir goûté il le remit sur la table, puis,
regardant le comte d'Oxford avec l'air de la plus grande
affliction, il dit douloureusement : — Le duc de Bourgogne !

— Tué ! s'écria le comte ; j'espère le contraire.

— Il vaudrait mieux qu'il le fût, répondit Colvin ; mais la
honte est arrivée pour lui avant la mort.

— Il a donc été défait? dit le comte.

— D'une manière si complète et si terrible, que toutes les défaites que j'ai vues jusqu'ici ne sont rien en comparaison.

— Où?

· — A Morat. Tout est fini, ne me demandez rien de plus sur cette bataille dont le récit seul me ferait mourir de honte.

— Et le duc? demanda le comte d'Oxford.

— Nous l'entraînâmes avec nous, plutôt par instinct que par loyauté, comme les hommes qui s'enfuient d'une maison incendiée prennent leurs effets les plus précieux sans songer à ce qu'ils font. Chevaliers et varlets, officiers et soldats, tout partagea la même terreur panique, et chaque son que le cornet d'Uri faisait entendre derrière nous, semblait nous attacher des ailes aux talons.

— Et le duc? répéta Oxford.

— D'abord il résistait à nos efforts, et voulait retourner à l'ennemi; mais quand la fuite devint générale, il galopa comme nous, sans prononcer un mot, sans donner un seul ordre. D'abord nous crûmes que son silence et son impassibilité, si extraordinaires dans un caractère si impétueux, étaient un symptôme heureux, puisqu'il nous permettait de veiller à sa sûreté personnelle; mais quand nous eûmes couru toute la journée sans pouvoir en obtenir une réponse à nos questions; quand nous le vîmes refuser toute espèce de rafraîchissement, quoiqu'il n'eût pris aucune nourriture pendant toute la durée de ce jour désastreux; quand tous les caprices de son humeur altière et impérieuse firent place à un désespoir sombre et silencieux, nous tînmes conseil sur ce que nous devions faire; et comme on sait que vous êtes le seul homme pour les avis duquel Charles ait montré de temps en temps quelque déférence, la voix générale me

chargea de venir vous inviter à aller le trouver sur-le-
champ dans la retraite où il est en ce moment, et à déployer
toute votre influence pour le tirer de cette apathie léthar-
gique, qui, sans cela, peut terminer son existence.

— Et quel remède puis-je y apporter? dit Oxford; vous
savez qu'il a négligé mes avis, quand en les suivant il aurait pu servir mes intérêts comme les siens. Vous savez que
ma vie n'était pas même en sûreté parmi les mécréants
qui entouraient le duc, et qui avaient de l'influence sur son
esprit.

— C'est la vérité, répondit Colvin : mais je sais aussi
qu'il est votre ancien compagnon d'armes, et il me couvien-
drait mal de vouloir apprendre au noble comte d'Oxford ce
que les lois de la chevalerie exigent. Quant à la sûreté de
Votre Seigneurie, tout homme d'honneur qui se trouve dans
notre armée est prêt à la garantir.

— C'est ce qui m'inquiète le moins, dit Oxford avec un
ton d'indifférence ; si ma présence pouvait être utile au duc,
si je pouvais croire qu'il désirât me voir...

— Il le désire, Milord, il le désire, s'écria le fidèle soldat,
les larmes aux yeux. Nous l'avons entendu vous nommer,
comme si votre nom lui échappait dans un songe pénible.

— Cela étant, j'irai le rejoindre, reprit Oxford, et sur-le-
champ. Où avait-il dessein d'établir son quartier général?

— Il n'a rien décidé sur ce point ni sur aucun autre ;
mais M. de Contay a désigné la Rivière, près de Salins,
dans la Haute-Bourgogne, comme devant être le lieu de sa
retraite.

— C'est donc là que je me rendrai en toute hâte avec
mon fils. Quant à vous, Colvin, vous ferez mieux de rester
ici.

— Non pas; je veux vous servir de guide.

La proposition de Colvin fut adoptée; Oxford et son fils

passèrent le re-te de la journée à se préparer pour leur départ, sauf le temps nécessaire pour aller prendre congé du roi Réné, qui parut les voir partir avec regret. Accompagnés du général d'artillerie du duc de Bourgogne, ils traversèrent les provinces qui se trouvent entre la ville d'Aix et la place dans laquelle Charles s'était retiré. Mais la distance et les inconvénients d'une si longue route les retinrent en chemin plus de quinze jours, et le mois de juillet 1476, était commencé quand nos voyageurs arrivèrent dans la Haute-Bourgogne, au château de la Rivière, situé à environ vingt milles au sud de Salins. Ce château, édifice peu considérable, était entouré d'un grand nombre de tentes, placées confusément et en désordre, et d'une manière fort éloignée de la discipline qui régnait ordinairement dans le camp de Charles. Cependant la présence du duc était annoncée par sa grande bannière, décorée de toutes ses armoiries, qui flottait sur les fortifications. Une garde en sortit pour reconnaître les étrangers, mais avec si peu d'ordre, que le comte jeta un regard sur Colvin, comme pour lui en demander l'explication. Le général d'artillerie haussa les épaules et garda le silence.

Colvin ayant envoyé avis de son arrivée et de celle du comte anglais, M. de Contay les reçut à l'instant même, et montra beaucoup de joie de les revoir.

— Quelques fidèles serviteurs du duc sont en ce moment à tenir conseil, leur dit-il, et vos avis, noble lord Oxford, nous seront de la plus grande importance. MM. de Croye, de Craon, de Rubempré, et d'autres nobles bourguignons, sont assemblés pour prendre des mesures pour la défense du pays dans ce moment critique.

Tous témoignèrent au comte d'Oxford le plus grand plaisir de le revoir, et ils lui dirent que s'ils s'étaient abstenus de lui donner des marques d'attention pendant le dernier séjour qu'il avait fait dans le camp du duc, c'était parce qu'ils connaissaient son désir de garder l'incognito.

— Son Altesse vous a demandé deux fois, dit de Craon, et toujours sous votre nom supposé de Philipson.

— Je n'en suis pas surpris, répondit le comte; l'origine de ce nom remonte assez loin, au temps où j'étais à la cour de Bourgogne, pendant mon premier exil. On dit alors que nous autres, pauvres nobles lancastriens, nous devions changer de nom, et le bon duc Philippe ajouta que, comme j'étais frère d'armes de son fils Charles, je devais prendre le sien, et m'appeler Philipson (1). En mémoire de ce bon souverain, je pris ce nom quand je fus obligé de quitter le mien; et je vois que le duc, en m'appelant ainsi, se rappelle notre ancienne intimité. Comment se trouve Son Altesse?

Les Bourguignons se regardèrent l'un l'autre et restèrent silencieux.

— Comme un homme abasourdi, brave Oxford, dit enfin de Contay. — Sire d'Argenton, vous pouvez mieux que personne répondre à la question du noble comte.

— Il est comme un homme qui a perdu la raison, dit le futur historien de ce temps de troubles. Depuis la bataille de Granson, il n'a jamais montré, à mon avis, un jugement aussi sain qu'auparavant. Mais après cette bataille, il était capricieux, déraisonnable, absolu, inconséquent; il se fâchait des conseils qu'on lui donnait, comme si l'on eût voulu l'insulter, et il s'offensait du moindre manque de cérémonial, comme si c'eût été une marque de mépris. Maintenant il s'est opéré en lui un changement total, comme si le second coup l'eût étourdi, et eût calmé les passions violentes que le premier avait excitées. Il est silencieux comme

_____

(1) *Son*, en anglais, signifie *fils*; par conséquent, *Philipson*, fils de Philippe.

un chartreux, solitaire comme un ermite; il ne prend intérêt à rien, et, moins qu'à toute autre chose, à la conduite de l'armée.

— Vous parlez d'un esprit qui a reçu une profonde blessure, dit le comte anglais. Jugez vous à propos que je me présente devant le duc?

— Je vais m'en assurer, répondit Contay.

Il sortit un instant, rentra sur-le-champ, et fit signe au comte de le suivre.

Oxford trouva le malheureux Charles dans son cabinet, les jambes nonchalamment étendues sur un tabouret, mais tellement changé, qu'il aurait pu croire qu'au lieu de la personne du duc il voyait son esprit. Ses longs cheveux tombant en désordre le long de ses joues, et se mêlant avec sa barbe, ses yeux creux et égarés, sa poitrine renfoncée, ses épaules saillantes, lui donnaient l'air lugubre d'un être à peine échappé aux dernières angoisses qui ôtent à l'homme tout signe de vie et d'énergie. Son costume même, qui n'était qu'un manteau jeté au hasard sur ses épaules, augmentait encore cette ressemblance avec un spectre couvert d'un linceul. De Contay nomma le comte d'Oxford. Le duc fixa sur lui des yeux qui avaient perdu tout leur éclat, et ne dit pas un mot.

— Parlez-lui, brave Oxford, dit Contay à voix basse; il est encore plus mal que de coutume, mais peut-être reconnaîtra-t-il votre voix.

Jamais, quand le duc de Bourgogne était au plus haut point de sa prospérité, le noble Anglais n'avait fléchi le genou devant lui avec un respect si sincère. Il honorait en lui non-seulement l'ami affligé, mais encore le souverain humilié, aux yeux de qui la foudre venait de frapper la tour qui faisait sa force et sa confiance. Ce fut probablement une larme tombée sur la main de Charles qui éveilla son attention, car il leva de nouveau les yeux sur le comte, et lui dit : — Oxford, Philipson, mon ancien, mon seul ami ! m'as-tu donc découvert dans cette retraite de honte et de douleur ?

— Je ne suis pas votre seul ami, Monseigneur, dit Oxford. Le ciel vous a donné un grand nombre d'amis affectionnés et fidèles parmi vos sujets naturels. Mais quoique étranger, et sauf l'allégeance que je dois à mon souverain légitime, je ne le céderai à aucun d'eux, par les sentiments de respect et de déférence que j'avais pour vous dans le temps de votre prospérité, et dont je viens vous assurer de nouveau dans l'adversité.

— Adversité ! dit le duc ; oui vraiment, adversité irréparable ! J'étais naguère Charles de Bourgogne, surnommé le Hardi, et maintenant j'ai été battu deux fois par l'écume des paysans de l'Allemagne ; j'ai vu mon étendard pris, mes hommes d'armes mis en déroute, mon camp pillé à deux reprises, et ce qui s'y trouvait chaque fois était d'un prix supérieur à ce que vaut toute la Suisse ; moi-même j'ai été poursuivi, chassé comme une chèvre ou un chamois !

— Monseigneur, c'est une épreuve du ciel, qui exige de la patience et de la force d'âme. Le plus brave et le meilleur chevalier peut perdre les arçons, mais c'est un chevalier couard que celui qui reste étendu sur le sable de la lice quand cet accident lui est arrivé.

— Ah ! couard, dis-tu ? s'écria le duc, cette expression hardie lui rendant une partie de son ancien esprit. Sortez de ma présence, Monsieur, et ne vous représentez plus devant moi sans en avoir reçu l'ordre.

— Et j'espère ne l'attendre, dit le comte avec beaucoup de sang-froid, que jusqu'à ce que Votre Altesse ait quitté son déshabillé, et se soit disposée à recevoir ses vassaux et ses amis d'une manière digne d'eux et du duc de Bourgogne.

— Que voulez-vous dire, sire comte? Vous me manquez de respect!

— Si cela est, Monseigneur, ce sont les circonstances qui m'ont fait oublier mon savoir-vivre. Je puis pleurer sur la grandeur déchue, mais je ne puis honorer celui qui se déshonore lui-même en se courbant comme un faible enfant sous les coups de l'infortune.

— Et qui suis-je pour que vous me parliez ainsi? s'écria Charles reprenant tout l'orgueil et toute la fierté de son caractère. N'êtes-vous pas un malheureux exilé? Comment osez-vous vous présenter devant moi sans y être mandé, et me manquer de respect en m'adressant de pareils reproches?

— Quant à moi, répondit Oxford, je suis, comme Votre Altesse le dit, un misérable exilé; cependant je n'ai pas à rougir d'un sort que je dois à ma constante fidélité pour mon roi légitime et ses héritiers. Mais quant à vous, Monseigneur, puis-je reconnaître le duc de Bourgogne dans un homme n'ayant d'autre garde qu'une soldatesque en désordre qui n'est à craindre que pour ses amis; — dans un prince dont les conseils sont livrés à la confusion, parce qu'il refuse d'y paraître; qui, semblable à un loup blessé dans son antre, s'enferme dans un château obscur, dont les portes s'ouvriraient au premier son des cornets suisses, puisqu'il ne s'y trouve personne pour les défendre; qui ne porte pas une épée pour se protéger en chevalier; qui ne peut même mourir noblement comme un cerf aux abois, et préfère se laisser enfumer comme un renard dans sa tanière?

— Traître calomniateur! s'écria le duc d'une voix de tonnerre en jetant un coup d'œil à son côté; et s'apercevant qu'il était sans armes: — Il est heureux pour toi que je n'aie pas d'épée, déjà ton insolence aurait reçu son châtiment. — Avance, Contay, et confonds ce traître. — Dis-moi, mes soldats ne sont-ils pas en bon ordre, bien disciplinés?

— Monseigneur, répondit Contay tremblant, malgré sa bravoure, de la fureur à laquelle il voyait Charles se livrer, vous avez encore à vos ordres de nombreux soldats; mais je dois avouer qu'ils sont plus en désordre et moins soumis à la discipline qu'ils n'y étaient habitués.

— Je le vois, je le vois, dit le duc; vous êtes tous des fainéants et de mauvais conseillers. — Écoutez-moi, monsieur de Contay. A quoi donc êtes-vous bon, vous et tous les autres, qui tenez de moi de grands fiefs et de vastes domaines, si je ne puis étendre mes membres sur mon lit, quand je suis malade et que j'ai le cœur à demi brisé, sans que mes troupes tombent dans un désordre assez scandaleux pour m'exposer aux reproches et au mépris du premier mendiant étranger?

— Monseigneur, répondit Contay avec plus de fermeté, nous avons fait tout ce que nous avons pu. Mais vous avez habitué vos généraux mercenaires et les chefs de vos compagnies franches à ne recevoir d'ordres que de Votre Altesse. Ils poussent les hauts cris pour obtenir leur paie, et votre trésorier refuse de la leur compter sans votre ordre, alléguant qu'il pourrait lui en coûter la tête; et les chefs, ces généraux, ne veulent écouter ni les ordres ni les avis de ceux qui composent votre conseil.

Le duc sourit amèrement; mais il était évident que cette réponse ne lui déplaisait pas.

— Ah! ah! dit-il, il n'y a que Charles de Bourgogne qui puisse tenir ses soldats sous le joug. Écoutez, Contay: demain je passerai mes troupes en revue. J'oublierai les désordres qui ont eu lieu. La paie sera comptée. Mais malheur à quiconque m'aura offensé! Dites à mes chambellans de m'apporter des vêtements convenables et des armes. J'ai reçu une leçon, ajouta-t-il en jetant un sombre regard sur le comte anglais, et je ne veux pas être insulté une seconde fois sans avoir les moyens de m'en venger. Retirez-vous tous deux. Contay, dites à mon trésorier de m'apporter ses comptes, et malheur à lui si je trouve quelque chose à y redire. Partez, et envoyez-le-moi sur le champ.

Tous deux sortirent de l'appartement en le saluant avec respect. Comme ils se retiraient, le duc s'écria tout-à-coup :

— Comte d'Oxford, un mot! Où avez-vous étudié la médecine? Dans votre célèbre université, je suppose? Eh bien! docteur Philipson, vous avez fait une cure merveilleuse, mais elle aurait pu vous coûter la vie.

— J'ai toujours compté la vie pour peu de chose, Monseigneur, quand il s'agit de servir un ami.

— Tu es véritablement un ami, et un ami intrépide. Mais retire-toi; j'ai eu l'esprit cruellement troublé, et tu viens de me mettre à une rude épreuve. Demain nous reprendrons cet entretien : en attendant, je te pardonne et je t'honore.

Le comte d'Oxford retourna dans la chambre du conseil, tous les nobles bourguignons qui avaient appris de Contay ce qui venait de se passer, se groupèrent autour de lui pour l'accabler de remerciements, de compliments et de félicitations. Il s'en suivit un mouvement général, et des ordres furent envoyés partout. Les officiers qui avaient négligé leur devoir prirent des mesures à la hâte pour cacher leur négligence ou pour la réparer. Il y eut dans le camp un tumulte général, mais c'était un tumulte de joie ; car les soldats sont toujours charmés d'être rendus au service militaire, et quoique la licence et l'inaction puissent leur plaire un moment, la continuation ne leur en est pas aussi agréable que la discipline et la perspective d'être plus sérieusement occupés.

Le trésorier, qui, heureusement pour lui, était un homme doué de bon sens et exact dans ses fonctions, après avoir

passé deux heures tête à tête avec le duc, revint avec un
air de surprise, et déclara que jamais, dans les jours les plus
prospères de ce prince, il ne l'avait vu montrer des connais-
sances plus profondes en finances, quoique le matin même
il eût paru totalement incapable de s'en occuper. On en
attribua universellement le mérite à la visite du comte
d'Oxford, dont la réprimande, faite à propos, avait tiré le
duc de sa mélancolie noire, comme un coup de canon dis-
perc d'épaisses vapeurs.

Le lendemain, Charles passa en revue ses troupes avec
son attention ordinaire, ordonna de nouvelles levées, fit diverses dispositions pour le placement de ses forces, et re-
média au manque de discipline par des ordres sévères qui
furent accompagnés de quelques châtiments bien mérités
dont les troupes italiennes mercenaires de Campo-Basso re-
çurent leur bonne part sans qu'elles en murmurassent trop,
grâce à la paie libérale qui leur fut comptée, et qui était
faite pour les attacher à la bannière sous laquelle elles
servaient.

De son côté, le duc, après avoir consulté son conseil,
consentit à convoquer les assemblées des états de ses différentes provinces, à faire droit à certaines plaintes qui s'é-
taient élevées de toutes parts, et à accorder à ses sujets
quelques faveurs qu'il leur avait refusées jusqu'alors, cherchant ainsi à se procurer dans leur cœur une nouvelle
source de popularité en remplacement de celle que son im-
prudence avait épuisée.

CHAPITRE X

A compter de ce moment, l'activité régna à la cour du duc de Bourgogne et dans son camp. Il se procura de l'argent, leva des soldats, et il n'attendait que des nouvelles certaines des mouvements des Confédérés pour se mettre en campagne. Mais quoique Charles parût à l'extérieur aussi actif que jamais, ceux qui approchaient le plus près de sa personne étaient d'avis qu'il n'avait plus le jugement aussi sain ni la même énergie qui avait été un sujet d'admiration générale avant ses revers. Il était encore sujet à des accès de sombre mélancolie semblables à ceux qui s'emparaient de Saül, et il était violent et furieux quand il en sortait. Le comte d'Oxford lui-même semblait avoir perdu l'influence qu'il avait d'abord exercée sur le prince. Dans le fait, quoique Charles eût encore pour lui de l'affection et de la reconnaissance, ce seigneur anglais l'avait vu dans son état d'impuissance morale, et ce souvenir l'humiliait. Il craignait même tellement qu'on ne crût qu'il agissait d'après les conseils du comte d'Oxford, qu'il rejetait souvent ses avis, uniquement, à ce qu'il paraissait, pour prouver son indépendance d'esprit.

Campo-Basso entretenait le duc dans cette humeur pétulente et fantasque. Ce traître astucieux voyait alors que la puissance de son maître chancelait, et il avait résolu de servir de levier pour la faire écrouler, afin d'avoir droit à une part de ses dépouilles. Il regardait Oxford comme un des amis et des conseillers les plus habiles de ce prince; il croyait voir dans ses yeux qu'il avait pénétré ses perfides projets, et par conséquent il le haïssait autant qu'il le craignait. D'ailleurs, peut-être pour colorer, même à ses propres yeux, son abominable perfidie, il affectait d'être courroucé du châtiment que le duc avait fait subir récemment à quelques maraudeurs de ses bandes italiennes. Il croyait que ce châtiment leur avait été infligé par l'avis d'Oxford, et il soupçonnait que cette mesure avait été prise dans l'espoir de découvrir que ces Italiens avaient pillé non-seulement pour leur propre compte, mais pour le profit de leur commandant. Croyant Oxford son ennemi, Campo-Basso aurait bientôt trouvé le moyen de se débarrasser de lui, si le comte lui-même n'eût jugé à propos de prendre quelques précautions, et si les seigneurs flamands et bourguignons, qui l'aimaient pour les raisons qui portaient l'Italien à le détester, n'eussent veillé à sa sûreté avec un soin dont le comte ne se doutait nullement, mais qui contribua certainement à lui sauver la vie.

Il n'était pas à supposer que René de Lorraine eût été si longtemps sans chercher à profiter de sa victoire, mais les confédérés suisses, qui formaient la principale partie de ses forces, insistèrent pour que les premières opérations de la guerre eussent lieu en Savoie et dans le pays de Vaud, où les Bourguignons étaient maîtres de plusieurs places qu'on ne pouvait réduire ni promptement ni facilement, quoiqu'elles ne reçussent aucun secours. D'ailleurs les suisses, comme la plupart des soldats de chaque nation à cette époque, étaient une espèce de milice; la plupart retournaient chez eux, soit pour faire leur moisson, soit pour y déposer

leur butin. Le duc Réné, quoique brûlant de l'ardeur d'un
jeune chevalier pour poursuivre les avantages qu'il avait
obtenus, ne put faire aucun mouvement jusqu'au mois de
décembre 1476. Pendant cet intervalle, les forces du duc
de Bourgogne, pour être moins à charge au pays, furent
cantonnées en différents endroits, et l'on ne négligea rien
pour discipliner les nouvelles levées. Le duc, s'il eût été
abandonné à lui-même, aurait accéléré la lutte en réunis-
sant ses forces et en entrant de nouveau sur le territoire
helvétique; mais quoique sa fureur s'allumât au souvenir
de Granson et de Murten, ces désastres étaient trop récents
pour permettre un pareil plan de campagne.

Cependant les semaines s'écoulèrent, et le mois de décembre était déjà avancé quand un matin, tandis que le duc
tenait son conseil, Campo-Basso entra tout à coup avec un
air de joyeux transport tout différent de l'expression unifor-
mément froide de sa physionomie, et avec ce sourire mali-
cieux qui indiquait ses plus grands accès de gaieté :

—*Guantes* (1), dit-il, *guantes*, s'il plaît à Votre Altesse
pour la bonne nouvelle que je viens lui annoncer.

— Eh quel bonheur la fortune nous apporte-t-elle donc?
demanda le duc. Je croyais qu'elle avait oublié le chemin
qu'autrefois elle prenait pour venir à nous.

—Elle est revenue, Monseigneur; elle est revenue, tenant
en main sa corne d'abondance remplie de ses dons les plus
choisis, prête à répandre ses fleurs, ses fruits et ses trésors
sur la tête du souverain de l'Europe qui en est le plus digne.

— Que signifie tout cela? dit Charles. Ce n'est qu'aux
enfants qu'on propose des énigmes.

— Cet écervelé, ce jeune fou, ce Réné, qui se donne le

—————
(1) Mot espagnol signifiant des gants, et dont on se sert dans le même sens
qu'on emploie ceux de pour-boire et d'étrennes en français.

titre du duc de Lorraine, est descendu des montagnes à la tête d'une armée mal en ordre composée de vauriens comme lui; et, le croiriez-vous! ha, ha, ha, il est rentré en Lorraine et a prit Nancy! ha, ha, ha!

— Sur ma foi, sire comte, dit Contay étonné de la gaîté avec laquelle l'Italien parlait d'une affaire si sérieuse, j'ai rarement entendu un fou rire de meilleur cœur d'une mauvaise plaisanterie, que vous ne le faites de la perte de la principale ville de la province pour laquelle nous combattons.

— Je ris au milieu des lances, répondit Campo-Basso, comme mon cheval de bataille hennit au son des trompettes. Je ris en songeant à la destruction des ennemis, au partage de leurs dépouilles, comme l'aigle pousse des cris de joie en fondant sur sa proie. Je ris...

— Vous riez tout seul, s'écria Comtay impatienté, comme vous avez ri après nos pertes à Granson et à Murten.

— Silence, Monsieur! dit le duc; le comte de Campo-Basso a envisagé cette affaire sous le même jour que je la vois. Ce jeune chevalier errant se hasarde à quitter la protection de ses montagnes, et que le ciel me punisse si je ne tiens pas le serment que je fais, que le premier champ de bataille sur lequel nous nous rencontrerons, verra sa mort ou la mienne. Nous sommes dans la dernière semaine de l'année, et avant le jour des Rois nous verrons qui de lui ou de moi trouvera la fève dans le gâteau. Aux armes, Messieurs! que le camp soit levé sur-le-champ, et que nos troupes se dirigent sur la Lorraine. Qu'on fasse marcher en avant la cavalerie légère italienne et albanaise, avec les Stradiotes pour balayer le pays. — Oxford, ne porteras-tu pas les armes dans cette expédition?

— Certainement, Monseigneur, répondit le comte. Je mange le pain de Votre Altesse; et quand un ennemi vous

attaque, il est de mon honneur de combattre pour vous
comme si j'étais né votre sujet. Avec votre permission, je
chargerai un poursuivant d'une lettre pour mon ancien et
bon hôte le Landamman d'Underwald, pour l'informer de
ma résolution.

Le duc y ayant consenti, un poursuivant fut chargé de ce
message, et il revint au bout de quelques heures, tant les
deux armées étaient à peu de distance l'une de l'autre. Il rap-
portait au comte une réponse du Landamman, qui lui exprimait, dans les termes les plus polis et les plus affectueux, le
regret qu'il éprouvait d'être dans la nécessité de porter les
armes contre un ancien hôte pour qui il conservait la plus
sincère estime. Il était aussi chargé de présenter à Arthur
les amitiés de tous les fils d'Arnold Biederimann.

Cependant les deux armées s'approchèrent, et les troupes
légères avaient même quelquefois des affaires d'avant-
postes. Les Stradiotes, espèce de cavalerie venue du territoire
de Venise, et ressemblant à celle des Turcs, rendaient, en
ces occasions, à l'armée du duc de Bourgogne un genre de
services pour lequel ils étaient admirablement propres, si
l'on avait dû compter sur leur fidélité. Le comte d'Oxford
remarqua que ces hommes, qui étaient sous les ordres de
Campo-Basso, rapportaient toujours la nouvelle que les
ennemis étaient en pleine retraite. Ce fut aussi par leur
moyen qu'on apprit que certains individus contre lesquels
le duc de Bourgogne avait conçu une haine personnelle, et
qu'il désirait particulièrement avoir entre les mains, s'é-
taient réfugiés dans les murs de Nancy. Cette circonstance
stimula davantage encore l'envie qu'avait Charles de reprendre cette place, et il lui fut impossible d'y résister
quand il apprit qu'à la nouvelle de son arrivée le duc René
et les Suisses, ses alliés, avaient pris position dans un endroit nommé Saint-Nicolas. La plupart de ses conseillers

bourguignons, auxquels se joignit le comte d'Oxford, cher-
chèrent à le détourner du projet d'attaquer une place forte,
tandis que des ennemis pleins d'activité se trouvaient à peu
de distance pour la secourir. Ils lui représentèrent qu'ayant
forcé l'ennemi à faire un mouvement rétrograde, il devait
suspendre toute opération décisive jusqu'au printemps.
Charles essaya d'abord de discuter et d'opposer des arguments aux arguments; mais quand ses conseillers lui re-
montrèrent qu'il allait placer sa personne et son armée
dans la même position qu'à Granson et à Murten, ce souvenir le rendit furieux; il écuma de rage, et répondit, en
jurant et en vomissant des imprécations, qu'il serait maître
de Nancy avant le jour des Rois.

En conséquence, l'armée bourguignonne se présenta devant Nancy, et y prit une forte position protégée par le lit
d'une rivière et couverte par trente pièces de canon qui
étaient sous la direction de Colvin.

Ayant satisfait son obstination en arrangeant ainsi son plan
de campagne, le duc de Bourgogne montra un peu plus de
déférence aux prières que lui firent ses conseillers de veiller
davantage à la sûreté de sa personne, et il permit au comte
d'Oxford, à son fils, et à deux ou trois officiers de sa maison,
d'une fidélité à toute épreuve, de coucher dans son pavillon, indépendamment de sa garde ordinaire.

Trois jours avant Noël, le duc étant toujours devant
Nancy, il arriva pendant la nuit un tumulte qui parut véri-
fier les alarmes qu'on avait conçues pour sa sûreté personnelle. A minuit, tandis que tout reposait dans le pavillon du
duc, le cri trahison! se fit entendre. Le comte d'Oxford tira
son épée, et prenant une lumière qui brûlait sur une table,
il se précipita dans l'appartement du duc; il le trouva déshabillé, debout, l'épée à la main, et s'en escrimant avec
tant de fureur, que ce fut avec peine qu'Oxford put en évi-

ter les coups. Ses autres officiers arrivèrent presque en
même temps, l'épée nue, et le bras gauche enveloppé de
leur manteau. Quand le duc se vit entouré de ses amis, il
se calma un peu, et les informa, d'un ton fort agité, qu'en
dépit de toutes les précautions qu'on avait prises, les émissaires du Tribunal secret avaient trouvé le moyen de s'introduire dans sa chambre, et l'avaient sommé, sous peine
de mort, de comparaître devant le *Saint Vehmé*, la nuit de
Noël.

Les amis du duc entendirent ce récit avec une grande
surprise, et quelques-uns même ne savaient trop s'ils devaient le considérer comme une réalité ou comme un rêve
de l'imagination irritable de Charles; mais la sommation se
trouva sur la toilette du duc, et elle était, suivant l'usage,
écrite sur parchemin, signée de trois croix et clouée sur la
table avec un poignard. Un morceau de bois avait aussi été
coupé de la table. Oxford lut cette pièce avec attention.
Elle désignait, comme c'était la coutume, le lieu où le duc
était sommé de se rendre, sans armes et sans suite, et d'où
l'on disait qu'il serait conduit devant la cour.

Charles, après avoir regardé quelque temps cet écrit,
exprima enfin les idées qui l'occupaient.

— Je sais de quel carquois part cette flèche, dit-il. Elle
m'a été lancée par mon ennemi personnel, Albert de Geierstein. Nous avons appris qu'il fait partie de la horde de
meurtriers et de proscrits rassemblés par le petit-fils du
vieux joueur de violon de Provence. Mais, je le dégraderai
de l'ordre de la chevalerie et je le ferai pendre au plus haut
clocher de Nancy. Sa fille entrera dans un couvent pour y
finir ses jours.

— Quels que soient vos projets, Monseigneur, dit Contay,
il serait certainement plus prudent de garder le silence, car,
d'après cette espèce d'apparition, il serait possible que vous

fussiez entendu par plus de témoins que vous ne pensez.

Cet avis parut faire quelque impression sur l'esprit du duc. Il garda le silence, ou du moins il se borna à menacer entre ses dents. On fit les perquisitions les plus exactes pour découvrir celui qui avait ainsi troublé son repos, mais ce fut inutilement.

Charles continua ses recherches, courroncé d'un trait d'audace qui surpassait tout ce qu'avaient osé se permettre jusqu'alors ces sociétés secrètes; car, malgré la terreur qu'elles inspiraient, elles n'avaient pas encore été jusqu'à s'attacher aux souverains. Un détachement de fidèles Bourguignons fut chargé, la nuit de Noël, de surveiller le lieu indiqué, qui était un endroit où quatre routes se croisaient, et de s'emparer de tous ceux qui s'y montreraient; mais personne n'y parut, ni dans les environs. Le duc n'en continua pas moins d'attribuer à Albert de Geierstein l'affront qu'il avait reçu. Il mit sa tête à prix; et Campo-Basso, toujours disposé à flatter l'humeur de son maître, lui promit que quelques-uns de ses Italiens, qui ne manquaient pas d'expérience en fait de pareils exploits, lui amèneraient bientôt, mort ou vif, le baron qui était l'objet de sa haine et de son ressentiment. Colvin, Contay et plusieurs autres sourirent secrètement des promesses de l'Italien présomptueux.

— Quelle que soit sa dextérité, dit Colvin, il fera descendre sur son poing le vautour sauvage avant de mettre la main sur Albert de Geierstein.

Arthur, à qui les discours du duc n'avaient pas donné peu d'inquiétude pour Anne de Geierstein et pour son père, respira plus librement en entendant parler ainsi de ses menaces.

Le surlendemain de cette alarme, Oxford désira de reconnaître lui-même le camp de René de Lorraine, ayant quelque doute qu'on eût fait au duc des rapports exacts sur sa force et sa position. Le duc lui en accorda la permission, et en même temps il lui fit présent, ainsi qu'à son fils, de deux nobles coursiers d'une légèreté sans égale, et dont il faisait un cas particulier.

Dès que la volonté du duc eut été signifiée au comte italien, il témoigna la plus grande joie d'avoir, pour faire une reconnaissance, l'aide d'un homme ayant l'âge et l'expérience du comte d'Oxford, et choisit pour ce service un détachement de cent Stradiotes d'élite qu'il avait plusieurs fois, dit-il, envoyés escarmoucher à la barbe même de l'armée suisse. Le comte d'Oxford se montra très-satisfait de l'intelligence et de l'activité que mirent ces soldats à s'acquitter de leur devoir; ils chassèrent même devant eux et dispersèrent quelques détachements de la cavalerie de René. A l'entrée d'un défilé, Campo-Basso dit à Oxford qu'en avançant à l'autre extrémité, ils auraient une vue complète de la position de l'ennemi. Quelques Stradiotes furent chargés de reconnaître les lieux, et à leur retour ils rendirent compte de leur mission à leur maître en leur propre langue. Celui-ci déclara qu'on pouvait passer en sûreté, et invita le comte à l'accompagner. Ils avancèrent sans voir un seul ennemi; mais en arrivant dans la plaine à laquelle aboutissait le défilé, au point indiqué par Campo-Basso, Arthur, qui était à l'avant-garde des Stradiotes, et par conséquent séparé de son père, vit non-seulement le camp du duc René, qui était à un demi-mille de distance, mais un corps nombreux de cavalerie qui venait d'en sortir et qui courait à toute bride vers l'entrée du défilé qu'il avait quitté quelques instants auparavant. Il était sur le point de retourner sur ses pas pour y rentrer; mais, comptant sur la vitesse de son cheval, il crut pouvoir attendre un moment pour mieux examiner le camp ennemi. Les Stradiotes qui l'accompagnaient n'attendirent pas ses ordres pour se retirer, mais ils partirent sur-le-champ, comme dans le fait c'était leur devoir, étant attaqués par une force supérieure.

Le chevalier qui commandait l'escadron était recouvert d'une armure qui empêchait de le reconnaître.

— Halte là! dit-il à Arthur! mort aux Bourguignons.

Arthur avait lui-même sa visière baissée et ne portait aucun écusson.

— Une escarmouche! ou plutôt un combat en attendant la grande affaire; s'écria-t-il, j'accepte.

Ils en vinrent aux mains. La lance du Suisse glissa sur le casque de l'Anglais, qui avait été son point de mire; mais celle d'Arthur, dirigée contre la poitrine de son adversaire, fut poussée avec une telle force et si bien secondée par le galop rapide de son coursier qu'elle perça non-seulement le bouclier suspendu au cou du malheureux guerrier, mais sa cuirasse et une cotte de maille qu'il portait; et lui traversant le corps, la pointe n'en fut arrêtée que par la plaque de fer qui lui couvrait le dos. L'infortuné cavalier fut renversé, roula deux ou trois fois sur le terrain, en déchirant la terre avec ses mains, et expira à l'instant même.

Un cri de rage et de désespoir s'éleva parmi les hommes d'armes du vaincu, et plusieurs d'entre eux couchaient déjà leur lance pour le venger. Mais René de Lorraine, qui était lui-même avec eux, leur ordonna de se borner à faire prisonnier le champion vainqueur, et leur défendit de lui faire aucun mal. Cet ordre fut facile à exécuter; car la retraite était coupée à Arthur, et la résistance eût été une folie.

Lorsqu'il fut amené devant René, il leva la visière de son casque et il lui dit :

— Est-il juste, Monseigneur, de faire captif un chevalier qui n'a fait que son devoir en acceptant le défi d'un ennemi personnel?

— Arthur d'Oxford, répondit le duc Réné, ne vous plaignez pas d'une injustice avant de l'avoir éprouvée. Vous avez tué un de mes meilleurs officiers : Rodolphe Donnerhugel.

— Je déplore sa mort; je l'ai frappé sans le connaître.

— Vous êtes libre, sire chevalier. Votre père et vous, vous avez été fidèles à la reine Marguerite, ma tante; et quoiqu'elle fût mon ennemie, je rends justice à votre fidélité pour elle. C'est par respect pour la mémoire d'une femme dépouillée de ses droits comme moi, et pour plaire à mon aïeul, qui, je crois, avait quelque estime pour vous, que je vous rends la liberté. Mais je dois aussi veiller à ce que vous puissiez regagner en sûreté le camp du duc de Bourgogne. De ce côté de la montagne, nous sommes francs et loyaux; mais de l'autre, il se trouve des traîtres et des meurtriers. — Comte Albert, je crois que vous vous chargerez volontiers d'escorter notre prisonnier jusqu'à ce qu'il soit hors de tout danger.

Le chevalier à qui Réné parlait ainsi était un homme de grande taille et d'une tournure imposante, et il s'approcha sur-le-champ pour accompagner Arthur, pendant que celui-ci exprimait au jeune duc de Lorraine combien il était sensible à sa courtoisie chevaleresque. — Adieu, sir Arthur de Vère, dit Réné; vous avez donné la mort à un noble champion, à un ami qui m'était fidèle et utile; mais vous l'avez fait à armes égales, en face de nos lignes, et la faute en est à celui qui a cherché la querelle. — Arthur le salua profondément. Réné lui rendit son salut, et ils se séparèrent.

Arthur n'avait encore fait que quelques pas avec son nouveau compagnon, quand il remarqua que le cimier de son casque était en forme de vautour; or le vautour se trouvait dans les armoiries des Geierstein; il commença à concevoir

des soupçons, qui se trouvèrent confirmés quand le chevalier, levant la visière de son casque, lui montra les traits
sombres et sévères d'Albert de Geierstein !

— Comte Albert, dit Arthur avec vivacité, je ne puis vous
supplier trop tôt d'aller rejoindre le détachement de René
de Lorraine. Vous êtes en danger ici, et ni le courage ni la
force ne pourraient vous en préserver. Le duc a mis votre
tête à prix, et d'ici à Nancy tout le pays est couvert de
Stradiotes et de détachements de cavalerie légère italienne.

— Je ne les crains pas, répondit le comte. Je n'ai pas
vécu si longtemps au milieu des orages de la guerre et des
intrigues de la politique, pour tomber sous les coups de si
vils ennemis. D'ailleurs vous êtes avec moi, et je viens de
voir ce que vous êtes en état de faire.

— Pour votre défense, comte Albert, je ferais certainement de mon mieux.

— Vos sentiments et votre conduite sont dignes de la
noble maison dont vous descendez, car je sais qu'on doit la
compter parmi les plus illustres de l'Europe; mon frère m'a
fait demander pour vous de la part de votre père la main de
ma fille. Vous avez été dépouillé de vos biens; mais il en
est de même d'Anne, à qui il ne reste que ce que son oncle
pourra lui donner de ce qui était autrefois le domaine de
son père; partagez avec elle ces faibles débris, jusqu'à ce
qu'il arrive des jours plus heureux, elle sait déjà qu'elle a
mon consentement et ma bénédiction. Je crois, je prédis
même, car je suis si près du tombeau, qu'il me semble que
ma vue peut s'étendre au delà, que lorsque j'aurai terminé
une vie agitée et orageuse, un jour viendra où un nouveau
lustre brillera sur les noms de Vère et de Geierstein.

Arthur descendit précipitamment de cheval, saisit la
main du comte Albert, et l'ayant remercié avec effusion, il
lui dit : — Nous ferons tous nos efforts pour adoucir le sou-

venir des coups que vous a portés la fortune trop cruelle ; et si des jours plus heureux viennent à luire sur nous, nous en jouirons doublement en vous voyant en jouir avec nous.

— Ne vous livrez pas à de pareilles chimères, dit le comte. Je sais que la dernière scène de ma vie approche; écoutez! Le duc de Bourgogne est condamné à mort, à moi l'honneur de le frapper sur le champ de bataille d'après les lois de la guerre; je sais que je succomberai mais avec les consolations d'avoir vengé et la Suisse et moi-même. Charles m'a fait bannir d'Autriche et enlever tous mes biens, c'est lui seul que je veux atteindre dans la sanglante mêlée.

— Je vous conjure de ne plus me parler ainsi, s'écrie Arthur d'une voix agitée : faites attention que je sers en ce moment le prince que vous menacez, et...

— Et que votre devoir est de l'informer de ce que je vous dis, ajouta le comte : c'est précisément ce que je désire, conseillez-lui donc de bien se tenir sur ses gardes! car s'il voit le soleil se lever deux fois pendant l'année qui va commencer, Albert de Geierstein aura manqué à son serment. Maintenant je vous quitte, car je vois s'approcher un détachement qui marche sous une bannière bourguignonne. Sa présence devient pour vous une sauvegarde, mais elle pourrait nuire à ma sûreté si je restais plus longtemps.

A ces mots, le comte Albert quitta Arthur et s'éloigna au galop.

Arthur, resté seul, et désirant peut-être couvrir la retraite du comte Albert, s'avança vers le corps de cavalerie bourguignonne qui s'approchait sous la bannière de Contay.

— Soyez le bienvenu, le bienvenu! dit Contay en doublant le pas pour aller à la rencontre du jeune chevalier. Le duc de Bourgogne est à un mille d'ici avec un corps de cavalerie pour nous soutenir pendant que nous faisons cette reconnaissance. Il n'y a pas une demi-heure que votre père est revenu au camp au grand galop, en disant que la trahison des Stradiotes vous avait conduit dans une embuscade, et que vous aviez été fait prisonnier. Il a accusé Campo-Basso de trahison.

— Qu'on accuse seulement sans témérité, répondit Arthur, et il suivit Contay. Ils ne tardèrent pas à rencontrer un corps plus nombreux de cavalerie, au milieu duquel flottait la grande bannière du duc de Bourgogne. Arthur fut conduit devant lui.

Charles apprit avec une sorte de ravissement la mort de Rodolphe Donnerhugel, et prenant une chaîne d'or massif qu'il avait autour du cou, il la jeta sur celui d'Arthur.

— Tu t'es emparé d'avance de tout l'honneur, jeune homme, lui dit-il; de tous leurs ours, c'était le plus redoutable. Les autres ne sont que des oursons, en comparaison. J'ai trouvé un jeune David à opposer à leur Goliath au crâne épais! Fort bien! brave Arthur! Qu'as-tu de plus à nous dire? Comment t'es-tu sauvé? Par quelque ruse, quelque adroit stratagème sans doute?

— Pardonnez-moi, Monseigneur : j'ai été protégé par leur chef, René de Vaudemont, qui, désirant, comme il me l'a dit, faire la guerre loyalement, m'a renvoyé honorablement en me laissant mon cheval et mes armes.

— Oui-da! dit Charles reprenant sa mauvaise humeur, votre prince aventurier veut jouer la générosité! Vraiment! cela peut être dans son rôle; mais sa conduite ne servira pas de règle pour la mienne. Continuez votre histoire, sir Arthur de Vère.

Lorsque Arthur lui dit de quelle manière et dans quelles circonstances le comte Albert de Geierstein s'était fait connaître à lui, le duc fixa sur lui des yeux ardents, très saillit d'impatience, et l'interrompit en lui demandant avec force :

— Et vous ne lui avez pas enfoncé votre poignard sous la cinquième côte?

— Non, Monseigneur; une bonne foi mutuelle nous liait l'un à l'autre.

— Vous saviez pourtant qu'il est mon ennemi mortel. Allez, jeune homme, votre tiédeur vous fait perdre tout le mérite de votre exploit! La vie laissée à Albert de Geierstein contre-balance la mort donnée à Donnerhugel.

— Soit! Monseigneur, répondit Arthur avec hardiesse; je ne vous demande ni de m'accorder vos éloges, ni de m'épargner votre censure.

Les nobles bourguignons qui entouraient le duc attendaient avec crainte l'effet que produirait ce discours audacieux. Mais il n'était jamais possible de deviner exactement comment Charles prendrait les choses. Il jeta un coup d'œil autour de lui, et s'écria en riant : Entendez-vous ce jeune coq anglais, Messieurs? Quel bruit ne fera-t-il pas quelque jour, puisqu'il chante déjà si haut en présence d'un prince?

Quelques cavaliers, arrivant de différents côtés, annoncèrent alors que Réné de Vaudemont était rentré dans son camp avec son détachement, et que nul ennemi n'était dans la plaine.

— Retirons-nous donc aussi, dit Charles, puisqu'il n'y a aucune chance de rompre des lances aujourd'hui. Arthur de Vère, tu me suivras.

Arrivé dans le pavillon du duc, Arthur subit un nouvel interrogatoire; il ne parla pas d'Anne de Geierstein, ni de ce que le comte Albert lui avait dit relativement à sa fille, car il pensa que Charles n'avait nul besoin d'en être instruit; mais il lui rendit compte avec franchise des discours et des menaces du comte.

Sur ces entrefaites, on introduisit Oxford qui fut bien heureux de revoir son fils.

Le duc retint le comte, Arthur et quelques-uns de ses principaux officiers, pour passer la soirée avec lui. Ses manières parurent à Arthur plus affables qu'il ne les avait jamais vues, et elles rappelèrent au comte d'Oxford les premiers jours de leur intimité avant que le pouvoir absolu et l'habitude du succès eussent changé le caractère de Charles, naturellement impétueux, mais non dénué de générosité. Le duc ordonna qu'on fit à ses soldats une distribution abondante de vivres et de vin. Il demanda s'ils étaient passablement logés dans le camp, comment allaient les blessés, et si la santé régnait en général dans l'armée. A toutes ces questions il ne reçut que des réponses peu satisfaisantes; et il dit à demi-voix à quelques-uns de ses conseillers : — Sans le serment que nous avons fait, nous renoncerions à notre projet jusqu'au printemps; à cette époque, nos pauvres soldats auraient moins à souffrir pour se mettre en campagne.

Du reste, la conduite du duc n'offrit rien de remarquable, si ce n'est qu'il demanda plusieurs fois Campo-Basso. Enfin on lui dit qu'il était indisposé, et que, son médecin lui ayant ordonné le repos, il s'était couché, afin d'être prêt à remplir ses devoirs au point du jour, la sûreté du camp dépendant en grande partie de sa vigilance.

Lorsque le comte d'Oxford fut rentré dans sa tente avec son fils, il tomba dans une profonde rêverie qui dura environ dix minutes. Il en sortit enfin, et tressaillant :

— Mon fils, dit-il à Arthur, donnez ordre à Thiébault et à ses gens d'amener nos chevaux devant notre tente au point du jour et même un peu plus tôt. J'ai dessein d'aller visiter les avant-postes au lever de l'aurore, et je ne serais pas fâché que vous allassiez engager notre voisin Colvin à nous accompagner.

— C'est une résolution bien soudaine, mon père.

— Et cependant elle peut être prise trop tard; s'il avait fait clair de lune, j'aurais fait cette ronde sur-le-champ.

Arthur alla avertir Colvin et Thiébault, et rentra dans la tente de son père pour prendre quelque repos.

Ce fut le 1er janvier 1477, avant l'aurore, jour à jamais mémorable par les événements dont il fut témoin, que le comte d'Oxford, Colvin et Arthur, suivis seulement par Thiébault et deux autres soldats, commencèrent leur ronde autour du camp du duc de Bourgogne. La matinée était extrêmement froide. La terre était couverte d'une neige eu partie fondue par un dégel qui avait eu lieu pendant deux jours, et tout-à-coup changée en glace, pendant la nuit par une forte gelée. Tout était sombre autour d'eux.

Pendant la plus grande partie de leur ronde, ils trouvèrent partout les sentinelles et les gardes à leur poste et sur le qui-vive. Mais quelles furent la surprise et les alarmes du comte d'Oxford et de ses compagnons quand ils arrivèrent à la partie du camp occupée la veille par Campo-Basso et ses Italiens, qui, en comptant ses hommes d'armes et ses Stradiotes, formaient environ deux mille hommes! Nulle sentinelle ne leur demanda le mot d'ordre; ils n'entendirent pas un cheval au piquet, nulle garde ne veillait sur le camp. Ils entrèrent dans plusieurs tentes, elles étaient vides.

— Retournons au camp pour y donner l'alarme, dit le comte d'Oxford; il y a ici de la trahison.

— Un instant, Milord, dit Colvin, n'y portons pas une nouvelle incomplète. J'ai à deux cents pas en avant une batterie qui défend l'approche de ce chemin creux; voyons si mes canonniers allemands sont à leur poste, et je crois pouvoir répondre que nous les y trouverons. Cette batterie commande un défilé, le seul chemin par lequel on puisse approcher du camp, et si mes gens sont à leur poste, je garantis que nous défendrons le passage jusqu'à ce que vous nous ameniez des renforts du corps d'armée.

— En avant donc, au nom du ciel! dit le comte d'Oxford.

— Ils coururent au galop, au risque de tomber à chaque pas sur un terrain inégal, couvert de neige en certains endroits, et rendu glissant par la glace en quelques autres. Ils arrivèrent à la batterie, qui avait été placée très-judicieusement de manière à pouvoir balayer le défilé, qui allait en montant jusqu'à l'endroit où étaient les canons, et qui ensuite descendait en avançant vers le camp. La faible clarté d'une lune d'hiver sur son déclin, se mêlant aux premiers rayons de l'aurore, leur fit voir que toutes les pièces d'artillerie étaient à leur place, mais il n'aperçurent aucune sentinelle.

— Il est impossible que ces misérables aient déserté! s'écria Colvin avec surprise. Ah! je vois de la lumière dans une tente! Oh! cette malheureuse distribution de vin! Ils se sont livrés à leur péché favori. Mais j'aurai bientôt mis fin à leur débauche.

Il mit pied à terre, et courut sous la tente où l'on voyait de la lumière. Ses canonniers, ou du moins la plupart d'entre eux, y étaient encore, mais étendus par terre, entre les coupes et les pots, et si complètement ivres que Colvin, à force de menaces et de prières, put à peine en éveiller deux ou trois, qui, obéissant par instinct plutôt que par un sentiment de devoir, s'avancèrent en chancelant vers la batterie. En ce moment un bruit sourd, semblable au bruit produit par une troupe nombreuse marchant à grands pas se fit entendre à l'extrémité du défilé.

— C'est comme le mugissement d'une avalanche qu'on entend dans le lointain, dit Arthur.

— C'est une avalanche de Suisses, et non pas de neige, s'écria Colvin. Oh! ces misérables ivrognes! Mais ces canons sont bien chargés, bien pointés, et une salve doit les arrêter : le bruit de la détonation donnera l'alarme au camp plus vite que nous ne pourrions le faire nous-mêmes. Mai ces ivrognes !

— Ne comptez pas sur leur aide, dit le comte ; mon fils et moi nous prendrons chacun une mèche, et pour une fois nous nous ferons canonniers.

Ils mirent pied à terre ; le comte d'Oxford et son fils prirent une mèche qu'ils allumèrent, et parmi ces canonniers ivres ils s'en trouvait trois qui pouvaient encore à peu près se tenir sur leurs jambes et servir leur pièce.

— Bravo ! s'écria le brave Colvin ; jamais batterie n'a été si noblement garnie. Maintenant, camarades, pardon Milord, mais ce n'est pas le moment de faire des cérémonies, et vous, ivrognes, songez bien à ne faire feu que lorsque j'en donnerai l'ordre. Quand les côtes de ces Suisses auraient été faites avec les rochers de leurs Alpes, ils apprendront comment le vieux Colvin charge ses canons.

Ils restèrent silencieux et immobiles, chacun près de sa pièce. Le bruit redouté s'approchait de plus en plus ; enfin au peu de clarté qu'il faisait encore, ils virent s'avancer une colonne serrée de soldats portant des piques, des haches et autres armes, sur laquelle flottaient quelques bannières. Colvin les laissa s'approcher jusqu'à la distance d'environ quatre-vingts pas, et alors cria : Feu ! Mais il ne partit qu'un seul coup, celui de sa propre pièce ; une légère flamme sortit seulement de la lumière des autres, qui avaient été encloudées par les déserteurs italiens, et par conséquent mises hors de service, quoique rien ne l'annonçât à l'extérieur. Si tous les canons avaient été en aussi bon état que celui de Colvin, ils auraient probablement vérifié sa prophétie ; car le seul coup qu'il tira produisit un effet terrible et fit une longue trouée dans la colonne des Suisses, où vit tomber un grand nombre de morts et de blessés, et notamment le soldat portant la bannière, qui marchait en avant.

— Tenez bon! s'écria Colvin, et aidez-moi, s'il est possible, à recharger ma pièce.

On ne leur en laissa pas le temps. Un guerrier d'une taille imposante, qui était au premier rang de la colonne presque rompue, ramassa la bannière tombée avec celui qui la portait, et s'écria d'une voix semblable à celle d'un géant :

— Quoi, citoyens, avez-vous vu Granson et Murten, et vous laisserez-vous effrayer par un seul coup de canon? Berne, Uri, Schwitz, vos bannières en avant! Underwald, voici votre étendard! Poussez vos cris de guerre; sonnez de vos cornets! Underwald, suivez votre Landammann!

Les Suisses se précipitèrent comme les vagues d'une mer en fureur, avec un bruit aussi effrayant et une course aussi rapide. Un coup de hache terrassa Colvin, qui s'occupait à charger son canon; Oxford et son fils furent renversés par le torrent de soldats, dont les rangs étaient trop serrés et la marche trop précipitée pour qu'ils pussent porter aucun coup. Arthur eut le bonheur de pouvoir se glisser sous l'affût du canon près duquel il était, mais son père fut moins heureux; il fut foulé aux pieds, et il aurait été écrasé s'il n'avait été couvert d'une excellente armure. Ce déluge d'hommes, au nombre de plus de quatre mille, se précipita alors, en continuant à pousser des cris terribles, sur le camp bourguignon, d'où l'on entendit bientôt partir des gémissements et des cris d'alarme.

Une lumière vive et rougeâtre se montrant à la suite de la marche des Suisses dans le camp, et faisant honte à la pâle lueur d'un matin d'hiver, rappela Arthur au sentiment de sa situation. Le camp était en feu derrière lui, et les cris de victoire d'une part, de terreur de l'autre, qui se font enlendre dans une ville prise d'assaut, y retentissaient de toutes parts. S'étant relevé à la hâte, il chercha des yeux son père, et il le vit étendu près de lui, ainsi que les canonniers à qui leur ivresse n'avait pas permis de prendre la fuite. Il leva la visière du casque du comte, et fut transporté de joie en le voyant reprendre rapidement l'usage de ses sens?

— Les chevaux! les chevaux! s'écria Arthur. Thiébault, où êtes-vous?

— Me voici! répondit le fidèle Provençal, qui s'était prudemment réfugié, avec les chevaux dont il avait la garde, au milieu d'un gros buisson que les Suisses, dans leur marche, avaient évité pour ne pas rompre leurs rangs.

— Où es le brave Colvin? demanda le comte, qui venait de se relever; donnez-lui un cheval, je ne le laisserai pas dans cet embarras.

— Ses guerres sont terminées, Milord, répondit Thiébault; vous ne le verrez plus à cheval.

Un regard et un soupir, quand il vit Colvin étendu par terre devant la bouche de son canon, la tête fendue d'un coup de hâche, et tenant encore en main un refouloir, furent tout ce que le moment permettait.

— Où allons-nous maintenant? demanda Arthur à son père.

— Rejoindre le duc, répondit Oxford. Ce n'est pas une telle journée que je le quitterai.

— J'ai vu le duc, dit Thiébault, accompagné d'une diaizne de ses gardes, traverser cette rivière et courir au grand galop pour gagner la plaine du côté du nord. Je crois pouvoir vous conduire sur ses traces.

— En ce cas, dit Oxford, montons à cheval, et suivons-le. Je vois que le camp a été attaqué de plusieurs côtés à la fois, et tout doit être perdu, puisque Charles a pris la fuite.

16

Arthur et Thiébault aidèrent le comte à monter à cheval, car il était froissé de sa chute, et ils coururent, aussi vite que le permirent les forces qu'il recouvrait peu à peu, du côté indiqué par le Provençal. Les soldats qui les avaient accompagnés avaient été tués, ou s'étaient dispersés.

Plus d'une fois ils tournèrent la tête du côté du camp, qui offrait alors une vaste scène de conflagration dont la lumière vive et rougeâtre les aidait à reconnaître sur le terrain les traces du passage de Charles et de sa petite suite.

A environ trois milles du camp, d'où ils entendaient encore partir des cris qui se mêlaient au carillon de victoire de toutes les cloches de Nancy, ils arrivèrent près d'une mare d'eau à demi gelée sur les bords de laquelle ils trouvèrent plusieurs corps morts. Le premier qu'ils reconnurent était celui du duc de Bourgogne, de ce Charles possédant naguère un pouvoir si absolu et tant de richesses. Son épée était encore dans sa main, et l'air de férocité singulière qui les avait animés pendant le combat contractait encore les traits de son visage. Près de lui, et comme s'ils avaient succombé tous deux en se combattant, était le corps inanimé du comte Albert de Geierstein, et à quelques pas de distance celui d'Ital Schreckenwald, son fidèle quoique peu scrupuleux serviteur. On supposa que Charles avait été attaqué par un détachement de soldats du traître Campo-Basso, car on en trouva six ou sept, et un pareil nombre des gardes du duc, tués dans le même endroit.

Le comte d'Oxford descendit de cheval, et examina les restes de son ancien frère d'armes avec tout le chagrin que lui inspirait le souvenir d'une vieille amitié. Mais tandis qu'il se livrait aux réflexions que faisait naître naturellement un exemple si mémorable de la chute soudaine de la grandeur humaine, Thiébault, qui avait l'œil aux aguets, s'écria vivement : A cheval, Milord, à cheval! ce n'est pas le moment de pleurer les morts; à peine aurons-nous le temps de sauver les vivants. Voilà les Suisses qui arrivent!

— Prends la fuite, brave homme, dit le comte, et toi aussi, Arthur; réserve ta jeunesse pour des temps plus heureux. Moi, je ne puis ni ne veux aller plus loin. Je me rendrai aux ennemis. S'ils m'accordent quartier, tant mieux! s'ils me refusent, j'obtiendrai peut-être la merci de Dieu qui est au-dessus d'eux et de moi.

— Je ne fuirai pas, répondit Arthur, je ne vous laisserai pas sans défense; je veux partager votre destin.

— Je resterai aussi, ajouta Thiébault. Les Suisses font la guerre loyalement quand ils n'ont pas le sang échauffé par trop de résistance, et je crois qu'ils n'en ont guère rencontré aujourd'hui.

Le détachement suisse qui arriva presque au même instant était composé de jeunes gens d'Underwald, à la tête desquels se trouvaient Sigismond Biedermann et son frère Ernest. Sigismond leur accorda quartier sur-le-champ avec la plus grande joie.

— Je vous conduirai près de mon père, dit Sigismond; il sera bien charmé de vous voir; seulement il est dans le chagrin en ce moment, à cause de la mort de mon frère Rudiger, qui a été tué pendant qu'il portait la bannière d'Underwald, par le seul coup de canon qui ait été tiré de toute cette matinée. Les autres n'ont pas pu aboyer, car Campo-Basso avait muselé les mâtins de Colvin, sans quoi un bien plus grand nombre de nous auraient eu le sort du pauvre Rudiger. Mais Colvin a été tué.

— Vous étiez donc d'intelligence avec Campo-Basso? demanda Arthur.

— Non pas nous, nous méprisons trop de pareils hommes; mais il y avait eu quelque correspondance entre l'Ita-

lien et le duc Réné; de sorte qu'après avoir encloué les
canons et donné aux canonniers allemands de quoi s'enivrer
proprement, il est arrivé dans notre camp à la tête de plus de
quinze cents cavaliers, et nous a offert de prendre parti
pour nous. Mais non, non, dit mon père, des traîtres ne combat-
tent pas dans les rangs des Suisses. Ainsi nous avons profité
le la porte qu'il avait laissée ouverte, mais nous n'avons pas
voulu de sa compagnie. Alors il est allé trouver le duc
Réné, et il a attaqué avec lui l'autre côté du camp, où il a
fait entrer sans difficulté les troupes lorraines en se mettant
à leur tête et en s'annonçant comme revenant de faire une
reconnaissance.

— Jamais on n'a donc vu un traître si accompli, dit Arthur; un homme qui sût jeter ses filets avec tant de
dextérité!

— C'est la vérité, répondit le jeune Suisse. On dit que le
duc ne sera jamais en état de lever une autre armée.

— Jamais, jeune homme, dit le comte, car le voilà mort
devant vos yeux.

Sigismond tressaillit, car le nom redouté de Charles le
Téméraire lui avait inspiré un respect de même une sorte
de crainte dont il ne pouvait se défendre; et il avait peine
à se persuader que ce corps ensanglanté qu'il avait sous les
yeux eût été naguère le puissant prince qui faisait tout
trembler devant lui. Mais sa surprise fut mêlée de chagrin
quand il reconnut le corps de son oncle, le comte Albert de
Geierstein.

— O mon oncle! s'écria-t-il, mon pauvre oncle Albert! Toute
votre grandeur, toute votre sagesse, n'ont-elles donc abouti
qu'à vous faire mourir sur le bord d'une mare comme un
misérable mendiant! Allons, il faut annoncer cette mauvaise nouvelle à mon père, qui sera bien fâché d'apprendre
la mort de son frère; ce sera une nouvelle amertume ajou-

téo à celle dont l'a déjà abreuvé la mort du pauvro Rudiger.

Ce ne fut pas sans difficulté qu'on put remettre en sello le comte d'Oxford, et ils allaient partir quand celui-ci dit à Sigismond : — J'espère quo vous placerez ici une garde pour veiller sur ces corps, afin qu'ils ne soient pas exposés à quelques nouvelles indignités, et qu'on puisse les enseve- lir avec la solennité convenable.

— Mon ami, répondit Sigismond, je vous remercie de m'y avoir fait penser. Sans doute, nous devons faire pour mon oncle Albert tout ce qu'il est possible de faire.

Ils se rendirent au quartier général du Landamman d'Un- derwald, et chemin faisant, ils eurent sous les yeux un spec- tacle qu'Arthur, et même son père, quoique accoutumés depuis longtemps aux horreurs de la guerre, ne purent voir sans frémir. Mais Sigismond, qui marchait à côté d'Arthur, entama un sujet de conversation si intéressant pour le jeune Anglais, que le sentiment pénible qu'il éprouvait se dissipa peu à peu.

— Avez-vous quelque autre affaire en Bourgogne, lui demanda-t-il, à présent que votre duc n'existe plus?

— C'est à mon père à en juger, mais je ne le crois pas. La duchesse de Bourgogne, qui doit maintenant avoir quel- que autorité sur les domaines de feu son mari, est sœur d'Édouard d'York, et par conséquent ennemie mortelle de la maison de Lancastre et de tous ceux qui lui sont restés fidèles. Il ne serait ni sûr ni prudent à nous de séjourner dans aucun lieu où elle ait de l'influence.

— En ce cas, mon plan va tout seul. Vous reviendrez à Geierstein, et vous y demeurerez avec nous. Votre père sera un frère pour mon père, et un meilleur frère que mon oncle Albert qu'il voyait si rarement et à qui il ne parlait presque jamais; au lieu qu'il causera avec votre père du natin au soir. Et vous, Arthur, vous serez pour nous tous

un frère, en place de ce pauvre Rudiger, qui était certainement mon frère véritable.

— Vous ne songez pas, dit Arthur à Sigismond, que je
puis être vu de mauvais œil dans votre pays à cause de la
mort de Rodolphe.

— Pas du tout, pas le moins du monde. Nous n'avons
pas de rancune pour ce qui se fait loyalement sous le bouclier. C'est la même chose que si vous l'aviez battu à la lutte
ou au palet; seulement, c'est une partie dont il ne peut pas
prendre sa revanche.

Ils entrèrent alors dans la ville de Nancy, dont toutes les
murailles étaient tendues de tapisseries, et dont les rues
étaient remplies d'une foule immense qui poussait de grands
cris de joie; car la nouvelle de la défaite signalée du duc de
Bourgogne délivrait les habitants de la crainte d'éprouver
la vengeance redoutable de ce prince.

Le Landamman fit le meilleur accueil aux prisonniers, et
les assura de sa protection et de son amitié. Il parut supporter avec résignation la perte de son fils Rudiger.

— Il vaut mieux, dit-il, l'avoir vu périr noblement les
armes à la main que de le voir vivre pour mépriser l'ancienne simplicité de son pays, et pour croire que le but de
la guerre est de faire du butin. L'or du duc de Bourgogne,
ajouta-t-il, pourra être plus funeste aux Suisses, en corrom-
pant leurs mœurs, que son épée ne l'a jamais été.

Il apprit la mort de son frère sans surprise, mais avec une
émotion évidente.

Le Landamman apprit ensuite au comte que son frère lui
avait mandé qu'il était engagé dans une affaire si dangereuse, qu'il était presque sûr qu'elle lui coûterait la vie;
qu'il lui avait légué le soin de sa fille, et lui avait même
donné des instructions particulières à ce sujet.

Leur première entrevue se borna à ce peu de mots; mais

bientôt après le Landamman demanda au comte d'Oxford
ce qu'il se proposait de faire, et en quoi il pourrait le servir. — Mon projet, répondit le comte, est de choisir pour
retraite la Bretagne, où ma femme réside depuis que la bataille de Tewkesbury nous a bannis de l'Angleterre.

— N'en faites rien, dit le bon Arnold. Venez à Geierstein
avec la comtesse; et si elle peut, comme vous, s'habituer
aux manières et à la vie de nos montagnes, vous serez les
bienvenus dans la maison d'un frère, et sur un sol qui n'a
jamais nourri ni trahisons ni conspirations.

Le comte Oxford lui fit ses remerciements de cette offre,
et lui dit qu'il l'accepterait, s'il obtenait l'approbation
d'Henri de Lancastre, comte de Richemond, qu'il regardait
alors comme son souverain.

Pour terminer cette histoire, nous dirons qu'environ trois
mois après la bataille de Nancy, le comte Oxford, exilé, reprit le nom emprunté de Philipson, et revint en Suisse avec
son épouse et quelques débris de leur ancienne fortune,
qui les mirent en état de se procurer une habitation commode près de Geierstein. Le crédit du Landamman ne tarda
même pas à leur obtenir les droits de citoyens suisses. La
haute naissance, la modique fortune et par-dessus tout les
vertus d'Anne de Geierstein et d'Arthur de Vère, rendirent leur mariage parfaitement assorti sous tous les rapports, et Dieu bénit leur union.

Cependant le temps s'écoula, et il y avait cinq ans que
la famille anglaise résidait en Suisse, lorsqu'en 1482 Arnold
Biedermann mourut de la mort des justes. Il fut universellement regretté, comme étant une parfaite image des chefs
sages et vaillants, pleins de franchise et de sagacité, qui
avaient avant lui gouverné les Suisses pendant la paix, et
qui les avaient conduits au combat en temps de guerre. Dans
le cours de la même année, le comte d'Oxford perdit son épouse.

Mais à cette époque, l'astre de la maison de Lancastre commença à reprendre son ascendant, et fit sortir de leur retraite le comte d'Oxford et son fils, qui jouèrent de nouveau un rôle actif dans les affaires politiques. Le collier de Marguerite d'Anjou, toujours conservé avec soin, reçut alors sa destination, et le produit en fut employé à lever des troupes qui livrèrent bientôt après la célèbre bataille de Bosworl, dans laquelle les armes d'Oxford et de son fils contribuèrent aux succès de Henri VII. Cet événement changea la destinée d'Arthur de Vère et de son épouse qui durent se rendre à la cour d'Angleterre.

FIN.

Lille. — Imp. de Aflard p. c.

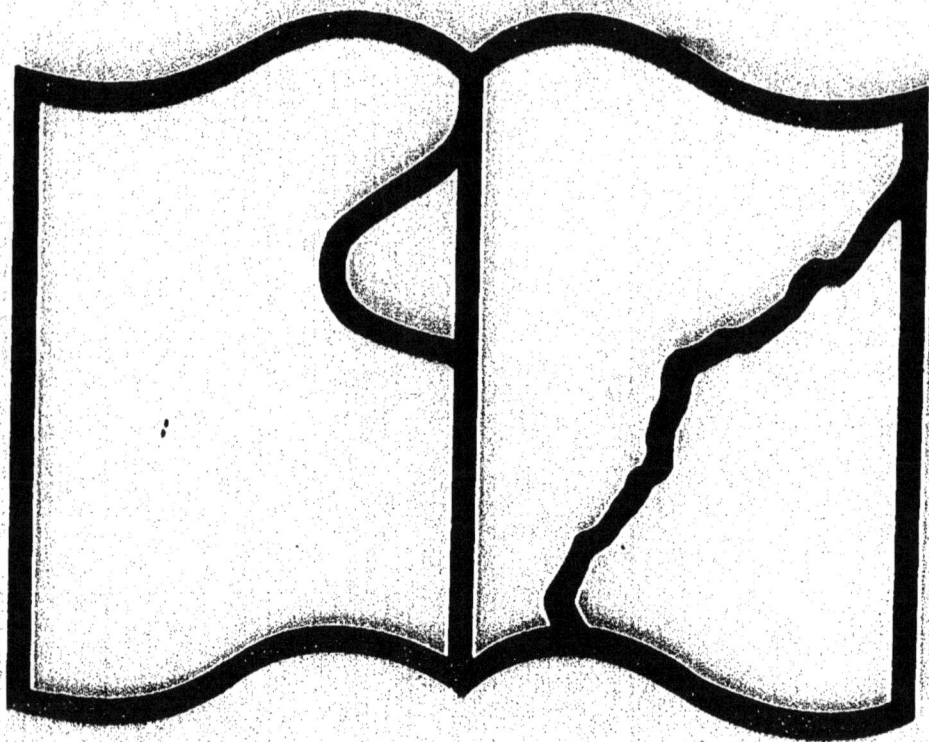

Texte détérioré — reliure défectueuse
NF Z 43-120-11